《海洋小百科全书》荣获"第五届全国优秀科普作品奖"

海洋小百科全书

主　编　关庆利
副主编　丁玉柱　彭　垣

古今海战

陈明福　陈　菲　编著

中山大学出版社
·广州·

版权所有 翻印必究

图书在版编目(CIP)数据

古今海战/陈明福,陈菲编著.—广州:中山大学出版社,
2012.1
(海洋小百科全书/关庆利主编)
ISBN 978-7-306-03556-1

Ⅰ.古… Ⅱ.①陈… ②陈… Ⅲ.①海战-战争史-世界-普及读物 Ⅳ.①E19-49

中国版本图书馆 CIP 数据核字(2009)第 221889 号

出 版 人:	徐 劲
策划编辑:	蔡浩然
责任编辑:	蔡浩然
装帧设计:	杨桂荣 贾 萌
责任校对:	徐诗荣
责任技编:	何雅涛
出版发行:	中山大学出版社
电 话:	编辑部 020-84111996,84113349
	发行部 020-84111998,84111981,84111160
地 址:	广州市新港西路 135 号
邮 编:	510275 传 真:020-84036565
网 址:	http://www.zsup.com.cn E-mail:zdcbs@mail.sysu.edu.cn
印 刷 者:	佛山市浩文彩色印刷有限公司
规 格:	880mm×1230mm 1/32 9.75 印张 208 千字 4 插页
版次印次:	2012 年 1 月第 1 版
	2014 年 4 月第 4 次印刷
定 价:	19.40 元

如发现本书因印装质量影响阅读,请与出版社发行部联系调换

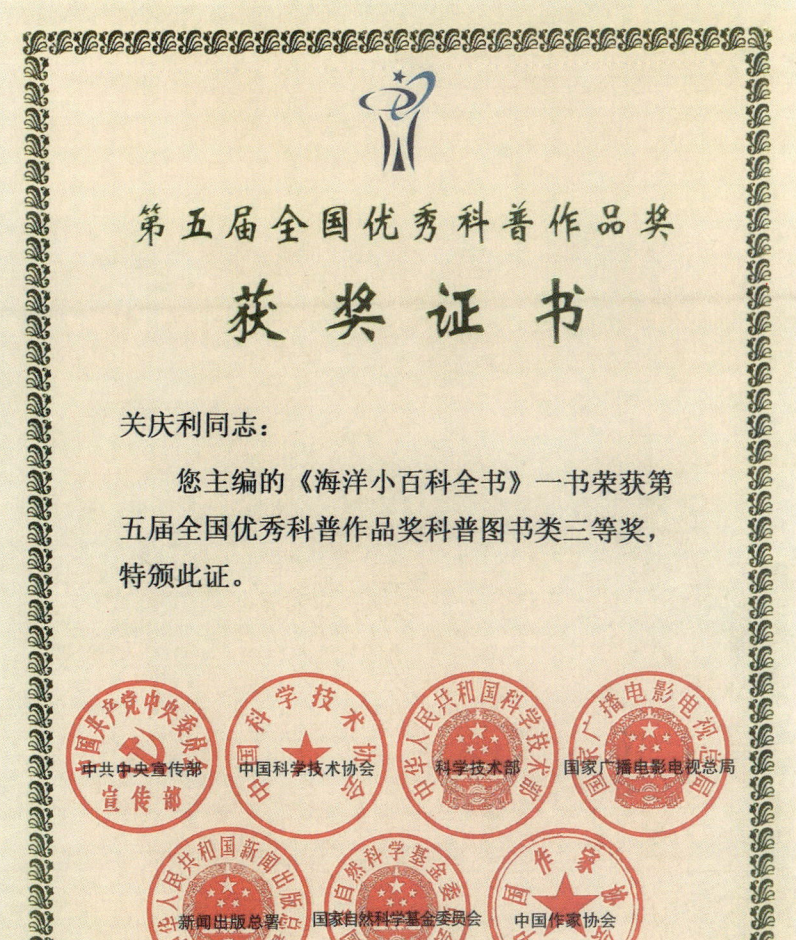

《海洋小百科全书》于 2002 年 5 月出版，2003 年 9 月被中国共产党中央委员会宣传部、中国科学技术协会、中华人民共和国科学技术部、国家广播电影电视总局、中华人民共和国新闻出版总署、国家自然科学基金委员会、中国作家协会联合授予"第五届全国优秀科普作品奖科普图书类三等奖"。本书于 2007 年 10 月修订再版，现再次修订，由中山大学出版社出版。

古今海战

▲ 古代海战中的舰—舰激战场面

▲ 古代海战中的舰—岸激战场面

▲ 英国舰队攻击法西联合舰队

古今海战

日俄对马海峡之战 ▲

▶ 美机攻击日军航空母舰

▶ 日本在美舰「密苏里」号上签字投降

▲ 美军在瓜达尔卡纳岛登陆

古今海战　　海洋小百科全书

▲ 激烈的海上空战

▲ "八六"海战中的人民海军　　▼ "阿斯洛克"反潜导弹发射

▲ 光荣的人民海军"瑞金"舰

古今海战

反潜巡逻机施放自防御曳

▲ 我海军陆战队

海上发射导弹 ▲

执行任务中的航空母舰 ▶

序言

　　海洋是人类的母亲，也是人类千万年来取之不尽、用之不竭的巨大资源宝库。在人类赖以生存的蓝色星球——地球上，蔚蓝色的海洋占有约71%的总面积。

　　雄踞在这颗蓝色星球的东方、浩瀚无垠的太平洋西岸上的中华人民共和国，不仅拥有960万平方千米的陆地国土，而且还拥有300万平方千米的海洋国土，有着1.8万千米绵延曲折的海岸线。在这浩瀚的蓝色国土上，珍珠般地镶嵌着大大小小6500多个美丽而富饶的岛屿。

　　勤劳勇敢的中华民族，在古代就凭着自己卓越的智慧和创造力，伐木成舟，劈波斩浪，牵星观月，远渡重洋，以举世瞩目的海洋文明跻身于世界航海强国的民族之林。

　　21世纪是海洋的世纪，21世纪的主人翁就是今天的青少年朋友。他们不仅是我国的未来和希望，而且必定是21世纪振兴经济和提升海洋科技的主力军。海洋将是青少年朋友报效祖国、振兴中华民族大显身手的辉煌舞台。只有帮助青少年及早地以科学的眼光认识世界的发展，科学地把握未来，早日加入到海洋开发建设的队伍中来，才能更好地发展我国的海洋经济，捍卫我国的海洋权益。未来是海洋的时代，只有让广大的青少年了解海洋、接近海洋、认识海洋，才能把握海洋、开发海洋、利用海洋和捍卫海洋权益，为祖国的海洋开发建设作贡献,为中华民族的子孙后代造福。为了提高中华民族的海洋文化素质,再铸中华民族海洋文明的辉煌,使我国成为21世纪的海洋强国,有识之士必须从现在做起,从青少年抓起,全面培养我国青少年的海洋意识,普及海洋科学知识,提高海洋科技技能,增强蓝色国土观念和捍卫海洋权益的责任感、使命感。从这个意义上说,在人类进入21世纪的伟大时代,在全球开始创造海洋经济的伟大时刻,在世界日益关注海洋权益的今天,出版这套经过缜密修订的全面、系统、科学地介绍海洋知识的《海洋小百科全书》,无疑是奉献给我国青少年朋友的一份珍贵礼物,是激发青少年的海洋兴趣、增长海洋知识、普及海洋文化、宣传海洋文明、提高海洋素质、促进海洋教育所做的一件功在当代、利在千秋的非常具有实践成就和指导意义的工作。

绚丽多姿的海洋召唤着青少年朋友们去探索和揭秘,无穷无尽的海洋宝藏等待着有志于海洋事业的青少年朋友们去开发和利用。这套图文并茂、深入浅出的《海洋小百科全书》,必将以丰富的知识性、深刻的思想性和高雅的趣味性,成为青少年朋友在蓝色海洋里成长、成才的良师益友。

祝愿青少年朋友读完这套书后能够早日成为大海的骄子,为把祖国建设成伟大的海洋经济强国和海洋科技强国贡献自己宝贵的青春和智慧。

国家海洋局局长:

2010年4月6日

目 录

一、古代海战追踪

1. 古往今来海上战争留下了什么? ……………… (2)
2. 谁在世界上最早争霸海洋? ………………… (3)
3. 世界上早期海上第二个霸主是谁? ………… (4)
4. 你知道马拉松跑的来历吗? ………………… (5)
5. 对历史产生重大影响的第一次海战发生在哪里? … (5)
6. 叙拉古海战出现了什么奇妙武器? ………… (7)
7. 叙拉古最终陷落给后人留下了什么教训? ………… (7)
8. 汉尼拔怎样以智慧战胜强敌? ……………… (9)
9. 瑙罗丘斯战役中强大的庞培舰队为何惨败? ……… (9)
10. 阿克提姆海战的意义是什么? ……………… (10)
11. 松德海峡之战是怎样进行的? ……………… (11)
12. 冷兵器时代的最后一次大海战是怎样进行的? … (12)
13. 雷班托海战在古代海战史上有什么特点? ……… (13)
14. 中国历史上最早的海战是哪一次? ………… (14)
15. 中国哪一次水战最早使用火攻? …………… (15)
16. 中国水战最早使用火炮是哪一次? ………… (15)
17. 石灰、黄沙加赤豆能作为海战武器吗? ……… (16)
18. 西汉水军是怎样占领东瓯的? ……………… (17)
19. 东汉水军怎样出征交趾? …………………… (18)
20. 晋军水师怎样大破吴军? …………………… (18)
21. 中国水师最早出国作战是何时? …………… (19)

22. 隋朝水军是怎样灭掉陈国的？……………………（20）
23. 唐朝水军是怎样智取江陵的？……………………（20）
24. 韩世忠在黄天荡是怎样打败金军的？……………（21）
25. 黄天荡一战金军如何反败为胜？…………………（22）
26. 襄樊之战元军如何大败南宋水军？………………（22）
27. 元军攻宋怎样实行"捣虚之计"？…………………（23）
28. 元军对日本的第一次远征为何失败？……………（24）
29. 丁家洲之战南宋为何惨败而归？…………………（24）
30. 第二次"赤壁之战"是怎样进行的？………………（25）
31. 崖山之战元军用何法灭宋？………………………（26）
32. 元军第二次东征日本为何全军覆灭？……………（27）
33. 元军怎样出征爪哇？………………………………（28）
34. 郑和舟师怎样生擒陈祖义？………………………（28）
35. 郑和如何俘获锡兰国国王？………………………（29）
36. 明朝水军是如何打击倭寇的？……………………（30）
37. 明朝水军如何击败海寇吴平？……………………（31）
38. "尿壶阵"如何屡破敌军？…………………………（31）
39. 李舜臣如何在玉浦港大败日本侵略者？…………（32）
40. 泗川海战日军如何再度失败？……………………（33）
41. 李舜臣如何以"龟甲船"大败日船？………………（33）
42. 露梁海战中朝水师如何大败日本舰队？…………（34）

二、近代海战掠影

43. 美国独立战争获得最后胜利是哪一战？…………（37）
44. 英国怎样对西班牙开展"海盗战争"？……………（37）
45. 西班牙与英国双方舰队实力如何？………………（38）
46. 英国与西班牙怎样在英吉利海峡展开大战？……（39）

47. "无敌舰队"为何遭到全军覆没？ …… (40)
48. "军礼"为何成为英荷首次战争的导火线？ …… (41)
49. 第一次英荷战争是怎样进行的？ …… (42)
50. 第二次英荷战争是怎么引发的？ …… (43)
51. 荷兰怎样东山再起进行复仇？ …… (43)
52. 第二次英荷战争是怎样终结的？ …… (44)
53. 第三次英荷战争是怎么进行的？ …… (45)
54. 三次英荷海上战争产生了什么结果？ …… (46)
55. 拿破仑为何要渡海攻打英国？ …… (46)
56. 拿破仑为打破英国的海上封锁而巧设了什么计谋？ …… (47)
57. 英法阿布基尔海战产生了什么影响？ …… (48)
58. 纳尔逊提出了一个什么样的新战法？ …… (48)
59. 纳尔逊怎样大战法西舰队？ …… (49)
60. 纳尔逊怎样英勇殉国？ …… (50)
61. 特拉法尔加海战对历史产生了什么影响？ …… (51)
62. 英法利萨海战英军为何能以少胜多？ …… (51)
63. 英国海军不断发展壮大的原因是什么？ …… (52)
64. 纳尔逊打破了英国舰队哪种死规定？ …… (53)
65. 纳尔逊的继承人布莱克有什么功绩？ …… (54)
66. 布莱克为什么要用正式的海军法规来治军？ …… (54)
67. 哪一次海战使铁甲舰代替了木制船？ …… (55)
68. 俄国彼得大帝为什么要冲向海洋？ …… (56)
69. 汉科海战为何令海军强国震惊？ …… (57)
70. 俄国海军怎样用火攻战胜土耳其？ …… (57)
71. 俄海军名将乌沙科夫怎样战胜"海上雷神"？ …… (58)
72. 哪次战役使乌沙科夫威名大振？ …… (59)
73. 俄土锡诺普海战结果如何？ …… (59)
74. 圣维森特角海战是怎样进行的？ …… (60)
75. 马提尼克岛海战法军为何丧失了胜机？ …… (60)

76. 切萨皮克湾海战有什么深远影响? …………… (61)
77. 荷兰殖民主义者是怎样入侵我国台湾的? ……… (61)
78. 荷兰人为什么不在鹿耳门设防? ……………… (62)
79. 郑成功怎样筹划东征方略? …………………… (62)
80. 郑成功是怎样进军台湾的? …………………… (63)
81. 郑成功怎样击败荷兰海军反扑? ……………… (64)
82. 郑成功怎样收复台湾赤嵌城? ………………… (64)
83. 郑成功怎样挫败荷兰舰队的增援? …………… (65)
84. 郑成功是怎样把荷兰侵略军驱逐出台湾城的? … (66)
85. 澎湖海战郑军被歼主要原因是什么? ………… (66)
86. 中英鸦片战争的前哨战是怎样进行的? ……… (67)
87. 林则徐怎样在广东海面挫败英军? …………… (68)
88. 中英厦门之战中国先胜的原因是什么? ……… (69)
89. 厦门鼓浪屿何时被英军第一次占领? ………… (70)
90. 近代中国首次丧师失地之战在何时何地? …… (70)
91. 英军入侵广州怎样首攻沙角和大角? ………… (71)
92. 沙角和大角失守的罪魁祸首是谁? …………… (72)
93. 虎门抗英关天培如何以身殉职? ……………… (73)
94. 坚守定海的"三总兵"如何浴血战英军? …… (73)
95. 清政府在镇海是怎么设防的? ………………… (74)
96. 英军怎样轻易占领了镇海城? ………………… (74)
97. 英军为何唾手而得宁波城? …………………… (75)
98. 陈化成怎样血战吴淞口? ……………………… (75)
99. 中国军民在浙东海面如何大败英军? ………… (76)
100. 第一次鸦片战争期间入侵台湾的英军溃败多少次? … (77)
101. 太平天国怎样建立水军? …………………… (78)
102. 太平军水军前期怎样配合陆营战斗? ……… (78)
103. 帆船时代的最后一次海战发生在哪里? …… (79)
104. 太平军水营未能有大作为的原因是什么? … (80)

105. 太平军水营怎样取得"靖港大捷"? …………… (80)
106. 太平军在象骨港怎样先败后胜? ……………… (81)
107. 太平军水营后期怎样坚持战斗? ……………… (81)
108. 英国是怎样寻找借口发动第二次鸦片战争的? … (82)
109. 英军为何能在广州打败8倍于己的清军? …… (82)
110. 英法联军第二次进攻大沽口为何遭受重创? … (83)
111. 美国南北战争中海军起了什么作用? ………… (84)
112. 南部邦联在对抗北军时怎样使用水雷? ……… (84)
113. 最早使用潜艇的海战是哪一次? ……………… (85)
114. 联邦政府军怎样攻占哈特拉斯湾的两个要塞? … (85)
115. "特伦特"号事件是怎么回事? ………………… (86)
116. 在中法交战的情况下为什么法国军舰还能"游历"
     马江? ……………………………………………… (86)
117. 中法马尾海战前双方舰船是怎么部署的? …… (87)
118. 中法海战中何如璋、张佩纶作出了什么蠢举? … (88)
119. 法国舰队是怎样突然袭击中国舰队的? ……… (89)
120. 中国海军官兵如何回击法舰的挑衅? ………… (89)
121. 福建水师的悲剧根源是什么? ………………… (90)
122. 法军进犯台湾淡水怎样遭到失败? …………… (90)
123. 清军在镇海口怎样加强防御? ………………… (91)
124. 法军在镇海口怎样遭到痛击? ………………… (91)
125. 中法战争为何中国"不败而败"? ……………… (92)
126. "缺嘴将军"是怎样击毙法国侵华舰队司令的? … (93)
127. 日本是怎样蓄意挑起丰岛海战的? …………… (94)
128. 中日丰岛海战兵力对比情况如何? …………… (94)
129. 中日丰岛海战是怎样进行的? ………………… (95)
130. 日舰是怎样违反国际法击沉"高升"轮的? …… (96)
131. 中日甲午海战两国在组织领导方面谁优谁劣? … (97)
132. 中日甲午海战两国在思想准备方面谁优谁劣? … (97)

133. 中日甲午海战两国在舰队力量方面谁优谁劣? … (98)
134. 中日甲午海战两国在武器装备方面谁优谁劣? … (99)
135. 黄海大海战是怎么开始的? …………………… (99)
136. 黄海大海战中日舰队以什么样的队形交战? … (100)
137. 刘步蟾首先发炮应怎样评价? ………………… (101)
138. "定远"号铁甲舰如何英勇战斗? ……………… (102)
139. "致远"号巡洋舰是怎样壮烈殉国的? ………… (103)
140. 中日黄海大海战是怎样结束的? ……………… (104)
141. 北洋舰队在黄海海战中失败的原因是什么? … (104)
142. 威海卫海军基地失守是谁之罪? ……………… (105)
143. "济远"号管带方伯谦被判处极刑是否罪有应得? (106)
144. 北洋海军败亡的主要历史教训是什么? ……… (106)
145. 美国西班牙海战是怎么引发的? ……………… (107)
146. 美国海军怎样突袭马尼拉湾? ………………… (108)
147. 美国西班牙怎样在加勒比海激战? …………… (109)
148. 日俄两国为什么都要拼命争夺我国旅顺口军港? (109)
149. 日本舰队是怎样偷袭俄国驻旅顺舰队的? …… (110)
150. 海战史上第一次无线电侦听发生于何时? …… (111)
151. 海战史上第一次电子对抗发生于何时? ……… (111)
152. 日军为何要在旅顺港用"沉船堵口"? ………… (112)
153. 日本海军旅顺港堵塞战是怎么进行的? ……… (113)
154. 俄太平洋舰队为何突围失败? ………………… (113)
155. 俄日双方是怎样进行水雷战的? ……………… (114)
156. 济物浦海战俄军官兵表现如何? ……………… (115)
157. 俄国海参崴分舰队为什么失败? ……………… (116)
158. 日俄对马大海战是怎样进行的? ……………… (116)
159. 俄国舰队惨败的原因是什么? ………………… (118)

三、"一战"群雄争霸

160. 第一次世界大战开始前英德是怎样部署舰队的? ……(120)
161. 黑尔戈兰湾的海上伏击与反伏击战是怎样进行的? …(120)
162. 第一次海空潜相互配合的战斗是哪次海战? …(121)
163. 德国"U-9"号潜艇是怎么击沉英国铁甲巡洋舰的? …(122)
164. 福克兰群岛海战对英国有什么意义? ………(123)
165. 最早的远洋截击战是怎样进行的? ………(123)
166. 第一次使用重巡洋舰的海战是哪一次? ………(124)
167. 德土舰艇奔袭黑海沿岸城市为什么得逞? ……(125)
168. 俄德怎样进行萨雷奇角之战? ………(125)
169. 俄国封锁博斯普鲁斯海峡有什么效果? ……(126)
170. 英法发动达达尼尔海峡战役为何失败? ……(127)
171. "海上女王"是怎样被"海狼"吞噬的? ………(127)
172. 德国"U-21"号潜艇怎样横行无忌? ………(128)
173. 英国用了什么"神秘之船"对付德国潜艇? ……(129)
174. 日德兰大海战的背景是什么? ………(130)
175. 英德为何作战方案"如出一辙"? ………(130)
176. 日德兰大海战英德各派出多少主战兵力? ……(131)
177. 英国海军中将贝蒂犯了什么致命的错误? ……(132)
178. 德舰在炮战中采用了什么先进技术? ………(133)
179. 德将舍尔钓上的"鱼"为何正是英将施下的"饵"? ……(133)
180. 历史上最大的坚甲巨炮大海战是怎样进行的? ……(134)
181. 英军得手后为何未扩大战果? ………(135)
182. 英德两国舰队怎样进行夜战? ………(135)
183. 日德兰大海战结果如何? ………(136)
184. 为什么日德兰大海战后英德双方都庆祝胜利? ……(136)

185. 日德兰大海战为什么不能一举歼敌？……… (137)
186. 历史学家和军事家为什么对日德兰大海战极感兴趣？……………………………………………… (137)
187. 多佛尔海峡防潜阻拦线起到了什么效果？…… (138)
188. 前苏联黑海舰队为何要自行凿沉舰船？……… (139)
189. 德英舰船为什么假假成真？………………… (139)
190. 第一次世界大战中潜艇发挥了什么样的作用？…… (140)
191. 德国的"业余间谍"干了什么样的大事？……… (141)
192. 蒙海峡的海战有什么结果？………………… (142)
193. 世界最长的防潜水雷障碍设在哪里？………… (142)

四、"二战"邪灭正兴

194. 第二次世界大战中的海战场处于什么地位？… (145)
195. 大西洋海战分几个阶段？…………………… (146)
196. 第二次世界大战的首次海战发生在哪里？…… (147)
197. 为什么说"雅典娜"号是"二战"中第一个海战牺牲品？……………………………………………… (147)
198. "二战"中德国潜艇怎样突进斯卡帕湾？……… (148)
199. "U-47"号怎样把"皇家橡树"号战列舰当作"野味"？… (148)
200. 为什么连丘吉尔也称普里恩创造了"军事上的奇迹"？………………………………………… (149)
201. 德国单艘潜艇破坏交通线创造了什么奇迹？… (150)
202. "狼群战术"的奥妙是什么？………………… (151)
203. 德国海军"狼群"战术对大西洋海战产生什么影响？… (152)
204. 同盟国采取什么措施对付"狼群"？………… (153)
205. 德国3艘王牌潜艇遭到什么下场？………… (154)

206. 潜艇能够俘虏飞行员吗? ………………………… (154)
207. 能否迫使在深海潜藏的潜艇上浮就歼? ………… (155)
208. PQ 和 QP 船队为什么使希特勒大为恼火? …… (155)
209. 北极航线上的海战为何特别激烈残酷? ………… (156)
210. 北极航线上最后一次大规模海战是怎样进行的? … (158)
211. 英国皇家海军为何惧怕德国超级战列舰"俾斯麦"号? …………………………………………… (158)
212. 英舰队第一次与"俾斯麦"号是怎样交锋的? … (159)
213. 围歼"俾斯麦"号在海战史上有什么显著特点? … (160)
214. 最早的舰载机夜袭行动是怎样进行的? ………… (161)
215. 英法舰队为何在地中海交战? …………………… (161)
216. 法国分舰队是怎样迅速被歼的? ………………… (162)
217. "可以俘获任何敌人战舰"的战舰是怎样被击沉的? … (163)
218. 你了解英国"恶毒"号驱逐舰暮年再立新功的事吗? ………………………………………………… (164)

219. 德国战列舰"桑贺斯特"号是怎样被击沉的? … (165)
220. 德国战列舰"梯比兹"号为什么被称为"北方孤狼"? … (165)
221. "二战"中的袖珍潜艇首战结果如何? …………… (166)
222. 袖珍潜艇是怎样袭击"北方孤狼"的? …………… (167)
223. "北方孤狼"是怎样被歼的? ……………………… (167)
224. 德国为什么没有使用航空母舰? ………………… (168)
225. 意大利在地中海怎样进行潜艇战和水雷战? …… (168)
226. 诺曼底登陆战役是怎么订下计划的? …………… (169)
227. 诺曼底登陆成功的主要原因是什么? …………… (170)
228. 第一次锡尔特湾海战原因和结果如何? ………… (171)
229. 德、意为什么要对马耳他岛进行严密封锁? …… (171)
230. 第二次锡尔特湾海战有什么战略目的? ………… (172)
231. 地中海海战是怎样结束的? ……………………… (173)
232. 日本发动太平洋战争的原因是什么? …………… (173)

233. 日本南进的战略企图是什么？ ……………… （174）
234. 日本为什么要首先偷袭珍珠港？ …………… （174）
235. 日本在偷袭珍珠港前用了什么欺骗措施？ … （175）
236. 日本在偷袭珍珠港前用了什么伪装措施？ … （176）
237. 日本在偷袭珍珠港前用了什么保密措施？ … （177）
238. 偷袭珍珠港的计划是谁策划的？ …………… （177）
239. 偷袭珍珠港战役是怎样进行的？ …………… （178）
240. 美军官兵在日本突然袭击面前反应如何？ … （178）
241. 是谁最早破译日本偷袭珍珠港的密电？ …… （179）
242. 在日本偷袭珍珠港中美军遭受什么样的损失？ … （180）
243. 珍珠港美军遭到严重损失的主要原因是什么？ … （180）
244. 为什么日美双方对珍珠港战役作出不同评价？ … （181）
245. 日军以美军舰艇为突击目标犯了什么错误？ … （181）
246. 奇袭珍珠港成功山本为何高兴不起来？ ……… （182）
247. 日本为何不实施夏威夷登陆作战？ ………… （182）
248. 英国海军远东舰队是怎么覆灭的？ ………… （183）
249. Z部队覆灭的主要原因是什么？ …………… （184）
250. Z部队的覆灭说明了什么？ ………………… （184）
251. 奇袭珍珠港之后日本怎样实现"南进"战略？ … （185）
252. 爪哇海战中日舰队怎样大胜英、美、荷三国联合
    舰队？ ……………………………………… （185）
253. 美军航空母舰怎样给日军第一次回击？ …… （186）
254. 珊瑚海第二回合航母大战是怎样进行的？ … （187）
255. 如何看珊瑚海大海战的结果？ ……………… （187）
256. 日本吹嘘珊瑚海大海战的战果尝了什么苦果？ … （188）
257. "AF"之谜是怎样解开的？ ………………… （189）
258. 山本五十六为什么要策划并坚持进行中途岛战役？ … （189）
259. 中途岛战役对日美来说都有什么特殊的重要性？
    ……………………………………………… （190）

260. 什么事件促使日本军界同意了中途岛作战方案? ……………… (190)
261. 中途岛战役前日美兵力的对比如何? ……………… (191)
262. 日本的突然袭击还灵不灵? ……………… (192)
263. 美国岸基飞机的攻击给南云造成什么错觉? … (193)
264. 美军怎样打得日军措手不及? ……………… (193)
265. 中途岛海战中日本海军怎样第一次忍痛沉掉自己的军舰? ……………… (194)
266. 日本"加贺"和"苍龙"号航空母舰怎样被炸沉? … (195)
267. "大和"号上的山本大将面对战局如何反应? … (195)
268. 山口怎样疯狂攻击"约克城"号? ……………… (196)
269. 侵华战争中的刽子手山口怎样随舰葬身大洋? … (197)
270. 中途岛大海战的特点是什么? ……………… (197)
271. 美国在中途岛战役中以弱胜强最主要原因是什么? … (198)
272. 中途岛大捷的重要战略意义是什么? ……………… (198)
273. 中途岛之战使海战理论发生了怎样的质变? … (199)
274. 中途岛之战告诉人们一条什么真理? ……………… (199)
275. 瓜达尔卡纳尔岛海战是怎样进行的? ……………… (200)
276. 美日铁底湾战斗的结果如何? ……………… (201)
277. 为什么瓜达尔卡纳尔海战成为太平洋战争的转折点? ……………… (202)
278. 美军为何要首先砸烂"太平洋防波堤"? ……………… (203)
279. 马里亚纳海战结果如何? ……………… (203)
280. 美国开展大规模对日攻势有什么物质基础? … (204)
281. 美国为何要制订海空"行刺"计划? ……………… (204)
282. 海空"行刺"计划是如何实施的? ……………… (205)
283. 山本五十六的座机是怎样被击落的? ……………… (206)
284. "二战"后期美军海、陆军之间的作战目标发生了什么分歧? ……………… (207)

285. 美军为什么最终要选择中太平洋为主要战略
方向？ …………………………………………… (207)
286. 美军为什么把"逐岛作战"改为"越岛作战"？ … (208)
287. 你知道"二战"中美军在硫磺岛登陆作战的代价吗？… (209)
288. 莱特湾大海战日美双方各有多少兵力参战？ … (210)
289. 锡布扬海的海空战是怎样进行的？ …………… (211)
290. 苏里高海峡夜战结果如何？ …………………… (211)
291. 萨马战役日本海军拿出了什么"绝招"？ ……… (212)
292. 恩格诺角海战日本舰队如何遭到惨败？ ……… (213)
293. 为什么莱特湾大海战是日本海军命运的终结？ … (213)
294. 日本的"神风"特攻队是在什么情况下组建的？ … (214)
295. 在冲绳战役中"神风"特攻队起了什么作用？ … (214)
296. 使用"神风"特攻队能否挽回日军的惨败？ …… (215)
297. "大和"号超级战列舰是怎样被击沉的？ ……… (216)
298. 美军攻占冲绳岛的战略企图是什么？ ………… (216)
299. 美军攻占冲绳岛调动了多少兵力？ …………… (217)
300. 美军怎样实施冲绳的登陆作战？ ……………… (218)
301. 日本海军航空兵怎样实施"菊水"作战的？ …… (219)
302. 冲绳岛战役结果如何？ ………………………… (220)
303. 美国是怎样实施无限制潜艇战对日本进行报复的？… (220)
304. 美国"刺尾鱼"号潜艇创造了什么奇迹？ ……… (221)
305. 美军潜艇部队为何能在太平洋战争中取得赫赫
战绩？ ………………………………………… (222)
306. 有史以来击沉舰船最多的潜艇艇长是谁？ …… (223)
307. 日本潜艇部队无所作为的原因是什么？ ……… (223)
308. 日本对潜艇有什么特殊用法？ ………………… (224)
309. "二战"末期美对日是怎样实施布雷封锁的？ … (225)
310. 美对日的水雷封锁分几个阶段？ ……………… (225)
311. 美对日的水雷封锁效果如何？ ………………… (226)

312. 在中国毙命的日本海军将官有多少？……………(226)
313. 土豆能击沉潜艇吗？……………………………(227)
314. 美军为何要与信天翁作战？……………………(228)
315. 美、英海军为何进行了海空"大内战"？………(229)
316. "布娃娃"里有什么秘密？………………………(229)
317. "肉馅"计怎样骗了德国人？……………………(230)
318. 你知道潜艇与驱逐舰互相撞击的战斗吗？……(231)
319. 你知道长达24个小时的潜舰对抗吗？…………(232)
320. 在反潜战中英国是怎样巧用双重间谍的？……(233)
321. 日本潜艇是怎样用小虾"护航"的？……………(233)
322. "普陀佛光"怎样吓跑了日本舰队？……………(234)
323. 一段情话怎样毁了一个船队？…………………(235)
324. 美军为何要对准金星开炮？……………………(235)
325. 米袋怎样拯救了潜艇？…………………………(236)
326. 鲸鱼能扫雷吗？…………………………………(236)
327. 鳄鱼能助战吗？…………………………………(237)
328. 剑鱼会攻击舰船吗？……………………………(237)

五、现代海战大观

329. 你知道解放战争中我木船战胜军舰的一次战役吗？…(240)
330. 刚组建的人民海军为何要进行万山海战？……(240)
331. 万山海战的作战方针是怎样确定的？…………(242)
332. 万山海战敌我力量对比如何？…………………(242)
333. 为侦察万山群岛敌情我军付出了什么样的代价？……(243)
334. "解放"号是怎样出敌不意驶入马湾的？………(243)
335. "解放"号是怎样与敌舰队混战的？……………(244)

336. "桂山"号是怎样英勇殉难的? …………… (245)
337. "先锋"号是怎样与敌人"海上拼刺刀"的? …… (245)
338. 万山海战结果如何? …………………… (247)
339. 斯大林为何关注万山海战? ……………… (247)
340. 头门山海战是怎样进行的? ……………… (248)
341. 人民海军建军初期最严重的损失是哪一次? … (248)
342. 人民海军鱼雷快艇首次作战取胜是哪一次? … (249)
343. 人民海军怎样用单艇独雷击沉"洞庭"号的? … (250)
344. 为什么要陆海空协同作战解放一江山岛? …… (251)
345. 人民空军在一江山岛战役中是如何夺取制空权的? … (251)
346. 人民海军在一江山岛战役中是如何夺取制海权的? … (252)
347. 一江山岛是如何被解放的? ……………… (253)
348. 大陈岛是怎样解放的? …………………… (254)
349. 炮击金门是一场什么样的特殊战役? ……… (254)
350. 人民海军的鱼雷艇是怎么秘密南运的? …… (255)
351. 封锁金门岛战役时鱼雷艇是怎样出击的? …… (255)
352. 在炮击金门中为台湾撑腰的美舰的表现如何? …… (256)
353. 为什么炮击金门采取时打时停的策略? …… (257)
354. 国民党海军是怎样"偷鸡不成蚀把米"的? …… (257)
355. 我编队指挥员为何规定"三不打"? ……… (258)
356. "章江"号是怎样被打沉的? ……………… (259)
357. 我护卫艇编队是如何追歼"剑门"号的? …… (260)
358. 战斗英雄麦贤得创造了什么样的奇迹? …… (260)
359. 周恩来总理对崇武以东海战作了什么重要指示?
    ………………………………………… (261)
360. 崇武以东海战我护卫艇是怎样冲击受挫的? … (262)
361. 我鱼雷艇是怎样临危受命的? …………… (263)
362. "二战"之后的第一次潜艇战发生在哪里? …… (263)
363. 印巴卡拉奇海战是怎么回事? …………… (264)

364. 南越海军为何要在西沙挑起战端？ …………(265)
365. 西沙自卫反击战结果如何？ ……………(265)
366. 我人民海军是怎样捍卫南沙群岛主权的？ …(266)
367. "蚊子"是怎样吃掉"大象"的？ …………(268)
368. "埃拉特"号驱逐舰被击沉说明了什么？ …(268)
369. 舰艇吨位大是否就威力大？ ……………(269)
370. 50∶0给人们以什么启示？ ……………(269)
371. 第四次中东战争的海战呈现出什么特点？ …(270)
372. 英阿马尔维纳斯群岛争夺战起因是什么？ …(271)
373. 英国马岛之战的军事准备有什么特点？ ……(271)
374. 阿根廷战略决策失误的原因是什么？ ………(272)
375. "贝尔格拉诺将军"号遭到了怎样的厄运？ …(273)
376. 阿军受挫折后采取了哪些对策？ …………(274)
377. "飞鱼"怎样"吃掉"英国最新式驱逐舰的？ …(274)
378. 阿军为何未击中"无敌"号航空母舰？ ……(275)

379. 阿军航空兵是怎样与英军展开海空战的？ …(276)
380. 英军是怎样偷袭贝卜岛的？ ……………(277)
381. 英军是怎样进行圣·卡罗斯港登陆战的？ …(278)
382. 阿军反登陆战失败的原因是什么？ ………(279)
383. 英阿是怎样展开古斯格林争夺战的？ ………(279)
384. 马岛战争结果如何？ ……………………(280)
385. 锡德拉湾上的"草原烈火"行动结果如何？ …(280)
386. 仅用11分钟的"黄金峡谷"行动的目的是什么？ …(281)
387. 为什么说"暂不要将'萨巴兰'号击沉"的命令来得正是时候？ ……………(282)
388. 海湾战争是怎么引发的？ ………………(283)
389. 海湾战争海上封锁的情况和效果怎样？ ……(284)
390. "沙漠风暴"中多国部队是怎样发挥海空优势的？
　　　　　　　　　　　　　　　　　　……(284)

391. 美国双航空母舰战斗群是怎样配置和防卫的？……(285)
392. 多国部队海军采取了哪些作战形式？…………(286)
393. 伊拉克采取了哪些对抗措施？………………(286)
394. 伊拉克海军为何未能组织有效的反击？………(287)
395. 多国部队是怎样实施电子压制的？……………(288)
396. 海湾战争中伊拉克损失了多少舰艇？…………(289)
397. 以美国为首的多国部队赢在哪里？……………(289)
398. 未来的高技术海战是"硬"对抗还是"软"较量？……(290)

编后记 ……………………………………………(291)
《海洋小百科全书》分类目录 ……………………(292)

古今海战

古代海战追踪

1. 古往今来海上战争留下了什么？

战争,这个被称为与死亡拥抱的怪物,在人类历史上已绵延了数千年。作为战争的一个重要组成部分,海军兵力在海洋上进行的战役和战斗——海战,起因错综复杂,场面惊心动魄。海战史从一个侧面反映出人类的文明进步史。海洋上发生的无数次战争,在时间的长河里,烟消云散人不见;在碧波的帷幕下,"折戟沉沙铁未销"。读古今海战典型战例,并不单是为了看点故事,增点兴趣,它能启迪我们的智慧,引发人们深沉的思考:

1768年俄国舰队火攻土耳其舰队

一是海洋作为资源的宝库,交通的要道,国家的屏障,是人类赖以生存的重要空间,因而争夺海洋的战争不仅从来没有停息过,而且特别激烈、残酷。

二是制海权决定一个国家的国运兴衰,一场关键性的海战往往决定一个民族的前途命运、生死存亡:胜利者称霸世界,失败者一蹶不振。

三是21世纪是海洋世纪,海洋成为各国争夺的焦点,中国面临着新的历史选择:是发奋争当海洋强国,还是重蹈历史覆辙,疏远海洋导致国运衰落?

四是保卫海洋权益和国家安全,必须有一支强大的海军。中华民族的崛起离不开海洋,中华民族的强盛离不开海军。提高全民族海洋意识,希望寄托在广大青少年身上。

2. 谁在世界上最早争霸海洋?

在世界各大海洋中,地中海是比较小的,被称为"上帝的洗脚盆"。但地中海地区却是世界最早的文明发源

16世纪的帆舰

地之一,这与沿海国家早期就开始与海洋打交道和争夺海洋有关。古代地中海的战船以划桨为主要动力,同时也使用帆,作战主要使用各种冷兵器。与中国古代战舰不同之处是,地中海有一种带有又粗又长撞角的战船,专门用于撞击敌舰侧舷,颇具威力。公元前17世纪以后,米诺斯王朝统一了位于地中海东部的克里特岛,并以战船征服了附近的地区,垄断了海上贸易。史学家认为,米诺斯是世界上最早组建海军和争霸海洋的国家。

3. 世界上早期海上第二个霸主是谁?

腓尼基是继米诺斯之后在地中海的第二个霸主。腓尼基人也是一个海洋民族,其建立的国家位于今叙利亚一带。公元前2400年前后,腓尼基人在海上击败了米诺斯人,控制了地中海。公元前1190年前后,埃及的国王拉姆士三世率兵在尼罗河三角洲击败了"海上民族"(地中海北岸过来的海盗统称),保卫了埃及的海上权益。从此以后,希腊、波斯、罗马、迦太基、埃及等国群雄并起,地中海上刀光剑影连续不断。

早期的荡桨船

海战,对西方历史的发展产生了重大的影响。

4. 你知道马拉松跑的来历吗?

体育比赛中有项超长距离的项目,这就是马拉松跑,它的路程是 42195 米,为什么不是像 5000 米、10000 米这样的整数? 这就需要知道这项运动的来历了。公元前 492 年,居波斯帝国王位的大流士下令,由他的女婿多纽斯率领 300 艘舰船配合陆军入侵希腊。在阿斯海角遭遇风暴,波斯舰船大部分沉没,2 万人失踪,陆军失去了海军的策应和补给,被迫返回。两年后,即公元前 490 年,波斯大军分乘 600 艘舰船,渡过爱琴海,在雅典城东北 40 多千米的马拉松湾上陆,直插希腊的心脏地区。马拉松平原很窄,南、北面都是沼泽地,不利于骑兵驰骋。希腊陆军人数 1 万人,波斯陆军为步兵 2.5 万人、骑兵 1000 人。但希腊军人是为保卫祖国而战,个个斗志高昂。希腊是奥林匹克运动的故乡,崇尚体育的传统造就了体健勇敢的战士,他们装备的刀枪也很优越,在短兵格斗中胜敌一筹。希腊士兵首先乘敌立足未稳之时发动进攻,以一当十,大获全胜。波斯军队留下了 6400 余具尸体和 7 艘大船后狼狈逃走。一个名叫斐力庇率斯的希腊士兵飞快地跑向 40 余千米外的雅典城,向人们报告这一特大喜讯。当他发出"我们胜利了!"的喊声之后,就倒地累死了。人们为了纪念他,就沿着他跑过的路线进行测量,其准确距离为 42195 米。这个距离便是后来马拉松跑运动的来历,而且是和海战有密切关系的。

5. 对历史产生重大影响的第一次海战发生在哪里?

公元前 480 年 9 月,发生在雅典城西埃莱夫西斯湾以南、萨拉米海峡内的大海战,为古希腊文明的延续担起了千钧重负。

这年春天,波斯再次发动了对希腊的大规模入侵。由于希腊半岛多山,道路崎岖,大军只能由海岸道路前进,再由舰队从海上提供补给。波斯共出动1027艘战船和3000艘运输船。

在生死存亡关头,希腊雅典舰队的指挥官提米斯托克利发出"除了战胜,就是舰队和全希腊灭亡"的号召,全军士气高昂。当时,海上战船大都是木质划桨,作战方式主要靠船头上的铁质冲角撞击。当初雅典人造船时听从了提米斯托克利的劝告,建造的战舰船艄突出,又大又结

萨拉米海战

实,而波斯的战船是为了远征而临时赶制的,小而脆弱。9月23日,几千艘战船聚集在萨拉米海峡,决战时,雅典战船巨大的包铁冲角狠狠地刺入波斯战船的腹部,波斯

战船折断损毁,纷纷沉没,残阳夕照之时,水面上到处漂浮着破船板、断桨和尸体。

希腊萨拉米海战的胜利迎来了"雅典的黄金时代",而波斯帝国从此衰落,走向灭亡。

6. 叙拉古海战出现了什么奇妙武器?

在地中海西西里岛东岸有一个小国叫叙拉古,与罗马接壤。公元前215年,罗马派遣了本国最优秀的海军统帅马尔塞拉斯和陆军统帅庇亚率领大军前去征讨叙拉古。当时罗马的海军是世界上公认的装备最精良的军队。威风凛凛的罗马海军,封锁了叙拉古的港口,直逼城下。战舰渐渐接近城墙,高大的云梯从甲板上立起,慢慢靠向城头,巨型攻城机做好了最后的准备。就在这时,城墙上突然出现了一些类似现代挖掘机的巨大抓斗。接着,巨抓张开,一块块巨大的山石从天而降,把云梯和攻城机砸得粉碎。在罗马人惊魂未定之时,城墙上又冒出了一些类似现代回旋起重臂的巨大木梁。当这些木梁转到罗马兵船上空时,从上面突然放下许多怪里怪气的巨大夹钳。那些停在岸边的船只被这些夹钳夹住提起来,又被狠狠地摔向海里。海面上到处是罗马士兵的尸体和破帆断桅。罗马海军终于大败。陆军也遭到了类似的厄运,许多人被大抓斗抓住,从空中摔下。由于伤亡惨重,罗马军队只好撤出了战斗。

7. 叙拉古最终陷落给后人留下了什么教训?

罗马人失败后并不甘心,他们在较远处扎寨,企图困死叙拉古。与此同时,他们派人到处打听,叙拉古的这些神奇武器究竟是谁发明的。后来终于得知,这次胜利确实得到了一位伟大人物的帮助,他就是阿基米德。为了使自己的祖国免遭罗马人的侵略,他设计了许多有着惊人效果的军事器械。罗马海军统帅马尔塞拉斯清楚地认识到这个伟大发明家对罗马帝国的重要意义,下令进入叙拉古后,任何人不得杀害这个伟大人物。

当罗马人的围困进入第三年的时候,叙拉古人的警惕性逐渐减弱了。这一天,正好是女神阿尔特米德的纪念日,全城一片欢腾。就在这时,罗马人乘机杀进了叙拉古。叙拉古人民为自己的麻痹大意付出了重大代价,全城浸在一片血泊中。此时,阿基米德正在专心致志地思考几何图形,一个士兵冲进了他的房间,他没有抬起头来,说了一声:"别碰我的圆。"但是罗马士兵的利剑已经刺进了他的胸膛。叙拉古的灭亡和阿基米德之死留给后人一条深刻的教训,这就是强敌并不可怕,可怕的是丧失警惕。

罗马人与叙拉古人的海战

8. 汉尼拔怎样以智慧战胜强敌？

公元前184年，在地中海东部的比提尼亚和帕伽马两国之间爆发了一场海战。当时正在东方避难的汉尼拔站在比提尼亚国王普鲁西阿西一边，反对罗马的盟友帕伽马国王尤米尼斯。普鲁西阿西深知汉尼拔的才能，让他率领一支舰队前去对抗尤米尼斯的舰队。论实力，汉尼拔率领的舰队数量少、武器装备差，处于劣势。但他沉着应战，决定以计取胜。他命令士兵登岸捕捉大量毒蛇装进陶罐，并交待水兵，集中攻击尤米尼斯国王的旗舰，向靠近的其他舰只投掷有毒蛇的陶罐。交战开始后，由于汉尼拔的舰队集中攻击旗舰，迫使国王仓皇逃往附近的海港。但帕伽马人多势众，不断向汉尼拔的舰队发起冲击。汉尼拔的水兵依照汉尼拔的命令向敌人投掷陶罐。起先，帕伽马人毫不介意，还哈哈大笑，可当他们发现摔碎的陶罐中爬出来的竟是一条条毒蛇时，开始惊慌起来，谁也无心恋战，纷纷调转船头，尾随主帅逃跑。汉尼拔乘胜追击，终于赢得了海战的胜利。

9. 瑙罗丘斯战役中强大的庞培舰队为何惨败？

公元前44年3月15日，古罗马的皇帝尤利乌斯·恺撒因其专制统治而遭到共和派的刺杀。他的外孙，年仅19岁的屋大维继承了他的帝业，成为古罗马的新一代君主。

然而共和派的残余不甘心退出历史舞台，公元前36年，被恺撒所败的庞培的儿子绥克斯·庞培率领陆海军团在瑙罗丘斯岬角海面，与阿格里帕统帅的屋大维舰队进行决战。阿格里帕的战船沿吃水线以上都加装了横梁,以防撞角冲击船体。阿格里帕还发明了一种名为"钳子"的新式武器,这种武器的一端有一个铁钩,另一端带有一铁环,由弹弓发射出去钩住敌船后,便可将其拖近攻击。阿格里帕调动了300余艘战舰,在新式武器的帮助下迎头痛击了庞培舰队。原本灵活机动的庞培舰队无法抵挡屋大维舰队的猛攻,300多艘舰船不是搁浅就是被击沉,仅有17艘逃回墨西拿港。庞培舰队的主将德莫恰尔斯也命丧刀剑之下。而阿格里帕方面只被撞坏了3艘战船,大获全胜。庞培只身逃往亚细亚,一年后在米利都被擒获处死。

10. 阿克提姆海战的意义是什么?

瑙罗丘斯一役中屋大维平定了庞培的叛乱,共和派的威胁解除了。一心光复帝业的屋大维如今只剩下一个敌人——安东尼。

双方战船奋力厮杀

安东尼是罗马贵族,由于崇高的声望成为当时权力最大的执政官,然而由于他贪恋埃及女王,将自己大量土地和财富送给女王引起了民愤,屋大维便借此机会向安东尼发动了战争。

公元前31年9月2日凌晨,双方的舰队在阿克提姆海上短兵相接了。屋大维一方的舰船较小,机动性较好,采取了集中几艘船攻打一艘船的战术,反复进行冲撞,稍占上风,船上、海上到处血肉横飞。由于安东尼成日沉溺于花天酒地,已深失人心,在屋大维舰队的猛烈攻势下,安东尼的中央和左翼3个支队纷纷投降。屋大维一贯奉行的瓦解敌军、宽大降卒的攻心战术在这场关键战役里发挥了极大的作用。安东尼见大势已去,急忙调转船头逃往埃及。第二年夏天,屋大维的军队在埃及登陆,击溃了安东尼军团的抵抗,古老的埃及托勒密王朝灭亡,被并入罗马版图。安东尼和埃及女王先后自杀。近一个世纪的内战终于结束,罗马实现了统一。

11. 松德海峡之战是怎样进行的?

公元1000年前,挪威四分五裂,连年混战。奥拉夫当上挪威国王后,雄心勃勃,打算像他的祖父那样重新统一挪威,但遭到国内各地伯爵和领主的反对,在国外,他也到处树敌。为了对付国内外强大的敌人,奥拉夫开始大造战船。1000年春,奥拉夫率领挪威最大的战舰"长蛇"号等60艘战船出征。丹麦国王斯汶联合瑞典和反对奥拉夫的挪威伯爵,组成一支由70多艘战舰组成的强大舰队,突然出现在松德海峡。由于松德海峡很窄,联合舰队的船只几乎布满了整个海峡,顿时使奥拉夫吓了一大跳,一时不知所措。奥拉夫毕竟尚未乱方寸,他立即下令将他的11艘战船组成一个横队,船与船之间都系上绳索,以高大的舰首与敌舰相撞。这一招果然有效,"长蛇"号等舰居高临下,使斯汶舰队的士兵死伤较多。但就在这个时刻,联合舰队逼近了"长蛇"号,奥拉夫中箭受伤,当人们认出奥拉夫要活捉他时,奥拉夫翻身跳入波涛滚滚的大海中。松德海峡之战以挪威舰队失败而告终。

12. 冷兵器时代的最后一次大海战是怎样进行的?

1337年底,英格兰国王爱德华三世与法兰西国王菲力普六世为争夺继承权和地盘进行了一场旷日持久的战争。

1340年,相对弱小的英格兰为挽回衰败的局势,于6月24日在斯普鲁斯港向法军发起了进攻。法军将俘获的英军大型舰船排在最前列,在船顶装有石块和投掷器。为防英军突破和劫持,预先用铁链和绳索连结。法军自以为攻防兼备,万无一失了,然而却被英方识破了计谋。英军也将舰队分成3行,大船在前,小船殿后,并且在每3艘船中,2艘装载弓弩手,竹筒火药炮用于近距离攻击,1艘装载甲士,在接舷战时拼杀。英军又联络援军助战,从后方进袭法军,致使法军首尾不能相顾,队形顿时大乱。用链绳连结的战船也一时失调,彼此拖扯碰撞,官兵死伤无数。法军无心恋战,纷纷弃船跳海逃生。英军士气正旺,分路追杀,大获全胜。在这次战役中,英军在欧洲率先使用了火炮,虽然这种舰炮结构原始,威力不大,却显示了巨大的生命力。自斯普鲁斯战役后,世界各国不同型号火炮相继问世,海洋战场上的热兵器逐渐取代了陈旧的冷兵器。

13. 雷班托海战在古代海战史上有什么特点?

雷班托海湾位于伯罗奔尼撒半岛之间的科林斯海湾里,离 2000 年前那场大海战发生地萨拉米海峡很近。1571 年,欧洲基督教联军舰队同奥斯曼土耳其舰队在这里进行了一场震撼人心的大海战。14 世纪,西亚地区兴起了一个新帝国,这就是奥斯曼土耳其帝国。至 16 世纪,野心勃勃的土耳其苏丹建立强大的舰队,四处扩张。1570 年,土耳其对威尼斯下达最后通牒,要求将塞浦鲁斯

雷班托海战

岛割让给土耳其。威尼斯向欧洲各基督教国家求援。教皇保罗五世号召基督教国家联合起来,组成十字军,打败异教徒。教皇带头出钱购买战舰,组成教皇舰队。舰队

的主帅是西班牙国王的弟弟约翰,副帅是罗马教皇的海军主将科仑纳。土耳其的舰队由阿里率领,有战船247艘。联合舰队有战船300多艘。双方共有17.2万人参战。像其他古代海战一样,这场海战一经开战,双方损失是惨重的。土耳其有3万人被杀,8000人被俘。淹死者无数,113艘战船被毁,117艘战船被俘。联合舰队死亡1.5万人,被毁战船12艘,被俘1艘。雷班托海战是古代海战史上战船参战最多的一次大海战。此后,风帆和侧面火力进攻代替了木桨和正面进攻,火炮代替了肉搏。这次海战又一次标志着一个时代的结束和一个时代的开始。

14. 中国历史上最早的海战是哪一次?

公元前485年,吴、齐两诸侯国之间的海战,是中国历史上有文字记载以来最早的一次海战。

中国汉代的楼船

当时的吴国拥有今上海、江苏的大部分及安徽、浙江的一部分地区。齐国位于今天的胶东半岛。公元前494年,吴王夫差决心北上,挖掘运河,开始为攻齐作准备。公元前485年,吴国联合鲁、邾、郯三国,共同出兵攻齐。第二年,夫差亲自率领吴国大军乘船出击。齐国舟师闻讯后,出动战船拦截,双方舟师在黄海上展开了一场大战。齐国舟师以逸待劳,奋力冲撞并用弓矢向吴船猛射。吴国舟师劳师远征,损失了不少战船,最终战败而归。

公元前492年,吴国再次联合鲁国,改为从陆路讨伐齐国,双方在艾陵(今山东泰安附近)激战,齐军被击败,吴鲁联军获胜。此后,吴国更为强盛。

15. 中国哪一次水战最早使用火攻?

公元208年,曹操亲率大军20余万,南下荆州,欲夺取蜀国江山。由于曹操势力强大,蜀吴只能串联起来,合力抗曹。

由于曹军多是北方人,为减缓战船颠簸,保持平稳,曹操命工匠把几艘战船编成一组,用铁链连结,铺板加固。东吴老将黄盖见曹操此举使得战船无法自如运动,便提出了"诈降火攻"计。11月的一天夜晚,江面刮起了东南风,黄盖率领一支诈降船队向曹军驶去。船上装满了浇灌了油脂的干柴枯草,外面用布幔遮盖,船尾各系一艘轻便的小船"走舸"。当临近曹军时,黄盖的船队纷纷举火示降,曹军信以为真,未加提防,当诈降的船队离曹军的"水寨"很近时,黄盖一声令下,各船水军同时点火,顿时江面上一片火光,10艘火船依借风势,冲入曹军水寨,曹军兵士被烧死淹死者无数,而黄盖早已率吴军改乘"走舸"折返军营了。自此,曹军大伤元气,再也无力大举南征了。

16. 中国水战最早使用火炮是哪一次?

1161年秋,金军40万人大举进攻南宋。11月8日,

金军向驻守在和州采石镇的宋军发起攻击,直扑宋军水

战船中弹起火场面

寨。宋军为避敌锋芒,暂退一侧,等敌船抵近时,步兵弓弩手万箭齐发,牵制敌军。一番激烈的拼杀和冲撞之后,金船大半沉没。第二天一早,金军再次出动,当散乱的船队越过江心时,斗志正旺的宋军驾驶着海鳅船从两侧冲将过去,并第一次使用霹雳炮轰击金军。一时间金军中弹落水者无数,有的船起火燃烧,有的船被海鳅船撞沉,金军又遭惨败。南宋水军在极端困难的形势下灵活运用战术,并使用了宋军独有的车轮战船和火炮,抗拒了北兵南侵,创造了中国水战史上又一次以少胜多的范例。

17. 石灰、黄沙加赤豆能作为海战武器吗?

"兵无常势,水无常形",在千变万化的战争领域,自古以来,用于作战的方法都是无奇不有的。

公元919年(贞明五年),占据江南(今浙江、江苏南部)的吴越进攻定都扬州的吴国。4月,吴越船队与吴国船队在狼山口相遇了。求战心切的吴国船队,企图利用顺风的有利条件,率先展开攻击。早有预谋的吴越船队斜航退让。吴国船队不知是计,穷追不舍。这时已位于上风方向的吴越船队见时机已到,顺风扬撒石灰,致使吴军如入雾海,乱作一团。接着吴越船队趁敌人不能睁目之机,迫近敌船,一边在自己的船上抛撒黄沙,用以防滑,一边向敌船抛去大把大把浸血的赤豆。惊魂未定的吴国军士,见血豆心惊胆战,惶恐不安,顿时阵容一片大乱。吴越军趁机纵火焚烧吴国船只,吴军陷入了一片火海之中。最后,吴军70名将校和400艘战船被俘,吴国船队即告覆灭。

18. 西汉水军是怎样占领东瓯的?

中国汉代水军称楼船军,实力强大,对开拓边疆,统一边疆作出过重大贡献。

西汉初期,在中国东南沿海地区存在着3个政权:以番禺为中心的南越,以东冶为政治中心的闽越和以永嘉为政治中心的东瓯。他们各据一方,互相攻战,与汉王朝保持一种若即若离的关系。建元三年(公元前138年),闽越王无端发兵进攻东瓯,东瓯王向汉朝求救。汉武帝以:小国以穷困来告急,天子不救,就不能建立威望,统治万国为理由,派严助持节发会稽水军,出长江,浮海南下,在永嘉登陆。闽越得知汉水军来援,未经交战便引军回国,汉水军乘机占领了东瓯,然后将东瓯居民迁徙到江淮地区,并在永嘉建立了南进水军基地。

19. 东汉水军怎样出征交趾?

东汉时期,交趾是中国的一个郡县(今广东、广西一带)。公元40年,交趾县人征侧、征二兄妹因怨恨交趾太守苏定,于是揭竿而起,攻占交趾郡,征侧自立为王。

公元42年,汉光武帝派马援等将领南征交趾。马援率领船队,在浪泊与征侧军激战,取得歼敌数千人的胜利。接着又追击征侧军至禁溪,连战皆胜,征侧军溃散。第二年正月,征侧、征二战败牺牲,但征侧余部仍在继续战斗。马援又率大小楼船200余艘,兵员2万余人,进攻都羊等部,自无功一直打到居风,歼敌5000人。至此,征侧兄妹的起义以失败而告终。

20. 晋军水师怎样大破吴军?

公元265年,司马炎废黜魏帝,夺取政权,建立晋朝。司马炎为了统一全国,决心消灭东吴。

公元280年,晋国将领王濬率水军7万,攻克丹阳城,进入西陵峡。吴军为了阻止西晋水师的进攻,在西陵峡上游的江面安装了铁锁,在水下布设了铁锥,将长江封锁。为了破除铁锁,王濬命令制作数十只木筏,让善水的士兵乘筏先行,遇到铁锥,铁锥就附在筏上除去了。王濬又命人做火炬,每个火炬长10余丈,灌入了麻油,绑在船前,遇到铁锁便点燃火炬,将其烧毁,船便畅通无阻了。吴军没有料到晋军会冲破障碍,没有派兵把守,结果被晋军连克西陵、夷道和乐乡。晋水军又在陆军的配合下,取夏口,克武昌,直逼吴都建业。建业水军慑于晋军声势,不战而降。3月15日,王濬率军进入建业,东吴灭亡。唐朝诗人刘禹锡的诗句:"千寻铁锁沉江底,一片降幡出石头。"写的就是这次晋军水师沿江而下灭吴的水战。

21. 中国水师最早出国作战是何时?

公元644年,高丽在唐朝边境筑城修垒,进攻弱小的新罗,新罗遣使来唐求救。为收复失地,防患于未然,唐太宗决定讨伐高丽。

公元644年11月,唐将领张亮率水军登陆高丽海岸,攻破沙卑城。高丽军见唐朝水军攻势甚猛,忙调倾国兵力堵截。唐军进攻受阻,加之天气寒冷,粮草接济困难,被迫班师回朝。

647年3月,唐水军再次启航东渡,遭高丽抗击,不得而返。647年4月,唐水军第三次东进,在鸭绿江登陆,曷山一仗,将高丽军击溃。唐高宗继位后,总结3次东征的教训,采取了新的攻势。660年高宗派大将苏定方率领大军10万进驻朝鲜半岛,又与新罗发展友好关系,结成同盟,形成南北夹击高丽的战略态势。666年,高丽王病死,其三子为争权

唐代战船——走舸

位而互相倾轧。高宗乘高丽内乱,再次发兵东征,一举攻占平壤,高丽灭亡。从此,辽东归还中国,朝鲜半岛交新罗治理,唐军胜利班师。

22. 隋朝水军是怎样灭掉陈国的?

中国南北朝末期,隋文帝为吞灭南方的陈朝,统一中国,大造舰船,编练水军。

公元588年12月,隋将领杨素率领水军沿三峡东下,陈水军将领戚欣领战船百余艘,扼守地势险峻的狼尾滩,阻止隋军前进。隋采取水陆配合,分进合击的方针,对陈军实行三面包围,大败陈军。第二年正月,隋军进攻西陵峡口的岐亭。陈军在西陵峡谷之间设置了3条拦江铁锁,并派吕忠肃率重兵把守。杨素没有采取烧断铁锁的办法,而是率军登陆,击败守军,从岸上拆除铁锁,使隋战船顺利通过。岐亭大败后,吕忠肃率军退据荆门的延州,以战船继续阻止隋水军东下。杨素派熟悉水性、善于驾船的水兵千余人,乘4艘舰船,用拍竿击毁敌舰10余艘,大破陈军。陈军经过以上3次战斗,元气大伤,其领土渐被隋军占领,再也无力回天。隋军终于在公元589年攻入陈都建康,陈朝就此灭亡。

23. 唐朝水军是怎样智取江陵的?

公元621年,唐军在主帅李孝恭的率领下,乘2000多艘战船,浩浩荡荡,顺江而下,讨伐梁国萧铣。唐军士气旺盛,锐不可当,直逼江陵城下。经过一番激战,唐军占领了江陵城附近的水城,并缴获了大批战船。然而,唐名将李靖却劝说李孝恭将缴获的敌船全部弃于江中。此时,江陵城内的萧铣正望眼欲穿地等待着前来解围的援军。赶到江陵的梁援军在宽阔的江面上发现了大批萧铣的战船。只见战船大都带着刀伤剑痕,一副经过战争厮杀的惨状,援军吃惊了:一定是萧铣的大军被击败了,江陵已落入唐军之手。于是,援军不战自乱,全部掉转船头仓皇逃去。萧铣眼见援军被瓦解了,只得传令,大开城

唐水军夺取江陵之战

门,向唐军投降。

24. 韩世忠在黄天荡是怎样打败金军的?

1130年2月,入侵南宋的金军,在江南军民的打击下,被迫北撤。

南宋名将韩世忠见金军不能久据江南,便率领舰队,准备在归途截击金军。金军沿长江南岸强行西上,韩世忠将大军停泊在金山脚下,与金军形成对峙形势。韩水军大多是海舰,舰体高大,攻击力强。为了发挥这个优

势,韩世忠令工匠制作了许多用铁链联接的大铁钩,用以对付金军的小战船。4月12日清晨,金水军首先发起进攻,韩水军分两路迎战,陷敌人于背腹受击的境地。南宋战船乘风扬帆,往来如飞,居高临下用大铁钩钩住敌船一舷,使劲一拽,敌船便随之倾覆,韩军大获全胜。

25. 黄天荡一战金军如何反败为胜?

在黄天荡一战中遭到惨败的金军,不甘失败,寻求出一条扬长避短破敌之计。

金军在船内装土,增大了船的稳定性,不易倾覆。又在土上铺上木板,使对方无处下钩。金军又选择在无风时出击,这样便可发挥其船小,机动灵活的优势。1130年4月25日,天气晴朗,江上无风,金军乘小船出击,同韩军交战在江心。金军船小,无风使桨,快速机动。韩军船只笨重,无风难动。金元帅兀术命善射者乘小船以火箭射韩军篷帆。顿时,韩阵烟焰蔽天,漫江大火,被烧死和溺死的将士不计其数。韩军大败,韩世忠只身逃回镇江,金军得以渡江北归。金军的反败为胜说明了任何一种武器的优劣长短,在一定条件下都是可以转化的,关键在于要审时度势,扬长避短,才能克敌制胜。

26. 襄樊之战元军如何大败南宋水军?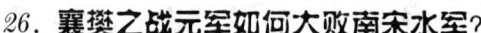

公元1268年,元世祖忽必烈派水陆大军围困襄阳,在襄阳城外筑堡修垒,还在汉水中游筑起实心台,上配弩炮,击退了南宋水军的多次救援。同时在汉水上下游配置水军,进行水上封锁。襄阳城内的宋军外援断绝,粮资殆尽,内忧外患,但却始终不肯投降。元军久困襄阳不下,遂调整部署,打算先攻樊城,后下襄阳。襄阳居汉水南,樊城居汉水北,两城隔水相望,南宋守军先前在汉水中树立木桩,用铁索固锁,上造浮桥,使两城相通,便于互为支援。元军针对这一情况,采取了截断江道,阻其援兵,水陆夹击的方针。公元1273年正月,元水军焚毁了襄阳

宋代战船——车船

通樊城的浮桥,又乘风纵火烧了南宋的战船,从而截断襄樊两城的联系。接着,元军水陆夹击,攻破樊城。2月27日,襄阳守将吕文焕出降。襄樊这一战略要地宣告陷落。

27. 元军攻宋怎样实行"捣虚之计"?

南宋军队在襄樊与元军交战失利后,将沿江九郡精兵集中于郢州、新郢二城。两城分居汉水两岸,宋军在水中横贯铁索,密布战船,阻止元军顺汉水南下。元军见此,决定以一部分兵力牵制郢州宋军,主力迂回黄家湾堡,绕过郢州南下入江。元军进入长江后,以战船千艘,猛攻阳逻堡,但由于宋军防守严密,连攻3日没有结果。元军将领伯颜见阳逻堡布防坚固,则确定"捣虚之计",一面令张弘范继续攻阳逻堡,引诱夏贵水军来援,一面命令

阿术率3000名精骑,乘雪夜驾舟西上,从上游潜渡,在青山矶突然袭击南宋水军。经过激战,击败了荆鄂都统程鹏飞一部。接着,元水军舳舻相接,顺流而下。南宋鄂州及汉阳守将相继投降元军,元军控制了长江中游的战略要地,为以后战局的顺利发展奠定了基础。

28. 元军对日本的第一次远征为何失败?

公元1273年,元朝派去日本的国信史赵良弼回国,宣告同日本通好的努力失败。元世祖忽必烈决定用武力征服日本。公元1274年10月6日,元军在日对马岛登陆,全歼日本守护军。先后占领了对马岛和壹岐岛,遂又转向博多湾。日本朝廷对元军发动的东征毫无觉察,直至对马岛失陷16天后方知此事,慌忙组军备战。10月20日,元军占领博多湾岸边松林,从背后夹击日本武士,日军腹背受敌,被迫向大宰府水城方向退却。元军由于副帅刘复亨中箭受伤,加之天色已晚,便停止了追击。元军经过一天奋战,虽成功登陆,占领了某些地域,但伤亡不少,兵疲矢尽,统帅受伤,加之对日军的英勇奋战颇有惧意,对日军的作战部队的数量又估计过高,以为数倍于己,从而失去了取胜的信心,便决定全军撤回船上,翌日班师。当夜,狂风暴雨大作,元军不熟悉博多湾地形,船只触礁者甚多,据史料记载,这次对日本的第一次远征就此结束。

29. 丁家洲之战南宋为何惨败而归?

在元宋战争期间,南宋由于战术失策、士气不旺等原因节节败退,襄樊、鄂州、黄州、蕲州等城先后失守,朝廷陷入混乱不堪的状态。公元 1275 年正月,南宋丞相贾似道却遣使以"称臣奉币"等条件,向元朝伯颜乞和,遭到拒绝。贾似道求和不成,才派步兵都指挥孙虎臣领兵 7 万屯于丁家洲大江两岸。伯颜令部队制作许多大筏,上置各种可燃之物,佯言欲烧宋船,使宋军日夜戒备,处于极度紧张疲劳之中。与此同时,他指挥步、骑兵夹岸前进,在长江两岸设置巨炮轰击宋水军,隆隆炮声响彻长空,同时,元军又以划船数千艘乘风直进,水陆配合,进袭宋军。宋军一触即退,贾似道、孙虎臣先后乘船逃跑。元军乘胜前进,占领建康。

元水军进袭宋军

30. 第二次"赤壁之战"是怎样进行的?

中国元宋在焦山的水战,被史学家们称为第二次"赤壁之战"。公元 1275 年,元军攻陷建康后,向南宋都城临安进军。南宋统治者为保都城,在临安外围各要点布置军队,抗击元军。1276 年 6 月,宋将张世杰等在长江焦山水域,集结战船万艘,以10船由铁链联成一舫,锚泊江中,以阻元水军的进攻。元将阿术进行战场侦察后,决定采取火攻战法破敌。为此,元军先派一支船队,由江面南侧绕到宋水军后面,形成前后夹击之势。7月2日,元水军发起攻击,两翼分队先施放火箭,焚烧宋军船篷,烟焰冲天;紧接着,又展开接舷战,短兵格斗,杀声动地。宋军失去统一指挥,又联船沉锚,不能机动,只好被动挨打,溃不成军。张世杰等宋军将领为自保,先后逃跑。两淮与临安的联系被元军切断,南宋都城临安陷入困境。

31. 崖山之战元军用何法灭宋?

公元1276年2月,元军攻陷临安。以文天祥、张世杰、陆秀夫为首的抵抗派拥立幼帝,移居崖山,作为南宋朝廷的最后基地。1279年正月,元军以水军大举进攻崖山。张世杰没有接受在焦山水战中被动挨打的教训,又在崖山海面上将战船千艘用大索联接,一字摆开,企图抛锚应战,进行单纯的消极防御。元将张弘范首先切断宋军水源,又以船载薪草,浇上油脂,乘风纵火,焚烧宋船。由于宋船缚有长木,船体涂泥,元军火船难以接近,纵火无效。但宋军水源被切断,被迫食干粮,饮海水,上吐下泻,疲惫不堪。2月6日晨,元水军分4路围攻南宋海上堡垒。张弘范事先在所率战船的尾部建造了战楼,用布遮盖,令士兵持盾俯卧在上面,闻乐声方准进攻。由于宋军的顽强抵抗,两军激战至中午,未分胜负。张弘范率突击队准备从南面进攻,并令乐队奏乐。张世杰等人闻乐声,以为元军正在用餐,戒备有所松弛。就在这时,元军突然撤除围障,以弓箭、炮矢发起猛攻,迅速突破宋军海上堡垒。宋军虽顽强抵抗,但败局已定,无法挽回,至此,统治中国300多年的宋朝彻底灭亡。

32. 元军第二次东征日本为何全军覆灭?

元军第一次远征日本后,元世祖忽必烈以为日本受到打击,可能改弦更张,与元通好,于是两度派使者出使日本,但信使均遭日本幕府杀害。忽必烈因此下定了征服日本的决心。元军第二次远征日本兵分两路,一路是东路军,由忻都、洪茶丘率领,过对马海峡,进攻日本;另一路是江南军,由范文虎统率,渡海南趋日本。两军预定于1281年6月15日在壹枝岛会师。

5月26日,东路军攻入壹枝岛。东路军无视壹枝岛会师的约定,贸然独自进攻。7日晨,洪茶丘率军登陆志贺岛,元军擅长集团进攻,因而在志贺岛狭长地带很难发

东征日本的元军

挥这一特长。而日军则惯于用一人一骑的战斗方式,很适合狭长地带作战,因此元军损失很大。忻都便决定返回壹枝岛,与江南军会师。江南军由于主帅病死,而延长了航期,于7月才与东路军会师,两军会师后本应立即进攻大宰府,但两路统帅均迟疑不决,在海上停留了一天,以致受到了台风袭击,元军船毁人溺,丧师大半。元将张

禧向范文虎建议,江南军士未溺死者尚有半数,且均年轻力壮,如果组织起来背水一战,或可取胜。范文虎不听,收集残卒班师。但由于船不足,元军士卒被遗留在日本海岛上约有8万余人,大部分被俘惨遭杀害。

33. 元军怎样出征爪哇?

元朝建国后,一直同爪哇国保持着友好关系,但后来,由于爪哇国王刺伤元朝诏史孟右丞之后,忽必烈认为这是对元帝国的莫大侮辱,便决定兵征爪哇。1292年2月,忽必烈命史弼、亦黑迷失、高兴3人率兵渡海进攻爪哇。爪哇国正在为国王被葛郎国王哈只葛当所杀一事,同葛郎军激战,得知元军来袭,立即向元军迎降求救。史弼允其所求,领兵进击葛郎。3月19日,元军到达葛郎国首都答哈,哈只葛当指挥10万余部队迎战,双方激战8小时,葛郎军大败,溃拥入河,淹死者达数万人。4月2日,爪哇国王的女婿要求回国,以便更换正式降表和准备向元朝入贡的珍宝。史弼和亦黑迷失同意,派万户担只不丁护送。途中,爪哇国王的女婿背叛,杀害护送的元军将领,并率部突然进攻元军。元军边抗击边退却,步行300里,于24日到达海边,登舟返航。元军这次对爪哇的征战,战死士卒3000余人,以失败而告终。

34. 郑和舟师怎样生擒陈祖义?

人们都知道郑和是世界闻名的伟大航海家,却很少有人知道他又是个卓越的海军将领,在七下"西洋"期间,他曾率舟师进行过几次战斗。第一次就是擒陈祖义之战。陈祖义因犯事举家从广东逃到印度尼西亚的旧港,他为人甚是横蛮,凡见到过往的客人和船只,都要劫夺其财物。公元1407年,郑和舟师首下"西洋"返航回国。途中,郑和派人招抚陈祖义。陈祖义玩弄诈降手法,欺骗郑

郑和舟师奋勇杀敌

和,暗中阴谋偷袭郑和舟师。郑和得到了陈祖义诈降的密报,立即做好了反偷袭的准备和部署。不久,陈祖义果然乘夜暗来袭,郑和指挥战船从待机点迅速包围敌船,经过一番激烈的战斗,毙敌5000余人,烧毁其战船10艘,缴获7艘,生俘了首领陈祖义等8人。

35. 郑和如何俘获锡兰国国王?

锡兰即现在的斯里兰卡,该国国王亚烈诺耐儿傲慢无礼,欺侮邻国,不断劫持来往使节,在该地区横行霸道。郑和在第三次下"西洋"的途中访问锡兰国,宣读明成祖朱棣敕谕海外诸国的诏书,劝告亚烈诺耐儿改弦更张,同明朝和各邻国修好。亚烈诺耐儿不仅置若罔闻,而且引

诱郑和进入国中，暗中发兵5万抢劫郑和的"宝船"，同时切断了郑和的归路。郑和临危不惧，一面派人改道至海上，通知舟师坚决抵抗来犯的锡兰军，一面派部队3000人，乘夜暗由小道攻入王城并加以固守。前往劫掠郑和"宝船"的锡兰军闻讯后，即回师会同国内其他部队，对王城进行围攻。战斗持续了6天。第7天凌晨，郑和出城突围，且战且行，黄昏时抵达舟师。这次战斗，郑和出其不意地攻占锡兰王城，俘获了国王全家，又以此调动锡兰劫船部队回援，保障了舟师的安全，真可为一举两得。

36. 明朝水军是如何打击倭寇的？

倭寇就是14世纪至16世纪屡次骚扰抢劫朝鲜和中国沿海的日本海盗。自明朝洪武年间起，倭寇经常侵犯我国沿海。入侵的倭寇，杀男掠女，抢劫财物，无恶不作。公元1561年10月中旬，倭寇分3路进犯浙江台州，遭明军重创，溃不成军。逃跑的倭寇聚众2000人，连舻18艘，于5月17日在长沙（今浙江温岭东南海滨）登陆。明将领戚继光立即决定水陆

明代的封舟

两军联合作战，突然围攻长沙之敌。戚继光接近长沙后

作了以下部署:陆军焚烧敌船,切断敌人通往海上的退路;在海上,则在东西海面布军,成犄角之势,以歼灭海上逃走之敌。20日晨,明军突然发起进攻,倭寇惊恐万状,纷纷欲夺船逃遁。但船只早被戚家军焚毁,倭寇只得投海泅逃,全被淹死。局促于海滩之敌,也悉数被歼。

37. 明朝水军如何击败海寇吴平?

明代嘉靖年间,吴平是危害闽粤沿海地区的海寇。公元1565年春,戚继光和广东总兵官俞大猷,出兵讨伐吴平。戚家军水陆并进,迅速攻占吴平在梅岭的基地,吴平率残部逃入广东。7月,吴平进占闽粤交界的南澳岛,设驻守。9月9日,戚家军到达南澳岛对岸,用渔舟载石堵塞港口,封锁了南澳岛。10日,戚家军发起渡海登陆战斗,并建立了滩头阵地。16日,吴平派兵2000人设伏诱战,被戚家军猛烈冲击,打得弃甲而逃。18日,吴平率众反击,双方刚交手,戚继光便派人散发劝告胁从分子放下武器的檄文。吴平兵卒见了檄文,军心动摇,戚家军趁势猛攻,在宰猪澳登陆,径取吴平本寨,海寇大败,伤亡惨重,吴平仅率800人,驾小船40艘死战逃脱。公元1566年,吴平率残部驾船30余艘,逃入安南。戚、俞水军南进追击,将其全部歼灭,吴平投海自杀。至此,危害东南沿海各地多年的倭寇和海寇,被基本平息。

38. "尿壶阵"如何屡破敌军?

不能登大雅之堂的尿壶,在戚继光的抗倭战斗中却起过了不起的妙用呢。1555年的一天,倭寇舰队侵入我浙江温岭县新河附近水域。抗倭名将戚继光一面指令军民严加防范,一面收集了数量众多的尿壶,用木塞塞紧壶嘴,然后投入海中。海上雾气蒙蒙,成群结队的尿壶随潮流向前漂动。敌舰哨兵以为是泅渡偷袭的戚家军,马上向头头作了报告。敌军首脑慌忙下令攻击,发发炮弹像雨点般落在海面上。然而光滑的尿壶轻飘飘的,炮打不沉,至多漂移一下,或者跳个高,又落入水中。尿壶离敌舰越来越近,倭寇越来越慌,戚继光不失战机,立即率军乘船,从三面向倭寇包抄攻击。倭寇无法抵挡戚家军的强劲势头,仓皇而逃。由于倭寇始终没有弄清这种神秘漂浮物究竟是什么,所以戚继光屡用此法,在海战中收到奇效。

39. 李舜臣如何在玉浦港大败日本侵略者?

16世纪80年代,丰臣秀吉以武力统一日本后,为了缓和国内矛盾,巩固专制统治,着手准备发动侵略朝鲜和中国的战争。1592年5月4日,朝鲜水军在李舜臣的指挥下,编队驶出全罗南道丽水港。日本海军闻讯后,派藤高虎尚率50艘战船前来迎战。李舜臣埋伏在庆尚南道臣济岛东岸的玉浦港附近。5月7日,李舜臣水军伏击了藤高虎尚

李舜臣像

率领的战船。朝军大量施放火箭,又用火炮火枪射击甲板上的日军。经过激战,日军伤亡惨重,有26艘战船被击沉或焚毁。当日下午,李舜臣又在永登浦附近发现5艘敌船,立即追击,在合浦附近水面将其击沉。次日,日朝水军又在赤珍浦相遇,朝水军又击沉日大小战船13艘。经过这三次战斗,共击沉日船44艘,而朝鲜无一战船损失。

40. 泗川海战日军如何再度失败?

李舜臣在玉浦海战中击败日军后,预料敌人定会再次西侵,便积极准备第二次出击。1592年5月27日,李舜臣得知10余艘日舰向庆尚南道南海岸的泗川进犯,立即部署应战。日军由于怯战,便弃船上岸,在泗川海湾沿岸布阵,时值退潮,日军位于高处,这对朝鲜水军十分不利,李舜臣果断决定诱敌出海,然后在海上歼灭敌船。日落时,朝鲜水军佯装后退,日军果然中计,登船出海反击。这时开始涨潮,有利于朝鲜的龟船、板尾船等展开活动。当日军战船驶出海湾时,李舜臣的战船突然调转船头接敌。龟船冲入敌阵,其他战船紧随其后,用火炮弓箭等武器,猛烈打击敌人,将12艘日本楼船全部击沉。

41. 李舜臣如何以"龟甲船"大败日船?

朝鲜海军将领李舜臣于1592年6月2日率部进至唐浦附近时,发现有21艘日船正在港内停泊。朝鲜水军以"龟甲船"为先锋,发起猛烈攻击。这种"龟甲船"长10余丈,干舷低,船上覆有木板为盖,以防敌炮弹,形似龟背。船体坚固,抗撞击,船盖上除十字通路外,满插锥刀,使敌人难以登上。盖内的武士、水手皆可安全行动。左、右舷各有炮眼6个,船艏和船尾亦有暗设炮眼,使日船望而生畏,无法对付。敌指挥船受到炮火的集中攻击,旋即沉没,敌阵大乱。朝鲜战船从两面包抄敌船,并切断其退路,将21艘日船全部击沉,朝水军再一次大获全胜。

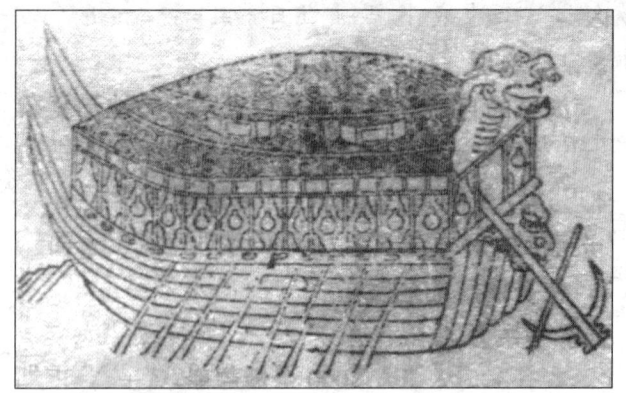

朝鲜龟船

42. 露梁海战中朝水师如何大败日本舰队?

露梁海战是公元1598年11月,中朝两国水师在朝鲜南部露梁海域,同日本舰队所进行的一场大规模海战。

16世纪末叶,丰臣秀吉以武力统一了日本以后,于1592年4月发动了侵朝战争,朝鲜王遣使向明朝求援,明政府遂发兵援朝抗日。1598年8月,丰臣秀吉病死,遗命从朝鲜撤军。当时,日军尚有4万余人在朝,拟分3批撤退。为了打击日军,中朝两国水师联合进行了著名的露梁海战。明朝水师提督陈璘命令老将陈子龙率兵1000人,驾3艘巨舰为前锋,待日船通过海峡后,迂回到侧后,发起攻击,截断其归路;朝将李舜臣率朝鲜水师为右军,进泊南海之观音浦,待机与明军夹击日军。战斗进行得十分激烈,双方进行了血战。李舜臣率先督战,中弹牺牲。其子代父指挥,秘不发丧,继续与中国水师并肩战斗。最终日军战败,停止抵抗。弃船上岸的日军也被联军歼灭。露梁海战,日军死亡数万人,第五军主力几乎悉数被歼,舰船也几乎全部覆没。这次战争的胜利结束,对战后朝鲜200年和平局面的形成,起到了重要作用。

古今海战

近代海战掠影

43. 美国独立战争获得最后胜利是哪一战？

1781年法国舰队司令格拉塞海军中将应美洲大陆军总司令华盛顿之邀，率24艘战舰赴切萨皮克湾，从而切断了英军主力海上供应线，以援助包围约克郡的华盛顿军队。英国舰队司令格雷夫海军上将率19艘战舰前往切萨皮克湾，想解除封锁。此时在湾内的法舰队发现英舰队后，立即起锚驶出海湾进入大西洋。英舰队没有抓住这个有利的战机果断进攻，反而令全体转向180度与法舰并排驶入大西洋。直到下午4时，英旗舰"伦敦"号挂出了两个信号，一个是"逼近法舰战斗"，一个是"一路纵队开进"。结果只有前卫舰参加了进攻。加之此时海上风力减弱，英舰主力与后卫舰队脱节，法舰乘机对英前卫舰队发动猛攻，英2艘战舰受伤，退出战斗。此后，法国巴拉斯分舰队又驶抵切萨皮克湾，继续封锁英国海上交通线。在美法军队的海陆夹击下，驻守约克郡的英军被迫投降。

虽然切萨皮克海战规模不大，但它对整个美国独立战争却有着深远的战略意义。由于英海军未能打破法海军对切萨皮克湾口封锁，致使英在北美的最后一支精锐部队被歼，英国无力再战，被迫承认美国独立。

44. 英国怎样对西班牙开展"海盗战争"？

16世纪中叶，由于西班牙帝国在政治上的黑暗统治，激发了殖民地尼德兰人民的反抗斗争；在经济上，因获得不义之财而暴富者遇到了专门抢掠他的"强盗"，并开始衰落。欧洲另一个新兴的资本主义国家英国向西班牙殖民地进行走私贸易,并从海上对西班牙的港口和运输美洲金银的船只进行有组织的海盗掠夺。这时,英国出现了一批商人公司,专门资助和经营掠夺西班牙船只的"海盗战争"。这种公司得到了英国政府的支持,女王伊丽莎白等许多英国贵族都是这些公司的股东。英国所进行的"海盗战争",使西班牙每年损失300万杜卡特。

风帆战船扬帆出航

著名海盗德雷克一次远征,就掠夺到价值50万英镑的金银,并将其所得的40%献给了伊丽莎白,女王就授予他海军上将的军衔。这一批批"西班牙资财"不仅充实了英国的经济实力,而且还大大地加强了英国的海军力量。

45. 西班牙与英国双方舰队实力如何?

16世纪80年代中期,西班牙国王腓力二世为了保住西班牙在殖民地的利益,决心消灭英国的"海盗战争"。同时,他还通过天主教会在英国本土发动了多次反对伊丽莎白的叛乱。英国为了削弱西班牙力量,更加肆无忌惮地进行"海盗战争",从军事上、经济上援助西班牙属地尼德兰人反对西班牙的统治、争取独立的斗争。1587年,西班牙国王腓力二世集中财力物力,装备了一支庞大的舰队——"无敌舰队",驶往英吉利海峡,准备向英国本土进攻。在英国,伊丽莎白女王则下令"海盗舰队"在朴次茅斯港集结待命,做好战斗准备。一场海战迫在眉睫。

西班牙派遣的这支舰队总计包括各型战船130艘;主要有20艘四桅大船、44艘武装商船、23艘圆船、22艘差船、13艘轻帆船、4艘中船、4艘长船,总吨位5.7868万吨,火炮1100门,共3万余人。西班牙人把这支舰队命名为"最幸运的无敌舰队"。舰队司令官是西多尼亚公爵。英国为了迎战,迅速将皇家用船、各类商船和海盗船集中起来,也组成了一支舰队。这支舰队共有197艘舰船,2000门火炮,共1.6万人,其中三分之一是士兵。舰队司令官是皇家海军上将霍华德,著名的海盗德雷克和霍金斯任副司令。从战船吨位和兵力数量来说,双方不相上下。

46. 英国与西班牙怎样在英吉利海峡展开大战?

1588年7月20日,浩浩荡荡的"无敌舰队"驶入英吉利海峡,并开始在海峡之内寻找战机。英国舰队采取不与其正面交战的策略,用小舰队袭击的战术使西班牙海军损失严重。8月6日,"无敌舰队"的主力到达加莱附近抛锚。午夜,英国舰队悄悄接敌,向"无敌舰队"发起了近距离的火攻。他们把8艘200吨级旧商船,装上沥青、油脂和柴草,点上火,顺风向"无敌舰队"锚地漂去。西班牙人根本没有料到英国人这一着,正当西多尼亚下令断缆

西班牙"无敌舰队"

开航时,英国的火船已经接近。结果,来不及逃避的西班牙"无敌舰队"舰船不是被烧毁,就是在夺路而逃时相撞沉没。英国乘势向溃逃中的西班牙舰队发起进攻,重创了西班牙舰队。8月8日,双方舰队又在加莱与敦刻尔克之间的格拉夫林发生激烈炮战。西班牙因火炮射程近、技术差而吃了大亏,遭到英军炮火的沉重打击。

47. "无敌舰队"为何遭到全军覆没?

英国与西班牙在英吉利海峡所进行的海战,使西班牙损失了20余艘战船,有大约5000人阵亡。当夜,西多尼亚眼看去英国登陆的计划破灭,便决定率领剩余的舰

队从北面绕过不列颠群岛,返回西班牙。不幸的是,就在"无敌舰队"向北运动时,在奥克尼群岛遇到了飓风,大约又有40艘战船沉没。西班牙舰队的大败不是偶然的。他们舰船全部是旧式的,高高的船楼,航行极不灵活;攻击的方法仍然是钩船、跳帮;而英国舰队的特点是船体小而狭长、快速轻便,火力强而机动灵活,且采用了纵列阵和火炮进攻,因此,西班牙舰队在海战的技术、战术等方面都落后于英国。完全可以说,这是一场封建时代的海军与资本主义时代的海军之间的较量。新兴进步的战胜陈旧落后的,是历史发展的必然规律。

48."军礼"为何成为英荷首次战争的导火线?

荷兰的海上优势,以及对海上贸易的垄断,是对英国殖民主义的海外扩张的直接威胁。从1648年到1651年,英国组建了一支强大的舰队。1651年,英国议会通过了著名的《航海条例》。根据这一条例,一切进入英国港口贸易活动的国家,都要预订英国所有的船只,并应向英国舰船敬礼,否则,英国有权采取行动。

1652年春的一个上午,英国"总督"号舰长率领两艘战舰正巡逻在德文郡外的海面上,突然发现了迎面驶来的荷兰舰队。英国舰长开始呼叫他们降旗致敬,10多艘战舰中只有1艘按令行事,其他舰船置之不理。在多次要求被拒绝后,英国舰长下令开炮,荷兰军舰毫不示弱,开炮还击。最后,还是荷兰军舰还了礼,双方才罢休,而避免了对抗升级。无独有偶,在英国多佛尔海峡,英国海军又因前来避风的荷兰军舰没有敬礼而引发战斗。战斗持续了4个小时,两艘荷兰舰艇被击伤逃走。这两次因"军礼"引发的冲突,是个导火线,预示着一场更大的海战即将到来。

49. 第一次英荷战争是怎样进行的?

1652年12月1日,荷兰海军中将特朗普率领107艘战舰,为尾随在后的300多艘商船护航。为了扫清航道,特朗普主动出击英国舰队。12月9日,英国舰队由布莱克率领42艘舰船迎战。这次战斗,两名英国舰长被杀,布莱克受重伤,英国人惨败。布莱克为报一箭之仇,于1653年2月又与荷兰舰队进行了三天三夜的恶战,荷兰舰队损失惨重,最后因为特朗普舰队缺乏弹药,被迫按照

1652年英荷之战

传统习惯降下中桅旗,向英军投降。荷兰不甘心这次失败,国会严令特朗普迅速打破英国人的封锁,夺回海上控制权。8月10日,荷兰舰队与布莱克的继任者蒙克率领的120艘战舰在海牙附近相遇,双方进行了一场近战。

开战不久,特朗普就中弹身亡。失去了总指挥,荷兰人失去了斗志,先后有25名舰长丢下同伴逃走,荷兰大败。1654年,荷兰正式承认《航海条约》,并同意赔偿损失,这标志荷兰开始把海上霸权拱手让给了新的海上帝国英国。

50. 第二次英荷战争是怎么引发的?

第一次英荷战争并没有解决英荷之间的矛盾,相反大大地刺激了英国殖民扩张的胃口。1660年,英国为了独占海上运输业和殖民地市场,第二次颁布了《航海条例》。1663年又颁布《主要产物法令》。这些条例和法令,严重地损害了荷兰的商业利益。第二次英荷战争爆发。1665年2月22日,荷兰政府向英国宣战。荷兰舰队由奥布丹指挥,拥有103艘战舰、4600门大炮和2.1万人。英国舰队由英王兄弟约克公爵率领,共有137艘战舰、4200门大炮和2.2万人。6月13日拂晓,双方在英国东海岸洛斯夫特激战。一直到下午,英国舰队才打乱了荷兰舰队队形,随后双方发生了近战,舰船乱成一团。下午3时,荷兰的巨型战列舰"恩德拉希特"号弹药舱被击中,发生了大爆炸,统帅奥布丹被炸死,其余舰船纷纷溃逃。这次海战,荷兰共损失30艘战舰以及3名海军上将和4000名官兵。英国的损失是2艘战舰和8000名官兵。

51. 荷兰怎样东山再起进行复仇?

1665年秋天,英国发生了大瘟疫。荷兰人认为机会到了,他们以1100万盾荷币建了一支新型舰队,并发誓要报一箭之仇。第二年6月14日,德鲁特率领一支由84

艘战舰组成的荷兰舰队在英吉利海峡与贝克利率领的一支由78艘战舰组成的英国舰队激战4天。结果,英国损失战舰17艘,战死5000余人。荷兰人得胜。"四天海战"吓坏了英国人。此战之后,英荷两国动员了成千上万的维修工人,快速地修复了损坏的战舰。双方都在准备再次大战。1666年8月4日,由鲁伯特率领的一支由88艘战舰组成的英国舰队与德鲁特率领的由89艘战舰组成的荷兰舰队在英国北部海岬遭遇。此次决战,由于英国的炮击技术运用得当,很快掌握了战场主动权。荷兰被迫放弃了这次远征复仇计划。

52. 第二次英荷战争是怎样终结的?

荷兰绝不甘心"四天海战"的失败,积极寻找机会再次出击。1667年6月20日,一支由80艘战舰组成的荷兰舰队,出乎英国人的意料,突然进入了泰晤士河。次日,荷兰舰队向格雷夫森德等城市发动猛攻。这次行动打得英国人丧魂落魄,国内一片混乱。23日,荷兰舰队首先打哑了岸上的炮群,然后摧毁了港内的战舰,并俘虏了英国舰队旗舰"皇家查理"号。荷兰人带着"皇家查理"号这个最具代表性的战利品回到荷兰。在这次袭击中,英国损失极其惨重,海军的6艘巨舰化为乌有。而且由于荷兰人较长时间封锁了泰晤士河口,英国商业也蒙受了巨大的损失。最后,双方签订了《布雷达条约》。英国在《航海条例》上被迫作了一些让步。荷兰人则放弃在北美洲的殖民地,以换取英国在航海法案上的一些松动。

17世纪的海战场面

53. 第三次英荷战争是怎么进行的?

  暂时的平静解决不了根本性的矛盾。为经济利益而进行的政治斗争,错综复杂,变化莫测。1672年3月,又爆发了英法联合对付荷兰的第三次英荷战争。当时,英国的一支海军舰队袭击了荷兰的商船队,从而揭开了第三次英荷战争的序幕。此时,英法两国联合对付荷兰。1673年8月14日,罗伯特亲王率领的由127艘战舰组成的联合舰队,在荷兰的特塞尔登陆。荷兰老将德鲁特指挥105艘战舰前往迎战。海战一开始,德鲁特指挥荷兰舰队突破了法国舰队的防线,使联合舰队陷入混乱状态。随后,双方的中部舰队依次展开激战,战斗一直持续到深夜。这时,法国舰队在没有通知英国舰队的情况下,离开了战场。当发现法国人已经撤出了战场后,英国舰队也被迫撤出战斗。英法联合舰队的进攻以失败告终。

第三次英荷之战

54. 三次英荷海上战争产生了什么结果?

发生在17世纪50年代—70年代的三次英荷海上战争,互有胜负,但英国胜面较大。正如毛泽东所说:"战争不但是军事的和政治的竞赛,还是经济的竞赛。"战争实质上是经济的较量,谁有较大的经济潜力,谁就能赢得战争。当时,英国已经完成了工业革命,在资本主义发展的道路上迅跑,因而具有雄厚的经济实力。而荷兰主要依靠商业经济,靠海上替人家"拉马车"赚钱,不能从根本上振兴经济,增强国力。尤其是经不起长期的战争消耗。三次英荷战争,重创了荷兰的军事和商业的霸主地位,使荷兰伤了元气,从此一蹶不振。加上后来又与法国、英国进行的多次战争,荷兰进一步走向衰落。到18世纪初期,荷兰最终降为一个依附于英国的二等国家。而英国从此走上了海上强国的道路。

55. 拿破仑为何要渡海攻打英国?

相隔于英吉利海峡的英法两国,由于种种历史原因,在相当长的时期中成为"世代仇敌"。18世纪后期,铁腕人物拿破仑在法国建立了独裁统治,为了实现称霸欧洲的野心,他打算首先制服英国。拿破仑知道,自17世纪以来,法国与英国争夺欧洲霸权的斗争之所以屡遭失败,一个重要的原因是没有一支强大的海军。现在他手里虽然有了一支强大的陆军,但要想取得渡海登陆作战的胜利,就非得有一支强大的海军和众多的渡海工具不可。于是,拿破仑下令把法国港口和造船厂动员起来,为渡海作战建造需要的一切。不久,就有成百上千艘平底运兵船造好下水,数十艘战列舰也陆续造好投入现役。英国人过去一直没有把法国人放在眼里,现在感到惊慌了,开始全国总动员。59万人应征入伍,预备役军舰全部投入现役,战列舰达到240艘,巡洋舰达到317艘,即使这样,英国心里还是忐忑不安,战云笼罩在英吉利海峡上空。

56. 拿破仑为打破英国的海上封锁而巧设了什么计谋?

1805年初,荷兰和西班牙都已经站到法国一边,并将自己海军的指挥权交给拿破仑。虽然如此,由于英国海军强有力的封锁,三国舰队被分别困在自己的几个港口里。为了扭转这种不利态势,拿破仑精心制订了一个调虎离山计。其主要内容是:驻守土伦的分舰队在维尔纳夫的率领下突破封锁,驶向西印度群岛;与此同时,由米西赛指挥的罗会福尔分舰队也应突破英军封锁,前往西印度群岛,两支舰队会合后对英国海上交通线进行骚扰,诱使英军派兵增援,以减轻被封锁于法国和西班牙沿岸的几支分舰队的压力,一旦英军上钩,这几支分舰队乘机突围,直插英吉利海峡,为渡海登陆作战扫清道路。拿破仑的计划是周密的,然而他手下的维尔纳夫是个畏敌如虎、优柔寡断、缺乏信心的庸将,最终使法国海军不仅没有达到目的,反而蒙受了奇耻大辱。

57. 英法阿布基尔海战产生了什么影响?

阿布基尔海战是拿破仑远征埃及期间,英法两国海军于1798年8月1日至2日在地中海尼罗河口处的阿布基尔海角附近进行的一次海战。当时,法国掩护陆军的舰队拥有战列舰13艘、护航舰4艘、海军官兵10000人、火炮1183门,由法国海军中将律埃指挥,全部锚泊于阿布基尔湾。8月1日,纳尔逊指挥的英国舰队在尼罗河口发现了法国这支舰队,决定立即发起攻击。法舰竟坚持抛锚应战,一开始就陷入了被动挨打的境地。英舰抓住法国旗舰"东方"号不放,终于将其打沉,布律埃阵亡。随后,许多法舰被歼。此次海战,法国损失了11艘战列舰、12艘护航舰,6000余名官兵被打死、打伤或俘虏;英国舰队伤亡约900人。

阿布基尔海战的失败,使拿破仑在埃及的3万多陆军与法国本土的联系被切断。英国又控制了地中海,这为1801年3月英军在亚历山大取得决定性的胜利创造了条件。

58. 纳尔逊提出了一个什么样的新战法?

英国虽处于被动挨打的地位,但是幸运的是指挥海军的纳尔逊是个足智多谋的将军,他大胆提出了一个与传统大相径庭的新战法。他预料法国舰队将依照传统作战队形排列,为了全歼敌方,他决定将自己的舰队分为三个编队,一个编队由他亲自率领突击敌舰队中央,使其首尾不能相顾;另一个编队由科林伍德指挥,利用帆船掉头困难,前卫驰援很慢的特点,突击敌后卫;预备队将在发现敌旗舰后发起进攻,一举打乱其指挥机关,迫使敌陷入混乱。为了不丧失战机,他允许自己的舰长们在攻击方式上享有极大的自由指挥权,他只要求他们充分发挥勇猛顽强、主动进攻、敢于近战的精神。这种新的思想、新的战法,在海战历史上是首创的。

纳尔逊像

59. 纳尔逊怎样大战法西舰队?

1805年10月20日拂晓,纳尔逊率领舰队抵达西班牙特拉法尔加角海域,向法西舰队逼近。11时45分,纳尔逊在旗舰上发出了其著名信号:"英国期待着每个军人尽其职责!"所有英舰立即升旗答复,全军斗志昂扬,热血沸腾。

科林伍德编队首先投入战斗,炮战十分激烈,他的编队虽然在穿插中受到很大损失,但水兵训练有素,英勇顽

英国舰队攻击法西联合舰队

强,大炮射速快,命中率高,并充分发挥了两舷火炮能同时射击的优势,给法西舰队以沉重打击。纳尔逊的"胜利"号像往常一样在主桅上挂着几面引人注目的司令旗,使它成了敌人炮击的主要目标。纳尔逊坚定地摒弃了"跳帮抢船"这种古老的战法,坚持灵活机动,选择有利阵位进行远距离炮战,给法西舰队以重创。午后2时05分,法国的庸将维尔纳夫终于坚持不住,在自己所在的旗舰"布森陶尔"号挂旗投降。

60. 纳尔逊怎样英勇殉国?

在特拉法尔加的激烈海战中尽管弹雨如飞,硝烟弥漫,英舰总指挥纳尔逊,为了激励自己的官兵,始终坚持在舱面指挥,他身着长礼服,左胸佩戴4枚勋章。战斗开始时他就写好了祷文和遗嘱。下午1时15分,一名法国步枪手从"敬畏"号后桅顶上发现了纳尔逊,接着,一发子弹准确地射中了纳尔逊的左肩,穿过胸膛,鲜血染红了衣襟。当人们扶起他时,他对哈代舰长说:"他们终于打到我了。"他不愿让自己的官兵看到自己受伤,就用手巾掩盖着自己的脸和勋章。人们马上把他抬到舱下。他强忍剧痛,要求不断向他报告战况。过了一会儿,哈代舰长下舱告诉纳尔逊胜负已见分晓,约有十四五艘敌舰已被击沉或被俘。纳尔逊回答说:"这好极了,但我要20艘。"下午4时30分,纳尔逊停止了呼吸。他死前留下的最后一句话是:"感谢上帝,我已经尽到了我的职责!"

61. 特拉法尔加海战对历史产生了什么影响?

激烈的特拉法尔加大海战持续到10月21日下午4时30分,炮声才停了下来。硝烟仍然笼罩在战场上空,有的军舰还在燃烧。夜幕降临时,海上大风骤起,一连刮了4天。海战中遭创的法西舰船多数都沉没了,只有4艘幸免于难,而英国舰队却经受了海战和风暴的考验,竟奇迹般地未毁一艘军舰。战后统计,英军阵亡449人,伤1214人。法西舰队的33艘战列舰中,有12艘被英军俘虏,8艘被摧毁,阵亡将士4395人,伤2538人。

特拉法尔加海战是帆船海战史上以少胜多的一场漂亮的歼灭战,也是19世纪最大的一次海战。由于法国海军主力在这次海战中被歼,拿破仑要占领英国本土的计划也就彻底破产了,英国从此完全确立了海上霸主地位,并使这种海上优势持续了一个多世纪。

62. 英法利萨海战英军为何能以少胜多?

英法利萨海战是在拿破仑战争末期,英国分舰队在亚得里亚海北部和利萨岛附近海域打败法国、威尼斯联合小舰队的一场海上战斗。

1881年3月13日拂晓,法国、威尼斯舰队的6艘快速帆船在迪博昂中将的率领下,分为两个舰群,扬帆直冲英国分舰队。当时,英国分舰队虽然只有4艘快速帆船,但这些军舰参加过多次战斗,指挥战斗的又是纳尔逊生前培养的最优秀指挥官霍斯特。英舰不断缩小舰距,并形成密集的火力压制敌人炮火。在混战中,英舰官兵作战勇敢,炮火准确,战斗持续到中午,法国、威尼斯舰船渐渐不支,最后有2艘军舰投降,其余舰只四散溃逃。

　　英舰队取胜的根本原因是指挥正确,战术得当,官兵勇敢。

63. 英国海军不断发展壮大的原因是什么?

　　英国海军在同西班牙、荷兰、法国等欧洲诸强的多次海战中不断发展壮大,其原因是多方面的。一是英国的工业革命最先进行,它代表资本主义最新的生产力,技术先进、国力强盛为其建设强大海军奠定了物质基础;二是英国清醒地认识到海洋和海上交通关系其生死存亡,必须有一支强大的海军保障其国家的根本利益,因此,政府拨出巨款建造了许多高质量的新式战舰;三是从皇室到公民都崇尚海军,重视海军,为海军人员规定了合理的薪俸和各种优待,从而吸引了大批优秀人才投身海军;四是优秀的将领辈出,他们在关键性的战役中或是扭转危局,或是以少胜多,立下了赫赫战功;五是战术技术敢于创新,不拘泥于传统战法,不墨守成规,大胆摒弃落后的东西,在一二个世纪的海战史中独领风骚。

64. 纳尔逊打破了英国舰队哪种死规定？

18世纪，英国海军战术死板，主要是由于英国海军的一项指令造成的。这项指令规定：任何海军将领，在任何情况下，都必须使自己的舰队（或分舰队）保持单纵队队形。在一般情况下，这种队形是最好的战斗队形，但是在追击逃敌等情况下，再不许打破规定就不适宜了。海军部曾依法处置了2名打破纵队队形的海军将领，并处决了其中1名。天才的纳尔逊是一位敢于与陈腐观念决裂的人。在尼罗河之战中，他夜间通过浅水区，出敌不意

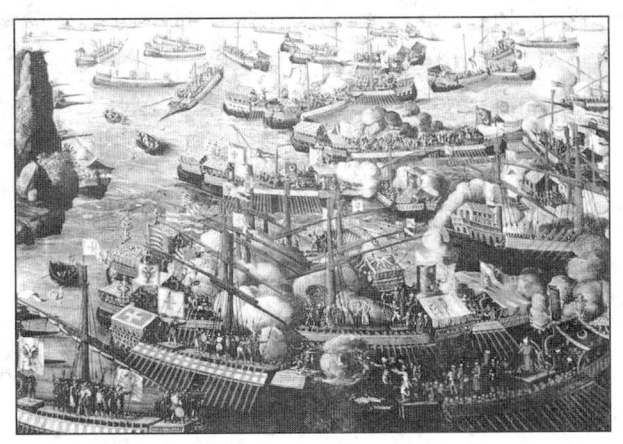

哥本哈根海战

发起了进攻，使敌人一片混乱。在哥本哈根海战中，他拒不服从总司令撤退的命令，假装没看到他发的信号。在特拉法加海战中，他指挥战舰成两路纵队，而不是一路纵队实施进攻。到1815年拿破仑战争结束时，纳尔逊和他的同事们已经把英国舰队锻炼成极其有效的战争工具。

65. 纳尔逊的继承人布莱克有什么功绩？

布莱克是英国历史上除了纳尔逊以外最优秀的海军统帅。他本是一位商人的儿子，本人也曾经商，内战时期参加了议会党人的军队，晋升为少校。战后，克伦威尔重建海军时，看中了布莱克，任命他为英格兰海军总司令。布莱克领导下的英格兰海军取得了如下成就：消灭了内战后以海上游击方式袭击共和政体运输船的保皇党私掠船；成功地炮击了突尼斯港，严惩了那里的海盗；在与荷兰人艰苦卓绝的海战中赢得了胜利，当时荷兰是首屈一指的海上强国；在特纳里夫港俘获了整个西班牙财宝运输船船队（特纳里夫港原是个设防港，据称坚不可摧，纳尔逊在袭击该港的战斗中曾失去一只胳膊）。除此以外，布莱克还有两大功绩：一是创建了英格兰正规海军；二是确立了最适于炮舰作战的战斗编队队形。

66. 布莱克为什么要用正式的海军法规来治军？

凡是一支有战斗力的军队，肯定有严格的法规和纪律。1652年以前，英格兰舰队中既有改装的商船，也有专门的战船；这两种船上的军官，既有贵族出身缺乏航海和军事知识的门外汉，也有很多商船上的海员。1652年，布莱克的舰队与强大的荷兰舰队遭遇，荷兰人炮声一响，英格兰的武装商船就逃跑了。布莱克对此气愤之极，立刻要政府采取措施。克伦威尔反应很快，26天后就颁布了海军法规。从此以后，皇家海军便有章可循，海军军官不能各行其是了。海军法规规定：海军总司令有权审判，必要时有权处死不服从命令、不遵守纪律的军官。不论什么人,只要当了海军军官,踏上皇家海军舰艇,便成了一名职业军人,都必须遵守同样的纪律,都必须精通海军业务,钻研海军战略战术,奖惩严明。正因为这样,英格兰海军的战斗力空前提高,在与强敌作战中屡战屡胜。

67. 哪一次海战使铁甲舰代替了木制船?

木制船在海战中一直沿用到 1850 年左右,那时,英国舰队中已出现了一些铁制汽船。铁制汽船一经问世就显示了强大的生命力,很快就把木帆船从各行各业中很快地挤了出去,这是因为汽船速度快、操纵灵活、安全可靠,造价虽昂贵一些,但从长远来看更经济。

蒸汽护卫舰

然而,由于世界各国海军领导人思想保守,开始都不愿意放弃木帆船改用铁制汽船。他们认为木帆船可以利用风力,不依赖港口,只要有一面帆,就能航行等等。1859 年 11 月 30 日,俄国一支由铁制舰组成的小型舰队突袭了驻泊在黑海锡诺普港的土耳其舰队。在这次突袭中,俄国人用炮弹将土耳其舰船全部击沉或击伤,木制船在强大的炮火攻击下不堪一击。血的教训使各国海军将领在新事物面前清醒了。锡诺普之战不但宣告了纯木制船的末日,而且把风帆战船开始送入博物馆。

68. 俄国彼得大帝为什么要冲向海洋?

17世纪的俄罗斯虽然疆土辽阔,海岸线漫长,但北方几乎都是万里冰封的北冰洋,难以航行。为了寻找不冻的出海口,几代的俄国人都在努力。阿列克赛·米哈依洛维奇·彼得1672年生于莫斯科。青年时,他通过政变成为俄罗斯的统治者。他在位时,用毕生的精力促使落后的俄罗斯走向强盛。其中,他做的一件大事就是创建了俄罗斯海军。俄罗斯人对他十分崇敬,都称他为"彼得大帝"。

沙俄战舰"奥廖尔"号

为了追求富强之道,彼得于1697年化名到欧洲各国游历,并到英国造船厂做工,学习英国先进的造船技术。回国以后,他大力发展工业生产,下决心追赶上欧洲资本主义的步伐。彼得为冲向海洋,首先,指使哥萨克人顺着顿河进入黑海和亚速海,不断袭击土耳其人,迫使土耳其对俄罗斯开放黑海和亚速海,有效期30年。随后,彼得把目光转向北面。1700年,彼得指挥俄军4万人攻占了波罗的海的要塞纳尔瓦。1702—1703年,彼得击溃瑞典后在涅瓦河口建设新都城,这就是圣彼得堡。在科特林岛上建立了俄罗斯海军第一个基地——喀琅施塔得海防要塞,波罗的海舰队也随之组建。就这样,俄罗斯逐渐成为一个新兴的海军强国。

69. 汉科海战为何令海军强国震惊?

1714年,在芬兰湾的俄罗斯波罗的海舰队已经拥有了48艘三桅风帆战列舰、787艘小型舰船,初具规模。俄罗斯海军企图攻击斯德哥尔摩。7月,由瓦特朗格海军上将指挥的瑞典海军在波的尼亚湾入口的开阔海面上准备拦截俄罗斯舰队。彼得没有冒险进攻。他先放出风声,说俄罗斯海军将把小型舰船从汉科半岛岸上运往波的尼亚海湾的多礁区作战,诱使瑞典海军分出部分军舰应付。然而,俄罗斯海军并未进行陆上运船行动,而是集中兵力从海上冲过汉科,将瑞典的一部分海军包围起来进行猛攻,促使这部分瑞典军舰投降。彼得首创的海军首战告捷,使各海军强国为之震惊,因为海上又多了一个强大的竞争对手。彼得说:"任何君王,如果只有陆军,他就只有一只手。加上海军,他才是双臂齐全。"

70. 俄国海军怎样用火攻战胜土耳其?

1768年,俄罗斯同土耳其又重新开战。土耳其海军在伊兹密尔建立了坚固的要塞,如果俄军直接进攻,必然会遭到土舰和岸炮的共同反击,可能会造成较大损失。于是,俄国舰队驶至土军大炮射程之外,改用火船袭击。

6月25日,俄国海军上尉伊里宁带领千艘纵火船悄悄接近伊兹密尔港。突然,几艘冲进海湾的俄舰一齐开炮,吸引了土军的注意力。在双方炮战时,伊里宁点燃了纵火船。土舰见火船冲来,乱成一团,互相碰撞。许多土舰水兵丢下军舰,游上岸逃命去了。俄舰从容地将失去操纵的土耳其军舰一一"报销"。这次海战,土耳其损失战列舰15艘、巡洋舰6艘、小舰船50艘。

71. 俄海军名将乌沙科夫怎样战胜"海上雷神"?

伊兹密尔海战后,俄罗斯海军继续为争取亚速海和黑海的出海口而努力。乌沙科夫成为18世纪后期威名显赫的海军将领。他常以劣势的军舰和火炮搏击土耳其庞大的舰队,并取得胜利。1791年的卡利阿克腊海战更是乌沙科夫海军上将最引以为自豪的征战篇章。7月31日下午,乌沙科夫率领黑海舰队16艘战列舰、2艘巡洋舰和21艘小舰船,出其不意袭击了在黑海的卡利阿克腊锚泊的土耳其舰队,这个舰队的司令是享有"海上雷神"美称的阿里巴沙。俄罗斯军舰逆风强攻,从阿里巴沙的舰队与海岸之间的浅水区穿插抢占上风阵位。这一冒险举动,把土耳其海军军官惊呆了。乌沙科夫指挥俄舰直扑土舰队锚地,以猛烈的炮火攻击土舰,把土舰队打得东倒西歪,烈焰腾空。阿里巴沙在炮战中负了重伤,带领土军残兵败将狼狈逃往君士坦丁堡,他身上缠着绷带、躺在担架上向土耳其苏丹请罪。这次战争后俄土签订了和约,从此俄罗斯舰队可以任意进出黑海。

72. 哪次战役使乌沙科夫威名大振?

从18世纪到19世纪初,欧洲的封建君主们联合起来,企图扑灭法国的资产阶级革命。后来,他们又结成反法联盟,同拿破仑进行对抗。俄国军队在对法国的战争中,始终扮演着重要角色。

从1798—1800年间,俄国陆军统帅苏沃洛夫率领大军翻越阿尔卑斯山,进军意大利北部。为了配合陆军作战,乌沙科夫率领黑海舰队通过爱琴海,进入伊奥尼亚海。在舰炮火力的掩护下,俄罗斯海军陆战队在战略要地科孚岛登陆,对设防坚固的岛上要塞进行了长达3个月的围攻。最后,终于将科孚岛要塞攻克。这一辉煌战果,使乌沙科夫威名大振。苏沃洛夫亲自写信,对海军表示由衷的敬佩。

73. 俄土锡诺普海战结果如何?

锡诺普海战是克里木战争(1853—1856年)期间,俄国分舰队和土耳其分舰队于1853年11月30日在锡诺普湾进行的一场海战,是木帆船时代最后一次大规模海战。12时30分,土耳其分舰队发现了驶向锡诺普湾锚地的俄国分舰队,就与海岸炮一起首先向俄国分舰队开火。俄国舰队占领有利阵位后,利用在火炮和人员素质上的优势进行还击。30分钟后,土耳其旗舰和另一艘巡洋舰起火,岸炮也被压制,有的被摧毁。海战持续到17时结束。结果,16艘土耳其舰船损失15艘,死伤3000多人,约200人被俘。俄国分舰队也有多艘舰船受伤,死亡37人,伤

235人。总的来说,俄舰队取得了大胜。

74. 圣维森特角海战是怎样进行的?

反英联盟成立后,法国和西班牙在英吉利海峡一带共有主力战船约60艘,是英国海峡舰队的两倍。然而,法西联盟并未利用联盟方面的这一优势。因为西班牙参战的目的,不过是想重新夺回被英国占去的直布罗陀和马略卡岛。而法国当时则以主要兵力去攻取西印度群岛。各为私利,心怀鬼胎,自然不能形成合力。1780年1月,英国罗德尼海军上将率领22艘战列舰和9艘快速帆船离开本土南下。这时,负责封锁直布罗陀海峡的西班牙分舰队(编有11艘战船,由兰格拉海军上将率领)正在巡航。同月16日,两军在葡萄牙西南端的圣维森特角附近海面相遇,双方随后发生数小时激烈战斗。尽管西风很强,沿海地区很危险,罗德尼还是紧追敌人不放,直到黄昏,几乎追赶到岸边才停止。西班牙方面损伤6艘战舰,英国战船也受到严重损伤。

75. 马提尼克岛海战法军为何丧失了胜机?

1780年4月17日英国罗德尼海军上将以"桑维奇"号为旗舰,率领战舰20艘,在西印度群岛的马提尼克岛附近,与一支法国舰队相遇。这支法国舰队编有24艘主力舰,由德吉尚海军少将指挥。罗德尼发现目标后,花费数小时与敌进行机动,直到中午才占领了有利阵位。然后,他下令袭击法舰队的后卫。但因命令的含意未被正确理解,英国舰队竟然集结在一起去攻击整个法国舰队。从13时到18时,双方以大炮互相对射。罗德尼的旗舰

"桑维奇"号受伤失控,并向法国舰队的方向漂去,其他英国舰船紧随其后跟进。这本来是法国舰队全歼英国舰队的极好时机,但是法国海军少将是个多疑且胆怯之辈,不仅未能抓住难得的战机,反而认为这是对方存心安排的战术突破,竟然迅速撤离,使英国舰队避过了一场劫难。

76. 切萨皮克湾海战有什么深远影响?

北美独立战争于1781年已进入决定胜负的阶段。华盛顿指挥大军连连取胜,南部各州大部获得解放,康利瓦等人率领的英国舰队只得分别龟缩在弗吉尼亚等地的几个港口里。因此,切萨皮克湾(弗吉尼亚州东面)就成了英军取得后勤补给的重要入口。英国的西印度群岛分舰队则全力控制这一海域。法国经过数个月的准备,由格拉斯海军中将率领其分舰队于9月初进至切萨皮克湾的入口处停泊,从而切断了康瓦利的海上供应线。英军为了打破封锁,与法国舰队进行了几次激烈的交战,双方都有舰艇和人员损伤,但英军未能取胜。康瓦利指挥的英军由于海上补给线已被切断,便于10月投降。这次海战具有深远的战略影响。接着,约克城的英国军队也向华盛顿投降。经过长时间的谈判,1783年9月3日,美英签订《巴黎和约》,英国正式承认美国独立。

77. 荷兰殖民主义者是怎样入侵我国台湾的?

台湾自古以来就是中国的领土和海防重地。荷兰在摆脱了西班牙的统治后迅速强大,为了与西班牙、葡萄牙人竞争海上贸易,它于1602年成立了东印度联合贸易公司。这是一个与英国的东印度公司性质一样的对殖民地

进行经济掠夺和武力侵略的机构。这个机构曾控制了西起非洲好望角,东到亚洲爪哇的广大海域,且在波斯湾、马六甲、日本长崎等地建有要塞和商馆,并拥有强大的海陆军队。1622年7月,荷兰派军舰侵占了中国的澎湖,妄图长期占领,后被明军驱逐。1624年,荷兰人乘台湾防御松懈之时,侵占了台南地区。1642年,荷兰军队在台湾北部击败西班牙殖民军,霸占了整个台湾。

78. 荷兰人为什么不在鹿耳门设防?

　　荷兰人虽然没有想到郑成功的舰队来得这么快,但也早已有了防御准备。荷兰总督揆一在一鲲身到七鲲身构筑了七座炮台,在一鲲身建筑了台湾城,在台南建筑了赤嵌城,这样两个城成掎角之势,在军事上互相声援。从外海通到内海,要进攻赤嵌城,就必须经过大港或鹿耳门,大港在鹿耳门南面,海口较宽,水也较深,荷兰有战船防守;至于鹿耳门,荷兰人有意把它作个陷阱,不加设防。因为这个航道表面一片汪洋,实际上非常曲折且平时水浅,舰船通过时稍有偏差就会触礁沉没。因此,荷兰人认为鹿耳门不必防备,是攻不进的"天险"。可是他们没有料到,郑成功的船队恰恰要走鹿耳门,这是因为郑成功早已派出人员探知了鹿耳门的水情。郑成功选择在涨潮的时刻进港。沿着事前探知的水路摸了进去,并迅速在禾寮港登陆。郑成功率军冲上岸后,立即在台江沿岸建立了滩头阵地,切断了荷兰人的交通要道。

79. 郑成功怎样筹划东征方略?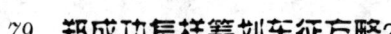

　　1646年,民族英雄郑成功举起"抗清复明"、"收复台湾"的大旗,在厦门、金门等地招募兵员、操练水师,筹集给养,修造舰船。1660年,曾为荷兰办事的福建籍通事何廷斌来厦门求见郑成功,他对郑成功抗清复明的精神十分敬佩,并对荷兰人的统治表示强烈的不满,于是向郑成功献计,并奉献了荷军的部署图和进攻荷军的航道图。郑成功经核实无误后,即筹

郑成功像

划东征方略。1661年初,郑成功在厦门召开军事会议,部署武力收复台湾的军事行动。当地人民听说要收复宝岛台湾,纷纷献船、献料、献工。仅两个多月就修造兵船300余艘。为隐蔽企图,欺骗敌人,郑成功一面写信给荷驻台总督揆一,声言重整军备为了"复明讨清";一面派人去台湾洽谈贸易并侦察敌情。2月,郑成功移辖金门编组船队,演练战法,为收复台湾做好了准备。

80. 郑成功是怎样进军台湾的?

1661年2月,郑成功命其子郑经留守厦门,以防清军乘虚袭取。自己则率领大军进驻金门。他以东征大元帅的名义,命令加快征集粮草,修造船只,准备武器。3月

23日,大军顶着恶劣的气候,离开金门料罗湾。只见帆船蔽日,旌旗如云,大小舰船数百艘,将士数千人,浩浩荡荡,向台湾岛驶去。

台湾岛地形东高西低,人口会聚西部,以"澎湖为门户,鹿耳为咽喉"。郑成功根据敌情、地形,决定首先收复澎湖,以之为前进基地,然后乘涨潮之机,通过鹿耳门港,实施登陆,切断台湾城、赤嵌楼两地荷军联系,分别予以围歼,然后收复台湾全岛。经过一天一夜的航行,郑成功的船队到达澎湖,并一举攻取。30日晚上,郑成功冒着暴风雨向台湾岛进发,于4月1日突然出现在鹿耳门港外,开始对敌人的猛烈进攻。

81. 郑成功怎样击败荷兰海军反扑?

荷兰海军司令彼特尔,趁郑成功的队伍立足未稳的时候,率240人以猛烈的火力向郑成功的部队发起冲击,妄图阻止郑成功水军继续登陆。郑成功随即进行还击,打得荷军死伤过半,剩余的荷军逃往据点再也不敢出来。

在海上,荷兰海军的4艘舰船,凭其先进的装备,击沉了郑成功的几条战船。但是,郑军依靠灵活的战船,英勇地与敌人展开接舷战和肉搏战,并用火船去烧荷舰。就这样,击沉荷兰海军的主力舰1艘,烧毁甲板船1艘,另2艘逃走。水陆之战,郑成功连获胜利,迫使荷军龟缩在赤嵌和台湾两城。

82. 郑成功怎样收复台湾赤嵌城?

荷兰侵略军绝不甘心自己的失败,坐镇台湾城(今台南市)的揆一为挽救败局,组织了三路反攻。第一路240

余人乘小艇登陆北线尾岛,被驻岛郑军全歼;第二路200人越海增援赤嵌城,被郑军截击,除60人登岸外,大部逃回台湾城;第三路出动战船4艘,企图偷袭郑军后队。当挂有五颜六色旗帜的荷兰军舰出现时,郑军60余艘战船分三队出击。担任主攻的6艘大型炮船首先攻击敌旗舰"赫克托"号,一阵猛烈炮击后,敌火力被压制。两艘装有长铁钉的小型火船迅速接近并钉牢在敌舰上,勇士们点燃火船引爆敌舰,"赫克托"号先是舱面燃烧,接着弹药库爆炸,不久沉没,其余3艘敌舰也被击伤,荷舰凭其速度上的优势逃往巴达维亚(今印度尼西亚)。荷军海陆进攻失败后,施出缓兵之计——乞和。郑成功识破其阴谋,根据群众的建议,切断了赤嵌城的水源。5月4日,在两万名台湾人民的支援下,郑军向赤嵌城发起了强攻,处于内外交困的300名荷军只得举手投降。

83. 郑成功怎样挫败荷兰舰队的增援?

1661年5月28日,被郑军击败带伤逃跑的荷军"马利亚"号通信船,经过50多天艰难的航行,到达了巴达维亚,报告了荷军在台湾战败的消息。巴达维亚当局立即决定由考乌率领10艘战舰和700名士兵,赶赴台湾增援。该舰队于7月初到达台湾海面。郑成功对此早有准备。7月23日,双方在海上接战。郑成功亲自率领战船在海上迎战荷兰舰队。荷舰企图迂回郑成功侧后焚烧郑军船只,却被郑军反包围。郑水军一部隐蔽在岸边,当敌闯入埋伏圈后,火炮猛烈向荷军攻击,经过一个多小时的战斗,击毁荷舰2艘,俘获小艇3艘,荷军死伤128人。此次海战之后,荷舰再也不敢靠近台湾,最后借口护送城中妇孺,逃回了巴达维亚。

84. 郑成功是怎样把荷兰侵略军驱逐出台湾城的?

郑成功攻占赤嵌城后就开始围攻台湾城。台湾城,是有名的"海上堡垒",城四隅向外突出,南北各有千斤巨炮十尊,火力极为猛烈。郑成功久攻不下,劝降不成,就采用长围久困、且耕且战的方针。被围在台湾城的荷军在粮草匮乏的情况下,病死、饿死、战死的达1600多人。揆一企图勾结清军夹攻郑成功,因荷将考乌半路逃回巴达维亚而失败。1662年1月,郑成功经过了8个多月的充分准备之后,开始向台湾城发起总攻。在猛烈炮火的轰击下,除了顽固的揆一之外,其他荷兰官员都认为抵抗无济于事。1662年2月1日,在万般无奈之下,揆一被迫开城向郑成功投降。至此,沦陷了38年的台湾重新回到祖国的怀抱。

85. 澎湖海战郑军被歼主要原因是什么?

公元1662年,郑成功在收复台湾后不久逝世。郑氏集团将在大陆的兵力全部撤到台湾据守,逐渐成为一个割据势力。清康熙帝在争取和平方式统一祖国的努力遭到失败后,决定进兵台湾,任命施琅为福建水师提督。施琅把进攻矛头指向澎湖,郑军大将刘国轩亲率郑军所有精锐部队抵达澎湖。郑将邱辉请求乘清军立足未稳之机主动出击,遭到拒绝。刘国轩认为澎湖防守严密,清船无处可泊,只待风暴突起,将不战而溃。显然这是个致命的错误。施琅精通气象,尤善水战。他在渡海的时间上,一反在东北风季节渡海的传统。为了利用南风,把出航地点选在靠南的铜山。舟师出航后,直取澎湖以南郑军未设防的诸岛屿,然后北驶入澎湖海,这样可以占据上风上流的位置。在决战中,施琅从东西方向进行佯动和钳制,在主攻方向以五船合攻一船,逐次歼灭了郑军的主力,而清水师却无一船损失,这在海战史上是不多见的。

澎湖失守后,郑氏集团归顺清朝,使台湾与祖国大陆复归统一。

86. 中英鸦片战争的前哨战是怎样进行的?

钦差大臣林则徐1839年6月在广东虎门主持大规模销烟之后,英国殖民主义者决意用武力来敲开中国的大门。同年9月4日下午,英驻华商务"监督"查理·义律等人乘英舰"路易沙"号(装备火炮11门)率领"窝拉疑"号(装备火炮28门)军舰、"珍珠"号武装船及1艘小艇,窜入九龙湾进行挑衅,交战中,英船"珍珠"号被击翻,亡官兵17人,清水师亡2人。至9月11日,英10余艘舰船先后6次袭击我九龙官涌炮台,并派水兵登陆,均被一一击退。11月3日中午,英舰"窝拉疑"号和"海席新"号在穿鼻洋面,阻拦驶向虎门进行正常贸易的英国商船。我广东水师提督关天培闻讯后,立即率水师船只前往查究。英舰开炮,关天培还击,一发炮弹击中"窝拉疑"号舰首,10多名英国水兵被掀落大海。交战1小时后,英舰船逃走。中国水师有3艘战船中弹漏水,20多人伤亡。这几次战斗虽规模不大,却揭开了鸦片战争的序幕。

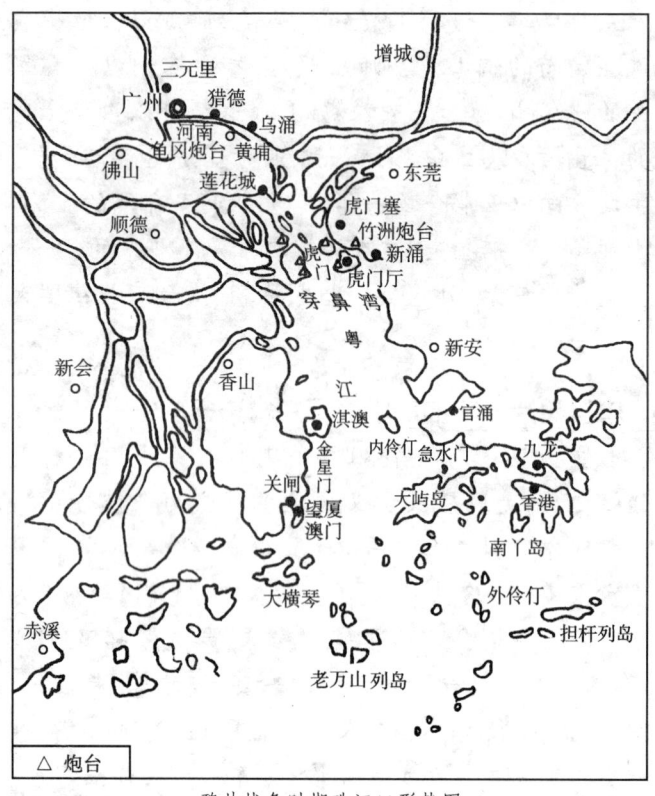

鸦片战争时期珠江口形势图

87. 林则徐怎样在广东海面挫败英军？

英国侵华远征军总司令乔治懿律海军少将于1840年6月率舰船18艘，侵入我广东海面。停泊10余天后，主力离粤北犯，留下5艘舰船封锁广东海口。8月19日，英舰由九洲洋闯入澳门以北的关闸一带海面，并突然向岸上开炮，派陆战队380人登陆。清军炮台随即开炮还击，并令水师船队驶至青洲海面，从两个方向夹击入侵之敌,迫使其退走。

8月31日,林则徐派广东水师副将陈连升和马辰率战船5艘,袭击在磨刀洋的英国舰船。马辰首先发现敌分舰队旗舰"都鲁壹"号,率战船从上风接敌,并进行攻击。"都鲁壹"号被击伤,但英军的10余只舢舨围上来缠住马辰战船,使其受伤的旗舰逃走。林则徐此次派水师出击大挫了英军的锐气。

英舰被击沉

88. 中英厦门之战中国先胜的原因是什么?

英国侵华舰队于1840年6月抵达广东海面后,中国闽浙总督邓廷桢下达备战令。在厦门布置140门火炮加修炮台,并招募水勇,使厦门、鼓浪屿、屿仔尾等处的守兵增至1600人。7月2日,英国舰队到达厦门海域,在进行侦察后开炮挑衅,厦门炮台和水师船上的大炮予以还击。英舰见守军早有防备,只好离去。

8月21日,英国舰船进窥青屿,清军严加戒备。22日,英舰闯入青屿口,向水操台开炮,直闯内港。福建水师立即派战船10余艘冲上前去开炮拦截。炮弹击中英舰弹药舱,击毁英军舢舨1只,英国舰船被迫退去。23日敌舰再次接近水操台,被守军用炮火赶走。24日,英舰派出3只舢舨追逐1艘中国商船。中国战船出海救援,击毙敌兵 5 人,敌舰溜走。中英厦门之战初期,都是因为中国水师戒备严密而使英军难以得逞。

89. 厦门鼓浪屿何时被英军第一次占领?

鼓浪屿与厦门隔海相对,是个风景优美、形势险要的小岛。1841年秋,英国侵华海军司令巴加和侵华陆军司令郭富率领一支庞大舰队来华。8月26日晨,英军向厦门官员递交通牒,要求守军弃城并交出炮台,遭到严词拒绝。厦门海防虽然这时已经有所加强,守军增至4000人,火炮370余门,另有水勇约9000人,但是,驻厦门的福建水师提督窦振彪正巧出海巡缉海盗未归,使水师指挥不力。26日13时,英军分两路进攻。中国炮兵虽然立即还击,但因大炮隐蔽在壁垒之中,射击死角很大,英舰避开中国的炮火,冲进港内,以舢舨强行登陆。15时,英军占领了鼓浪屿炮台。接着,英军又在南普陀附近登陆。英军用数艘军舰集中击毁中国一个炮台的办法,使我炮台先后多个被毁,大部炮台被攻占。英军立即使用炮台上未被击毁的大炮,掉转炮口轰击厦门城,街市官衙多被击毁,港内停泊的中国战舰26艘被英军掳获,其中包括装有32门大炮的较大战船。

90. 近代中国首次丧师失地之战在何时何地?

英军侵华舰队主力,在司令伯麦的率领下,按照罪恶的战争计划,于1840年7月3日进至舟山。这支舰队拥有大型军舰5艘,其他船只10余艘。清军在定海设置水师镇,辖有兵勇2800人。守军对英军来侵毫无防范。7月4日,伯麦率部分英舰侵入定海港内,清军水师未予阻拦,定海知县姚怀祥蠢笨如猪,还登上英舰询问来意。伯麦交给他一份照会,限他在5日14时前投降,交出所属海岛和炮台,否则开炮轰城。姚返回后,召集文武官员商量对策。水师总兵张朝发拒绝姚怀祥让他撤兵守城的建议,而调城外各营和战船在港口堵截。姚怀祥只好自领1000余名兵丁守城。7月5日晨,英国舰船向清军战船和炮台首先开炮。由于英军大炮射程远,威力大,交战不久,清军战船被击沉击伤过半,张朝发受伤落水,水师溃败,接着,英军以猛烈炮火掩护登陆兵上岸攻占了关山炮台。次日拂晓,英兵从东门攀梯攻城,守军溃逃,姚怀祥投水自尽,定海失陷。这是近代中国第一次丧师失地之战。

91. 英军入侵广州怎样首攻沙角和大角?

沙角和大角位于珠江口东西两侧,分别设有炮台。山上设瞭望哨,炮位环山配置,炮台围有石墙,墙外挖有堑壕,有地方还埋了地雷,这是珠江防务的第一道门户。英军知道,只要拿下了沙角和大角,广州无险可守,就可长驱直入。虎门形势紧张后,水师三江协副陈连升及官兵600人才被调来加强防御,但两处兵力也不超过6000人。

1841年1月7日8时,英军分两路同时进攻沙角、大角两炮台。右路英军舰艇逼近沙角后向岸上炮台猛轰,1400余名英军官兵和被收买的汉奸随后登陆,抄袭炮台侧后,抢占了制高点。然后居高临下俯击炮台。守兵两面受敌,伤亡很重。英军冲进炮台,陈连升父子领兵拼杀,先后壮烈牺牲。沙角炮台失陷。左路英军驶至大角

英军舰艇入侵广东

附近水面,用百余门大炮轰击大角炮台,将炮台彻底摧毁,并击毁了泊于三门的10艘清军战船。

92. 沙角和大角失守的罪魁祸首是谁?

沙角和大角至关重要,由于清廷的腐败,海防设施长期废弛,要塞武备形同虚设。广东水师提督关天培,早知沙角和大角岌岌可危,得知英军首攻这两地,深感防守炮台的兵力不足,急派总兵李廷玉回到广州"哭求增兵"。然而,此时林则徐已被革职,掌握大权的是被称为"软骨头"的琦善,他是道光皇帝派来代替林则徐的钦差大臣。面对十万火急的军情,琦善却以有碍"抚议"为由,按兵不动,坐视这两个海防重地失守。此次作战,清军官兵亡292人,伤463人。道光皇帝得知沙角、大角两炮台失守和英军占据香港后,十分震怒,下旨对英作战。其实,炮台失守、香港丢地的罪魁祸首就是他,因他昏庸,革了爱国名臣林则徐的职,并任命卖国投降分子琦善等人掌握大权,岂能不损兵折将、丢关失地?

93. 虎门抗英关天培如何以身殉职?

英军探知清廷正在调兵遣将的情报后,决定先发制人,抢在中国援兵到达广东前进攻虎门和广州。2月19日,英军舰船在虎门口集结,做临战准备和侦察,发现清军在下横岛尚未设防,首先攻占了该岛。26日晨,在岛上架起了火炮开炮压制横档、永安两炮台。13时30分,2艘英国舰船运送登陆兵迂回到上横岛后面顺利上岸,横档、永安两炮台被占领。与此同时,有6艘英舰进攻东岩炮击威远、靖远、南山等炮台。广东水师提督关天培在靖远炮台指挥士兵沉着还击。英军步兵在舰炮有力的掩护下从侧后登陆攻击炮台。守军坚持一个半小时后,靖远、镇远炮台先后失陷。关天培虽遍体创伤,血透衣襟,仍奋力杀敌,最终战死疆场,壮烈殉国。

94. 坚守定海的"三总兵"如何浴血战英军?

鸦片战争期间,英军曾于1841年2月24日一度被迫从舟山撤兵。清政府派兵3000人前往收复。在加强炮台等设施的同时,命处州镇总兵郑国鸿领兵驻守竹山,由寿春镇总兵王锡朋防守晓峰岭,由水师定海总兵葛云飞率军防守土城。9月下旬,英国舰队再次侵入舟山海域。10月1日上午,英军1500人从后山攻击晓峰岭。王锡朋令守军用抬炮、火绳枪等落后武器多次击退敌军冲锋。当枪管变红不能再使用时,便举起大刀与敌搏杀,最后王锡朋与大多数官兵一起壮烈牺牲。接着,英军又攻击竹山门水道,郑国鸿率部浴血奋战,先后阵亡。东岳山炮台守军遭到五奎山阵地和海上英军舰炮火的夹击,伤亡很大。葛云飞身先士卒,奋力抵抗,不幸殉国。"三总兵"都英勇战死,表现了中华民族有同自己的敌人血战到底的气概。现在定海有"三总兵"雕塑石像,以纪念这三位民族英雄。

95. 清政府在镇海是怎么设防的?

镇海位于中国浙江省东部甬江的入海口,其南岸金鸡山和北岸招宝山夹江对峙,地形险要。英国侵华的鸦片战争开始后,裕谦于1841年春来浙江主持军务,整顿和加强了镇海各要地的炮台和工事,使火炮增至86门,并在甬江口填塞巨石,暗钉木桩。战前,镇海守兵有5000人。提督余步云领1000余人驻招宝山、东岳宫,总兵谢朝恩带1500人防金鸡山,总兵李廷扬率数百人守东岳宫以西的拦江埠炮台,三处互为犄角。另在甬江两岸配置着许多火攻船只,凡可登陆处均挖暗沟,埋上蒺藜,并以兵勇分别守卫。裕谦坐镇镇海指挥。虽然在防守方面下了一些功夫,但是这些设施都是陈旧落后的,经不起洋炮的猛烈攻击。加之守将多有贪生怕死者,所以防线不堪一击。

96. 英军怎样轻易占领了镇海城?

1841年10月8日,英军舰船在镇海口外的黄牛礁海面集结,并准备发起进攻。10月10日黎明,英国军舰多艘驶向甬江口北岸,猛轰招宝山和南岸的守军阵地。在舰炮火力的掩护下,英军分左、中、右三路实施登陆。他们首先在金鸡山东北的突出部上岸,迅速占领了竹山,随即向金鸡山突进。在背腹受敌的情况下守军多次同冲上来的敌兵展开白刃格斗。谢朝恩不幸被弹片击中落海身亡,金鸡山失守。在英舰压制招宝山炮台时,余步云吓得魂飞魄散,丢弃炮台擅自逃跑。裕谦见后,命镇海守军发炮阻击敌人,但余步云却绕山逃往宁波。10日11时许,由797名英国海军陆战队组成的右路部队在招宝山西北麓登岸,从仙人洞上山,轻易占领了招宝山。然后,在山上架设大炮,居高临下俯击县城,裕谦见此情形自尽殉国,英军于当日下午占领镇海城。

97. 英军为何唾手而得宁波城?

镇海是宁波的屏障和门户,镇海已失,宁波无险可守。1841年10月12日,英国侵华舰队司令巴加亲率汽船溯江而上,进行测量和侦察,发现宁波城内防守空虚。第二天,巴加率领"摩底士底"号等4艘军舰、"西索斯梯斯"号等4艘汽船,载运兵员700余人,直犯宁波。余步云及知府邓廷彩等人在宁波不作抵抗就往上虞逃去,宁波城门洞开。英军不费一枪一弹,唾手而得宁波城,掠夺了可供2年食用的谷物和银元12万。可见,官员和将军的腐败,必然吞下祸国殃民的苦果。

98. 陈化成怎样血战吴淞口?

入侵中国的英军于1842年5月攻占我浙东的乍浦后,于6月8日进至长江口外鸡骨礁抛锚,做进一步入侵准备。吴淞口是长江的第一道门户。在吴淞口东岸的东炮台,配备大炮27门,由总兵周世荣带兵500多人防守。江南提督陈化成领兵1000余人驻守西炮台。6月16日晨,英军"皋华丽"号等3艘大型军舰从正面攻击西炮台,陈化成下令还击。守军同敌舰展开两个半小时的激烈炮战,双方都有百余门火炮在轰鸣。"皋华丽"号等敌舰被击中多次,死伤20余人。陈化成奋不顾身,和部属一起燃炮轰敌,炮台守军越战越勇。正在激战之时,西炮台正面有几处被英军突破,大队英军随即上岸。陈化成面对英军的两路合击,虽已受伤8处,但仍坚持战斗,督兵抗敌,百余名官兵终于全部殉国,西炮台落入敌手。6月19日,英军分水陆两路进犯上海。上海守军望风而逃,英军兵不血刃就占领了上海,并将121门新造的大炮和大批粮食运上敌船。

99. 中国军民在浙东海面如何大败英军？

鸦片战争开始后,英军先后侵占中国浙江东部地区数城,清道光皇帝十分震惊,下旨调兵反攻。其中一路是从海上反击舟山之敌。指挥海上反击的主将是海州知州王用宾,先锋是在定海牺牲的郑国鸿之子郑鼎臣。4月14日黄昏,郑鼎臣指挥水勇分3队从梅山港乘船出发。23时,冲入定海道头港,围攻在此停泊的3艘英军舰船。敌舰中弹起火,英兵争先恐后地跳上舢舨逃命。定海城内潜伏的兵勇闻讯也蜂起杀敌。郑鼎臣亲率火筏群从小五奎山和五奎山之间的水道驶近正在修理的英船"复仇神"号,因火势凶猛,敌军不少舢舨被焚烧。这次海战中,清军共烧毁敌大船4只、舢舨数十只,英军被烧死和淹死者约300人。这是中国军民在浙东海面并肩作战,共同打击英国侵略者的一次胜仗。

中国军民英勇抗击英军舰艇

100. 第一次鸦片战争期间入侵台湾的英军溃败多少次？

第一次鸦片战争期间,中国台湾军民先后5次粉碎英军舰船的袭扰和进犯,取得了显著的战绩。第一次战斗是1840年7月16日,1艘英船闯入台湾鹿耳门外海面游弋,台湾水师船队主动向英船出击,英船向西南方向逃去。

第二次战斗是在1841年9月,英军从厦门侵犯定海时,派遣3艘舰船前往台湾,企图伺机占领那里的海港。守军发炮还击,英舰中弹,逃跑时触礁下沉,俘虏英军133人。

第三次战斗是在1841年10月19日,英军的1艘三桅大船又闯入鸡笼(今基隆)港口,开炮轰击,派兵登陆。守军立即还击,射杀上岸敌兵,击退其余敌军,迫使其退去。

第四次战斗是在1842年3月11日,英船"阿纳"号携带舢板4只从舟山南下,驶至台湾大安港。因航道不熟而触礁。埋伏在附近的中国兵勇立刻开火,英兵54名被擒。

第五次战斗是在1842年4月下旬,英军收买一批海匪探测军情,大船泊于海口之外。台湾水师立即出击,毙俘海匪数十人,英军只好开船返航。

101. 太平天国怎样建立水军?

1851年春,洪秀全等人领导农民在广西金田举行起义,创立了太平军。建军之初,太平军没有水军。1852年6月,太平军在全州首次缴获清军舟船200余只,并用其载兵沿湘江北伐长沙。但途经蓑衣渡时被敌堵截,只得弃船东行。同年12月初,从长沙撤围北上的太平军挺进到益阳后,洞庭湖上的船户、渔民踊跃参军,在湘阴、临资口等地被清军截留的千余船只也为太平军夺获。这样,太平军水营就应运而生了。12月13日,太平军水营、陆营首次协同作战,攻克岳州,又获湖船500余只和大量军火,使其水营迅速发展。唐正财被封为典水匠(职同将军),统领水军。12月22日,太平军水营在汉阳登陆,连克汉阳、汉口,声势浩大,使清军惊骇不已。

102. 太平军水军前期怎样配合陆营战斗?

1853年1月12日,太平军一举攻克武昌,其水营也得到进一步的补充。2月9日,太平军放弃武汉三镇挥师沿江东下,连克九江、安庆、芜湖等地。3月9日,水营前锋到达南京江面。12日,太平军的大队船只已布满了新洲大胜关至下关七里洲的江面,配合陆营围攻南京。19日拂晓,水营首先炸塌仪凤门城墙,数百名水营将士冲入城内。聚宝门、水西门、汉西门也随即被攻破。次日,太平军完全占领南京。洪秀全进城定都后,水军已发展到9个营,官兵

10万多人，在下关大王庙设立水营总部。唐正财晋升为殿左五指挥、丞相等衔。此后，水营以天京为中心，在东西两个战场配合陆营进行了多次重要战斗。

103. 帆船时代的最后一次海战发生在哪里？

克里米亚战争期间，俄皇尼古拉一世以保护耶路撒冷圣地和圣迹为借口，再次挑起了俄国与土耳其的战争。1853年11月，土耳其奥斯曼·帕夏海军中将率领由7艘快速护卫舰，3艘单排炮海防舰和3艘蒸汽机船组成的舰队进驻锡诺普锚地。俄国黑海舰队司令纳西莫夫中将得知这一情报后，也立即派出3艘战舰封锁了锡诺普湾，并命令驻塞瓦斯托波尔的黑海舰队驶往锡诺普。此时，由于土耳其舰队没有抓住战舰占优势的机会攻击俄舰，反而将舰队移向陆地炮台附近，并将舰炮拆下移往陆地炮台，使舰艇失去战斗力。11月30日，俄国的6艘战列舰、2艘快速护卫舰和1艘方帆双桅船赶来增援。12时30分，俄舰从上风头向土舰发动了攻击。尽管土舰奋力抵抗，但旧式的舰炮射程近，又是实心炮弹，杀伤力小，激战半小时后，土旗舰先行砍断锚链欲逃走，致使土军意志发生动摇，削弱了战斗力。下午2时半战斗结束，土军除"塔伊夫"蒸汽机船逃脱外，全军覆没，俄军仅死伤37人。

锡诺普海战是帆船时代的最后一次海战，史学界认为也是现代海战的开始。

104. 太平军水营未能有大作为的原因是什么？

太平军水营在初期虽然打了一些胜仗,但与清军水师还未加强并仓促应战有关。到1854年6月,清军水师叶长春部集中战船冲击瓜洲、镇江,切断了水营设在长江中的横江铁链,驶到瓜洲上游扎营,天京与瓜洲、镇江之间的水上交通因而中断。7月16日,清军水师吴全美等统领战斗力较强的广东红单船50只进到镇江焦山。大的红单船可装火炮30余门,小的也可装炮20门,还可以进行冲撞。而太平军方面几乎全是民船,数量虽多,战斗力却较差。在武器装备相差悬殊的情况下,太平军水营损失较大。8月25—26日,红单船攻进天京江防,太平军水营前往迎击,两次均告失利。红单船乘势进到天京上游,对安徽—天京的太平军水上补给运输线造成了严重威胁。

105. 太平军水营怎样取得"靖港大捷"？

1854年4月,太平军重振旗鼓,再取岳州,围攻长沙。因在湘潭征集不少船只,新编一支水营,战船驻在樟树港、靖港一带水面。进占靖港的太平军水营,于4月28日受到曾国藩亲自指挥的湘军的反击。这支湘军以800名步兵和40只战船组成。当时西南风很紧,湘军战船易进难退。太平军水营待敌船驶近后,令岸上火炮一起猛轰,水营战船奋勇出击。湘军水师遭此突然痛击,措手不及,急退不得,便派人上岸牵船而逃。太平军乘机斩杀纤夫,湘船大乱,被击沉和俘获者达三分之一。曾国藩羞愤之极,在铜官渚欲投水自尽,被幕僚救起,逃回长沙。清廷闻讯,将曾国藩革职留任。

106. 太平军在象骨港怎样先败后胜?

靖港大捷之后,太平军水营兵分两路进攻武昌,清军溃败,太平军二占武昌。7月7日,湘军水师4个营共2000余人会同陆师进攻岳州。24日,在洞庭湖君山、雷公湖一带湖面发生大规模水战,太平军水营中了湘军水师伏击,丧失战船百余只。此后,太平军水营因为在岳州、道林矶、城陵矶等地的水战中都先后失利,退到象骨港。这时,南风劲起,太平军用小舟诱敌来攻。敌船中计前来,太平军伏船四起,枪炮齐发。湘船易进难退,无法控制,水师总兵陈龙辉、游击沙镇邦等被击毙,其座船也被俘获。湘军道员褚汝航、同知夏銮率船来救,也都受伤落水而死。湘军残余船溃逃,太平军飞舟紧追,直到敌援船赶来才收兵回师。这次水战,陈龙辉的战船几乎全部被歼,使湘军水师的4员战将同日亡命。

107. 太平军水营后期怎样坚持战斗?

正当太平天国革命形势迅速向前发展之时,北王韦昌辉于1856年秋杀害了东王杨秀清以及2万余名将士、家属,严重削弱了太平天国的革命力量,丧失了乘胜歼敌的有利时机。由于"天京内乱",太平军水营的战斗力也受到了严重影响。清军获得了喘息机会,勾结洋人,大力增强水师,仅在长江作战的湘军水师就已扩充为15个营、500余只战船、2000余门火炮,而且船炮性能均较良好。太平天国后期的水营,虽然面临困境,逐渐衰弱,可是广大将士仍在顽强抗敌,并积极对外国侵华海军作战,其主要战场仍在长江中下游和鄱阳湖。值得一提的是在1862年5月,太平军水营在罗家港战斗中,英勇奋战,打死打伤英法侵略军多人,英国侵华海军司令何伯也被击伤。不久,太平军又先后击毙了法国侵华舰队司令卜罗德少将和洋枪队统领华尔。1863年以后,太平军处境更为困难,虽然仍有若干船队散在各地继续抗击敌人,但是作为一支有组织的水营已不复存在。它虽然随着反帝反封建的太平天国革命运动的失败而失败,可是在中华民族的水战史上却写下了光辉的一页。

108. 英国是怎样寻找借口发动第二次鸦片战争的?

第一次鸦片战争刚刚结束,英国强迫清政府签订丧权辱国的《南京条约》墨迹未干,侵略成性的英帝国主义又来寻衅滋事。

1856年10月8日,中国水师在广东黄埔搜查中国商船"亚罗"号,并逮捕了船上2名海盗和10名有嫌疑的船员。英国驻广州领事巴夏礼却以该船领过港英当局执照(当时已过期)为借口指责中国,以挑起事端。10月23日,英国海军上将西马縻各厘率领3艘军舰、10余只划艇及海军陆战队近2000人悍然向广东虎门进攻,发动了第二次鸦片战争。这件事再次说明:弱国无外交,强权即公理。贫弱的中国任人宰割、欺凌,帝国主义可以凭炮舰政策为所欲为。没有巩固海防的国家,不是一个真正意义上独立的国家。

109. 英军为何能在广州打败8倍于己的清军?

当时,广东省内的清军共有7.4万人。其中,在广州驻兵1.3万人。广州城郊设炮台10座,珠江沿岸设炮台22座,有炮兵2000余人。由于时任两广总督的叶名琛根本未做任何战争准备,在侵略者发动进攻时,虎门守军纷纷溃退,英军舰艇未遇阻拦,即顺利驶进珠江。广东水师提督吴元猷事前未加防范,又未接到上司命令,不敢下令开炮,只能眼睁睁地看着英舰横冲直撞。当英舰攻击猎德炮台时,守军奋起还击,双方展开激烈的炮战。但叶名琛知道后却下令"不可放炮还击",致使敌陆战队顺利登陆。随后,英军沿珠江南水道和主航道进攻各地的炮台,守军都不战自溃。英军仅用3艘军舰,近2000名陆战队员闯入虎门,威逼广州,竟打垮8倍于已的清军,夺占了10多个炮台。这充分暴露了清朝统治集团的无能及其海防的虚弱。

110. 英法联军第二次进攻大沽口为何遭受重创?

在英国侵略者不断扩大侵略战争之时,法国也以法籍神甫马赖偷入广西西林县作恶被杀为借口加入侵华行列,同英国共同组成侵华联军。1858年5月26日,英法联军舰艇直抵天津城下,并扬言要进犯北京,于是清政府慌忙与其订立了《天津条约》。1859年6月17日,英法联军舰队以"换约"为名再次驶至大沽口外,并伺机发动进攻。《天津条约》签订之后,为了防止英法联军卷土重来,清政府在大沽口加强了防御。6月25日17时,敌海军陆战队1000余人分乘舢舨、帆船20余只在舰炮的掩护下在大沽口登陆。黄昏后,敌陆战队利用夜暗,匍匐前移。当爬到第一道壕沟时,因带来的便桥太短,无法架设。清军集中火力猛射终将敌赶回。经过一昼夜激战,敌方损失舰艇4艘,另有6艘受伤,英军伤亡578人,法军伤亡14人。清军仅亡32人。炮台遭到轻度破坏。这是自第一次鸦片战争以来中国军民抗击外国侵略军的一次重大胜利。

111. 美国南北战争中海军起了什么作用?

1861年至1865年美国进行了一场南北战争,在这次战争中,海军起了至关重要的作用,并对海军兵器和战术也有新的发展。北军海军采取封锁的基本战略,并同时辅之以包围和占领南部邦联港口,以及在西部进行江河战,它是北军取胜的先决条件。密西西比河以东脱离联邦政府独立的各州主要依靠种植和出口棉花。整个南方邦联缺乏工业基地,其东部甚至连粮食都无法自给。起初邦联海军的任务是封锁约3500英里的敌海岸线,在近200个港口和通航河道巡逻。虽然这支海军力量较小,装备很差,但在有才干的海军部长吉迪恩·韦尔斯的领导下,于1861—1865年间力量成倍增长。在邦联陆军的协同下,它成功地执行了名为"蟒蛇"的有效战略。陆海军部队像一条巨蟒,逐渐紧缠南方的贸易和商业命脉,直至将它完全扼住。

112. 南部邦联在对抗北军时怎样使用水雷?

在美国南北战争期间,由于南方海军力量薄弱,它们自然把注意力转到技术革新上。其中最成功的是水雷(开始时称作鱼雷),它是由触发引信或岸上电脉冲直接起爆水下固定炸药。马修·方丹·莫里辞去联邦海军的职务,成为南部邦联潜艇和炮兵的指挥官,面对南部极度缺乏战略物资等巨大困难,他设法在南部邦联重要港口和港湾入口布设水雷。有31艘北部联邦的船只毁于水雷。这个数字超过其他任何方式所毁伤的舰只。南部邦联的海军还挖空心思地把炸药装在带有触发引信的啤酒桶里,顺水漂流,成为漂雷,这就是历史上有名的"小桶战争"。

113. 最早使用潜艇的海战是哪一次?

南部邦联还尝试用一种被称为"戴维兹"的奇怪的小型混合攻击船,由推进器推进,在舰首前长杆的末端携有一枚水雷,除了升降口和通风口外,该艇完全浸在水中潜行。在莫比尔,还研制成了一种真正的潜艇。这是一种人力驱动的铁筒子,可乘坐9人。在试验中接连淹死2个成员之后,愤怒的博雷加德将军下令不许这种艇再潜入水中。可是后来的战斗中,它却击沉了联邦的螺旋桨单桅帆船"胡萨托尼克"号,使其舰员有三分之一溺水而死。

114. 联邦政府军怎样攻占哈特拉斯湾的两个要塞?

南北战争开始后,联邦政府为了从海上封锁"南部同盟",派遣众多的舰船在漫长的海岸线上活动。为给封锁兵力提供补给,必须在南方夺取一个基地。于是联邦政府抽调7艘军舰、2艘运输船载运900余人的部队,在巴特勒少将的指挥下,于1861年8月驶进哈特拉斯湾。该湾内有大小两个要塞,大的是哈特拉斯要塞,小的是克拉克要塞。8月27日清晨,全部舰只向克拉克要塞开炮,约800名官兵乘小艇登陆。克拉克要塞守军自行放弃要塞,逃往哈特拉斯要塞。8月29日晨,联邦政府军又集中攻击哈特拉斯要塞,守军被迫投降。此后,哈特拉斯要塞和克拉克要塞便被联邦政府军用作封锁"南部同盟"沿海地区的前方基地。

115. "特伦特"号事件是怎么回事?

美国南北战争中,"南部同盟"的临时总统杰弗逊·戴维斯派詹姆斯·梅森和约翰·斯利德尔前往英国和法国求援,特别是请求武装援助。两个使者在哈瓦那换乘英国邮轮"特伦特"号去英国,此事被联邦政府(北军)获悉,威尔克斯上校指挥的军舰将该船拦截,并将这两人抓获,带回波士顿,进行监禁。英国说这是有损于中立国利益的破坏行动,派出一支舰队和8000名官兵进兵加拿大。鉴于有可能陷入既要对付内战又要抵御外患的不利局面,联邦政府总统林肯对英国作出让步,以避免发生英美战争。于是授权美国驻英大使向英国声明:威尔克斯的行动是自作主张,并非是政府指使,并释放了这两名外交官。林肯作出这一决定是迫不得已的,否则后果不堪设想。

116. 在中法交战的情况下为什么法国军舰还能"游历"马江?

马江位于中国福州东南,是闽江从乌龙江与台南江汇合处到入海口这一段的别称。

1883年12月,中、法两国军队已在越南境内正式交战。但是昏庸的清政府官吏竟允许法国军舰从1884年7月14日起,以"游历"为名进入闽江口,在马江同中国军舰比邻而泊。当时,中国福建海军的主要基地就在马江。我国近代最大的造船厂——福州船政局,就设在马江北

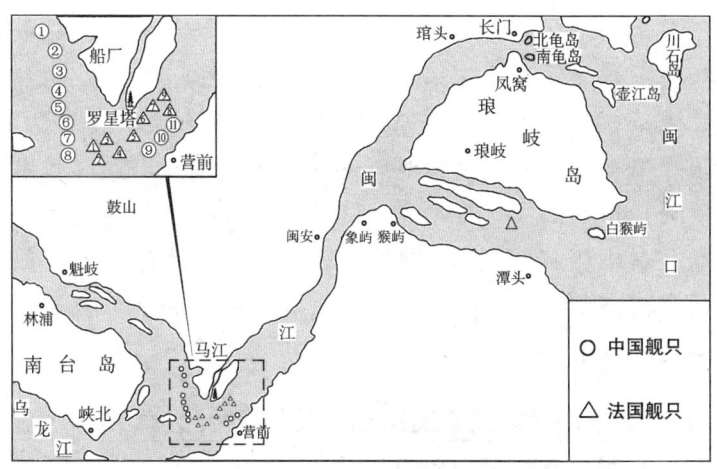

马江海战前双方态势略图

岸的马尾。闽江口形势险要,本来是抵抗海上入侵者的理想战场。可是,法舰已到马江,闽江口的防御体系就形同虚设了。当时国际法限定一国军舰进入另一国海港不得超过2艘,停泊时间不得超过2周。而停泊马江的法舰多达10余艘,逗留时间长达40天之久。更为荒唐的是,部分法舰由此前去袭击我国台湾之后,又大摇大摆地返回马江。腐败的清政府坚持"不可衅自我开"的方针,还予以"友好的接待"。

117. 中法马尾海战前双方舰船是怎么部署的?

泊于马江的中国海军舰艇共有11艘,总排水量为1.02万吨。它们是:木壳巡洋舰"扬武"号(福建海军旗舰),炮舰"伏波"号、"济安"号、"飞云"号、"振威"号、"福星"号、"艺新"号,运输舰"永保"号、"琛航"号,铁壳炮艇

"建新"号、"福胜"号。上述舰艇共装备火炮47门,多是滑膛炮,大口径的很少。福建海军由轮船营务处统领兼"扬威"号管驾张成指挥。此外,还有旧式兵船8艘、炮船10艘、汽船7艘和20余只武装渔船,分别编成2支船队,泊于罗星湾南侧。法国舰艇进入马江的有10艘,其排水量为1.45万吨。有火炮77门,且多是大口径线膛炮。法舰处在中国舰下游,退潮时,法舰舰首正对着中国舰舰尾,使其处在极为有利的地位,法舰还派舰在闽江口监视航道,以防清军堵口。

118. 中法海战中何如璋、张佩纶做出了什么蠢举?

法国舰队强行闯入中国的内江——马江,气势汹汹,恃强相逼,激起中国海军官兵的极大愤慨,他们多次要求起锚整训,以期自卫。但福建船政大臣何如璋与福建海疆钦差大臣张佩纶唯恐妨碍"和谈",一再以"战期未至"为借口,"不准无命起锚",保持"彼若不动,我亦不发"的姿态,让敌舰从容准备,而我坐失战机。1884年8月16日,法国议会通过决定扩大对华战争,中法谈判破裂,福建水师仍在执行朝廷不得主动出击的命令。8月22日上午,法国舰队司令孤拔向何如璋和张佩纶提交了最后通牒,何、张既不将实情告诉官兵,又不准备应战。直到中午,看到法舰升火待发,竟以未做好战斗准备为由,派人给法国人送信。送信的鱼雷艇刚接近法舰,法国人突然开了火,中国水师被打得措手不及,从一开始就陷入了极大的被动之中。

119. 法国舰队是怎样突然袭击中国舰队的?

中、法两国舰队开战前,相距不过数百米,彼此都在有效射程之内。先发者制人,后发者挨打。福建海军各舰还没有起锚,就被击中多艘。在罗星塔上游,"扬武"号是敌舰攻击的主要目标。敌舰的第一次齐射就击中了"扬武"号。该舰后又中弹多发,舱室进水,

侵入马江内的法舰对中国舰发动突袭

开始下沉,舰长张成泅水逃走。"福星"号中弹多处受伤,后被鱼雷击沉。"建新"、"福胜"、"永保"、"琛航"等先后中弹沉没。"艺新"号、"伏波"号负伤后在林浦附近自沉,以堵塞航道,防敌进犯福州。在罗星塔下游,"振威"被法国铁甲舰"凯旋"号的炮火击穿,后被鱼雷击沉……顷刻之间,中国福建水师就全军覆灭。

120. 中国海军官兵如何回击法舰的挑衅?

中法海战一开始,福建水师就遭到法舰的突然袭击,多艘舰艇中弹起火或沉没,中国水兵虽然仓促应战,但多数临危不惧,迅速启动机器,转动炮口,沉着还击。在没有统一号令的情况下,各自为战。"扬武"号在舰身中弹、舰长逃走后,舰上的官兵在硝烟弥漫中发炮还击,其舰尾炮的一发炮弹击中敌"窝尔达"号舰桥,法国领港人及5

名敌兵当场毙命。"福星"号官兵伤亡过半,但管驾陈英在舰桥高呼:"此吾报国之日矣!今日之事,有进无退!"接着驾舰猛冲敌舰,枪炮齐射。可惜炮小威力不强,未能予敌舰以大的杀伤。陈英突然中弹牺牲,三副王涟接替指挥。最后,因一发炮弹击中"福星"号弹药库,使这艘军舰和官兵一起殉国。"福星"号是一艘仅585吨的小型军舰,它竟在法国舰群中来回拼杀,表现了中国海军将士的英雄气概。

121. 福建水师的悲剧根源是什么?

一个远道而来的法国舰队,竟敢在我国内河军港骄横跋扈,胡作非为,完全是清政府推行丧权辱国的投降路线所致。主要表现在:一是军备废弛,从闽江口到马尾沿江100余里不设炮台、不驻守军,任敌舰随意出入;二是官吏昏庸,愚蠢地迷信什么"国际公法",无怪乎群众讽刺他们"两张无主张,两何没奈何";三是养虎遗患。福建船政花重金聘法国安乐陶等专家来设计、监造战舰。他们居心叵测,故意用木材或薄铁做船体,将火药库设计在锅炉旁,装置的火炮射程近,杀伤力小,死角大,让法舰第一排炮弹就引爆了清舰的弹药库,清舰虽舍死对射,终因威力差,未对敌军造成大的损失。福建水师的悲剧,是中华民族的奇耻大辱。

122. 法军进犯台湾淡水怎样遭到失败?

法国侵略者在侵华战争中,为了压迫清政府妥协,决定派出侵华舰队进犯台湾。1884年6月,首次侵占了基隆。法军侵占基隆后,清军加强了淡水的防御:以木船装

满石块堵塞了港口,并敷设了电发火式水雷,在北岸新建了2座炮台,同原有炮台一起封锁海滩和港湾。10月8日,法军陆战队分三路登陆。上岸后,他们未遇抵抗便径直向白炮台扑去。守军提督孙开华待敌逼近后,带领2个营士兵从下面拦截,并令埋伏在红炮台山后的部队从右翼杀出,围歼敌军。双方激战3小时,孙开华领兵冲入敌阵,短兵肉搏。爱国艺人张李成带着民兵也赶来参战,从侧后截杀敌兵。法军溃败,一直逃至海边。守军紧追不舍。敌兵争渡,溺死多人。淡水一战中,法军死亡66人,被俘14人,守军得到许多战利品。

123. 清军在镇海口怎样加强防御?

1883年爆发中法战争后,浙江提督欧阳利见等人十分重视海防,积极准备抵御法军来袭。欧阳利见亲率3500名官兵驻守南岸金鸡山,记名提督杨岐珍带兵2500人保卫北岸招宝山,记名总兵钱坟兴领兵3500人在宁波等地策应。在甬江口两岸增添和加固了炮台,加强了官兵操练,架设了镇海至宁波的电话线,以沉船、石块、木桩堵塞主要航道,仅留宽60余米供舟船出入,并备有6只大船准备随时在该处沉江封口。另外,在江中和岸滩还布设了水雷及地雷,撤除各种航标,组织民团、渔团配合防守。实践证明,只要官员有远见卓识,及早组织并发动民众,抗击外敌入侵是有所作为的。

124. 法军在镇海口怎样遭到痛击?

1885年2月28日,法国侵华舰队司令孤拔带领铁甲舰"巴雅"号等4艘军舰驶到镇海口外。3月1日,法舰发

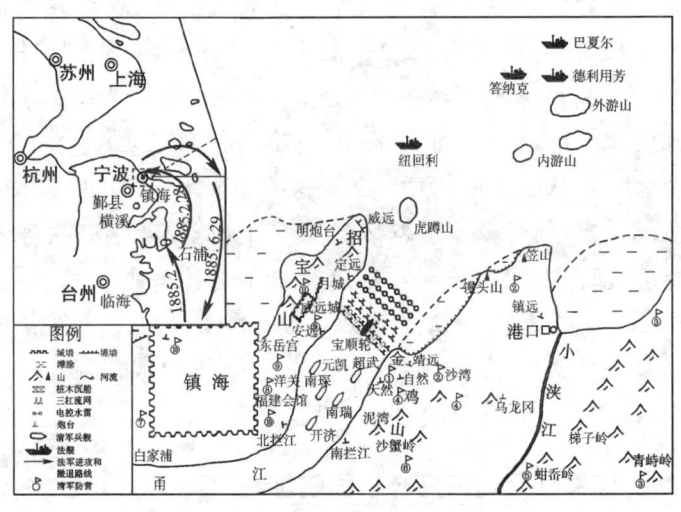

中法战争中清军防御图示

起进攻,直扑招宝山。中国军舰和岸炮一起开炮还击,炮战持续2小时,冲在前面的法舰"纽回连"号连中数弹,狼狈逃窜。3日上午,法舰再次来犯,招宝山炮台守备吴杰亲自操炮,两次击中敌舰,使其转舵而逃。3月20日,守军将8门炮秘密运到南岸清泉岭下,出其不意地向敌舰开炮,击中5发。此后,法舰时多时少,时来时去,直到6月29日才全部撤走。镇海抗法之战,在史书亦称甬江口之战。这是中国近代海军建立以来,海陆协同配合作战所取得的第一次胜利。

125. 中法战争为何中国"不败而败"?

世界上的事情真是无奇不有。打仗败了就是败,胜了就是胜,哪有不败而败,不胜而胜的怪事?这种怪事就发生在中法战争中。马尾丧师3天后,清政府在舆论的压力下被迫对法国宣战。1885年3月下旬,中法战争在陆路战场上,清军赢得了开战两年来最为辉煌的胜利。东线桂军老将冯子材部获得镇南关大捷,西线岑毓英部取得了临洮大捷,法军在北越战场全线崩溃,狼狈逃窜。如果这时乘胜追击,法军将面临灭顶之灾。中国反侵略战争将取得一次扬眉吐气的胜利。但是正如英国人赫德所预言的:"中国如果真能打到底的话,它会赢的",但他又说了一句结论性的话:"中国一定不会打到底!"赫德的话不幸言中。在前方将士浴血奋战取得的胜利,却成了清政府在谈判桌上进行乞和活动的资本。于是最终签订了一个丧权辱国的《中法条约》。胜利者,不败而败,再添屈辱;失败者,不胜而胜,喜得战果。

126. "缺嘴将军"是怎样击毙法国侵华舰队司令的?

中法海战后法舰在退出马江穿过南北岸时,拼命发炮轰击两岸炮台。孤拔乘坐的旗舰经过长门要塞时,坚守金牌山炮台的原左宗棠部将杨金宝义愤填膺,便毅然下令瞄准法舰开炮,这发炮弹正好命中法旗舰"沃尔他"号驾驶台,使孤拔受伤。杨金宝击伤孤拔的消息传开,闽海人民兴高采烈。但清廷不仅没有表彰杨金宝,反而将他打入大牢。群情激愤,上万民众联名具保。但福建官方仍将他革职。事后还编造一则"神炮立功"的怪说,说是当时炮台上有一尊大炮,被法舰轰击缺口后,反射回击,法舰被命中。清廷降旨敕封这尊大炮为"缺嘴将军",掩盖了真相,埋没杨金宝的杀敌功绩。

127. 日本是怎样蓄意挑起丰岛海战的？

1894年5月，朝鲜爆发东学党领导的农民起义，朝鲜封建统治者请求清廷出兵。清政府派直隶提督叶志超率陆军约1500人于6月上旬去朝鲜，驻守牙山（汉城西南）。日本则以保护侨民为借口，陆续出兵朝鲜1万余人，蓄意对中国发动侵略战争。战争一触即发，在国内舆论的强烈要求下，清廷不得不派兵增援。7月21日，清政府派出北洋海军的"济远"号、"广乙"号、"威远"号3艘军舰从威海出发，护送租用的"爱仁"号、"飞鲸"号、"高升"号3艘英国船，从大沽口载运2500名兵员增援牙山清军。潜入天津的日本间谍探知这个情报，立即向东京报告。日本海军紧急出动，企图在途中截拦运兵船。7月23日，"济远"号等军舰先行到达牙山海面。24日，"济远"号、"广乙"号两舰驶至丰岛海面，突然发现日本海军坪井航三海军少将率领的"吉野"号、"浪速"号和"秋津洲"号三艘快速巡洋舰，日舰首先集中向"济远"号开火，丰岛海战序幕拉开。

128. 中日丰岛海战兵力对比情况如何？

中日丰岛海战双方兵力相差悬殊。"济远"号一艘仅有2300吨的巡洋舰，装配火炮18门，航速15节；"广乙"号是一艘仅有1030吨的巡洋舰，装备火炮11门，航速17节。这2艘军舰共有小口径速射炮6门。日军的"吉野"号是4267吨的最新式巡洋舰，装备火炮34门，航速23节；"秋津洲"号是3150吨的巡洋舰，装备火炮22门，航速19节；"浪速"号3709吨的巡洋舰，装备火炮24门，航速19节。这3艘日舰共有120毫米以上火炮22门、小口

古今海战

1935年下水的日本海军巡洋舰

径火炮32门。其中任何一艘日舰的作战能力都超过了这2艘中国军舰之和,更何况日舰是有预谋的偷袭,准备充分。因此,这场海战开始前日舰就占压倒优势。

129. 中日丰岛海战是怎样进行的?

中日丰岛海战中日本三艘军舰突然向"济远"号开炮,"济远"号和"广乙"号被迫发炮自卫。海战一开始,"济远"号管带方伯谦就躲入舱内。大副沈寿昌见此情景,便主动登上舰桥指挥战斗。"济远"号的炮火也多次击中"吉野"号和"浪速"号两舰。一发炮弹飞来,击中"济远"号舰桥,沈寿昌等人壮烈牺牲,二副柯建章立即接替指挥。未几,柯建章也中弹身亡。全舰共13人阵亡,40余人受伤,前炮已不能使用。"广乙"号也迅速投入战斗,在发炮击敌的同时逼近敌舰,准备发射鱼雷。可是,敌"吉野"号急忙避开,"秋津洲"号炮弹射来,击毁了鱼雷发射管,并导致"广乙"号水兵死伤20余人,尽管如此,"广

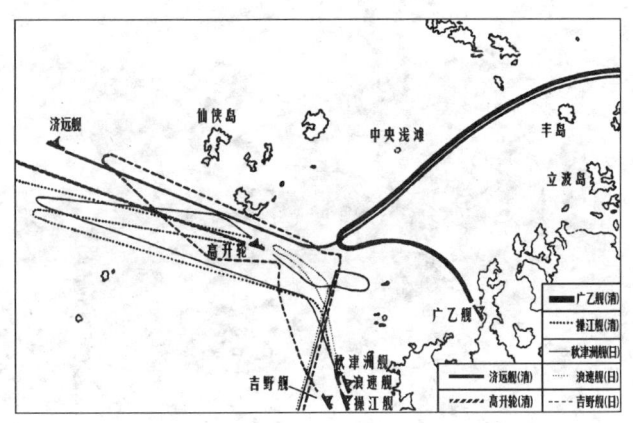

丰岛附近海战航迹图

"乙"号也有一发炮弹击中"浪速"号左舷。"广乙"号因伤势过重,在朝鲜西海岸搁浅,并自毁。管带林国祥等70余名官兵在归途中被日军俘虏。

130. 日舰是怎样违反国际法击沉"高升"轮的?

在丰岛海战中,正当"济远"号、"广乙"号与日舰激战之时,"高升"号运兵船和"操江"号炮舰来到丰岛海面。日舰发现后立即调整部署,以"吉野"号追击"济远"号,以"秋津洲"号截击"操江"号舰,以"浪速"号对付"高升"轮。当"吉野"号追至离"济远"号2500米时,方伯谦挂白旗乞降,但"吉野"号仍穷追不舍。水兵王国成、李仕茂挺身而出,操纵尾炮,连射4发,命中3发,迫使"吉野"退去。方伯谦这时竟置"高升"轮于不顾,独自逃往旅顺。"高升"轮被迫停船,日军登轮"检查"后,下令要"高升"轮随日舰航行。英国船长准备服从,但船上的清军官兵表示,宁愿死,绝不服从日本人的命令。"高升"轮是英国船,出发前中日两国还未开战,根据国际法,是不能袭击的。但日军竟向"高升"轮发射鱼雷,6门大炮也一齐开火。当敌舰开始攻击时,船上的官兵临危不惧,立即端起步枪还击,进行了最后的抵抗。"高升"轮上的千余名官兵大部被害。

131. 中日甲午海战两国在组织领导方面谁优谁劣?

战争是综合国力的竞赛,尤其是军队的建设和将领的任用,在这方面的组织领导直接关系到战争的胜负。甲午海战前,中国虽然已号称拥有4支舰队,但实际只是一支北洋舰队与日本联合舰队之间的实力对抗。不少学者认为双方舰队实力相当,此种观点实在有点失之偏颇。首先在组织领导方面,日本明治政府为了实现"耀皇威于海外"的武国计划,把海军作为对外侵略扩张的基本力量,因此非常重视海军建设。为了集中使用海军力量,战前成立了联合舰队,调整了海军头目,作好了发动战争的海军人事安排和组织领导,采取积极进攻战略。

在中国方面,清政府把海军建设当做儿戏,慈禧太后挪用海军经费大规模修建颐和园,"以昆明换渤海"。海军衙门形同虚设,各军阀都把海军作为自己控制的工具和本钱,不能共同对敌、守望相助,反而势同水火。由于把海军作为本派系的私产,必然产生消极避战的错误方针。

132. 中日甲午海战两国在思想准备方面谁优谁劣?

长期以来,日本政府从思想意识上向士兵灌输"武士道精神"和进行军国主义教育。在日本,不但海军军人中流传着"一定要胜定远"这样一句话,甚至儿童做游戏的

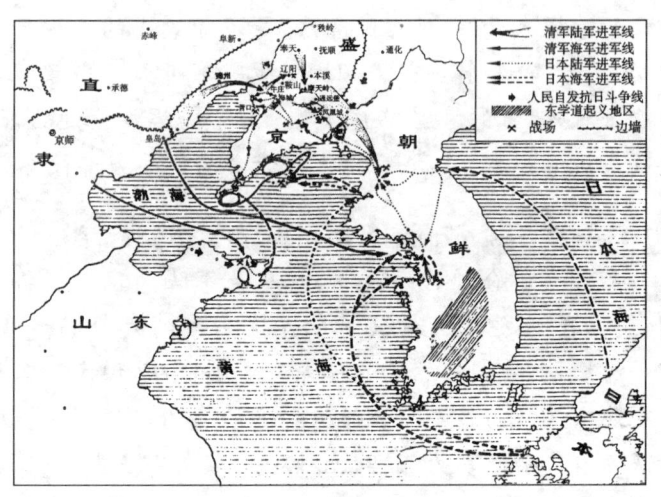

甲午中日战争形势图

时候,也把战胜"定远"、"镇远"二巨舰作为游戏的内容。相反,清政府在思想上缺乏实战观念,以慈禧太后为首的后党根本不以国防为重。致使中国多年来未能添置新舰和改进武器装备。而且清海军平时缺乏实战训练。"不打无准备之仗"是一条重要的军事原则,准备,首要的是思想准备,中国在甲午战争前,几乎没有什么思想准备,因而谈不上有什么物质准备。

133. 中日甲午海战两国在舰队力量方面谁优谁劣?

甲午海战中中国参战的舰艇34艘,其中铁甲舰4艘,巡洋舰6艘,炮艇6艘,火炮数为260门,总吨位4.18万吨,总马力约5万匹,平均速力12.4节,总兵力约3400人。而日本参战舰艇有40艘,其中铁甲舰1艘,巡洋舰20艘,炮艇7艘,火炮数约378门,总吨位约5.7万吨,总马力约10万吨,平均速力14.5节,总兵力6600人。对比说明,日本联合舰队比北洋水师的实力强得多。北洋水师除铁甲舰稍占优势外,其余皆处劣势。如总吨位数日本舰队比中国舰队多1.5万吨,马力和兵力也几乎多一倍。而舰艇下水年代相差悬殊,中国的舰艇比日本早10年以上。速度更是不可比拟。日本4艘巡洋舰时速均在19节以上,"吉野"号高达24节。舰速的快慢对海战的胜负有重大影响,中国舰艇被动挨打是不足为怪的。

134. 中日甲午海战两国在武器装备方面谁优谁劣?

在中日甲午海战中,两国的武器装备到底如何呢?首先,日本联合舰队炮比北洋舰队多118门,且射速占压倒优势,如"吉野"共配备火炮34门,不仅舷侧炮多,又多为速射炮,采用无烟火药,其发射速度大于后装炮6倍。速射炮是当时海战最必要的武器,而北洋舰队配备的炮却很少速射炮,使用的是有烟火药,而且弹药不足,许多炮弹里装的竟是泥沙。由此可见,在炮火配置上,北洋舰队大大弱于日本联合舰队。正如英国海军年鉴评述说:"黄海之战的胜利归功于速射炮。"

总之,甲午战争前,北洋舰队与日本联合舰队相比,不是旗鼓相当,而是有很大差距,直接影响了甲午战争的胜负。因此,北洋舰队的失败,绝非历史的偶然。

135. 黄海大海战是怎么开始的?

1894年丰岛海战后,日军的侦察挑衅活动也更加频繁。8月10日,日舰闯至北洋水师基地威海卫外海,炮轰威海要塞;8月16日,日舰12艘游弋在海洋岛、大鹿岛海域,窥视辽东海岸。与此同时,北洋水师也加强了战斗准备。9月16日,北洋水师主力(装甲舰2艘、巡洋舰6艘、炮艇4艘、鱼雷艇5艘)从大沽掩护装载粮食、武器和

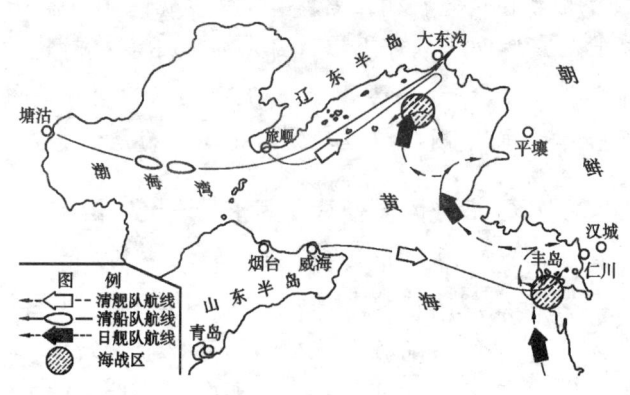

中日黄海海战略图

4500名陆军的5艘大型汽船抵达鸭绿江江口。17日10时许,正在港外锚泊警戒的10艘战舰发现西南方向缕缕青烟,即判为日舰来犯。水师提督(司令)丁汝昌即令备战起航。尽管来犯的舰桅上高悬美国"星条"旗,但12艘日舰的本来面目早被北洋将士识破。面对凶残的敌人,10艘清舰迅速整队迎战。12时50分,当双方舰队相距5300米时,"定远"号的305毫米主炮首先开火,中日各舰也随之发炮。

136. 黄海大海战中日舰队以什么样的队形交战?

黄海大海战中,当北洋舰队迎敌时,开始采用双纵队形,12时20分,丁汝昌下令改为:以装甲舰"定远"号和

"镇远"号居中,"致远"号、"靖远"号、"广甲"号"济远"号4舰位于"定远"号左翼,成左梯队;"经远"号、"来远"号、"超勇"号及炮舰"扬威"号4舰位于"镇远"号右翼,成右梯队。这样弱舰配置梯队两侧,组成"犄角雁行阵"(即人字队),易受攻击,且变换队形也不易。日本联合舰队司令伊东右亨发现了对方将火力较弱的舰只置于两侧这一弱点,就立即改变中间突破的方案,12时30分,北洋舰队形刚组成,日前锋舰队"吉野"号、"高千穗"号、"秋津洲"号、"浪速"号成单纵队穿越清舰前方。当接近到1.2万米时伊东右亨命令第一游击队先破北洋舰队右翼,这就是日本第一游击队4舰加速从北洋舰队队形前方掠过,扑向其右翼的原因。从战术队形上来讲,北洋舰队已输了一招。

137. 刘步蟾首先发炮应怎样评价?

在黄海大海中,北洋舰队的"定远"号舰管带刘步蟾,在距敌舰5300米时首先发炮。据日方各种史料记载,"定远"号第一发炮弹由日本第一游击队先锋舰"吉野"号右舷,飞越舰顶,落在"吉野"号左舷附近数十米海中爆炸。可见刘步蟾所发的第一炮完全达到有效射程。在战争中,任何一个聪明的指挥员,总是要先发制人,刘步蟾先发制人达到了很好的效果。战斗打响不到5分钟,日本先锋舰"吉野"号还未来得及发炮,即被击中。再说,黄海海战时,日本舰队比北洋舰队炮的门数多百分之五十强,且射速占压倒优势。如果北洋舰队不采取先发制人的手段,而是等日方首先发炮,不仅难以取得首先击伤敌舰的战果,反而会在敌人优势炮火打击下,遭受重大损失。

138. "定远"号铁甲舰如何英勇战斗?

在黄海大海战中阴险的日本舰队依仗其绝对优势,开始采用集中优势兵力分开两个战场攻击"定远"号等舰。日本舰队的"松岛"号、"千代田"号、"岩岛"号、"桥立"号、"扶桑"号5舰围住"定远"号、"镇远"号猛攻。平时日本舰队最怕这两艘铁甲舰,但与日本军舰相比缺点是笨重不灵活,速度慢且进攻能力较弱,优势是吨位大装甲厚,炮火重。"定远"号管带刘步蟾面对强敌,指挥若定,

"定远"号装甲炮塔舰模型

英勇抗敌。他不断下令变换自己军舰的位置,不让敌炮瞄准方位。并且集中炮火打击日本旗舰"松岛"号和尾舰"扶桑"号,打乱其阵脚,变防御为进攻。当"定远"号只剩下3发炮弹的时候,"定远"号舰右主炮的一发炮弹击中"松岛"号右舷下甲板的炮位上,先是一声巨响,然后是一连串巨响,原来是引爆了甲板上的弹药,顿时火光冲天,

浓烟滚滚,"松岛"号死伤官兵80多人,大伤了日舰的元气,伊东右亨只得把旗舰改为"桥立"号,命令各舰自由行动。

139. "致远"号巡洋舰是怎样壮烈殉国的?

在甲午海战开始后两个多小时的激战中,"致远"号官兵英勇无比,配合默契。管带邓世昌一直在舰桥正确指挥。"浪速"号后甲板挨了"致远"号射出的一弹,10多名官兵或死或伤,尸体枕藉。突然,"致远"号机舱中弹进水,邓世昌命令水手抓紧堵漏。这时,日本联合舰队"吉野"号等4艘舰排成一字纵阵,边发炮边向"致远"号驶来。邓世昌大叫:"轰击吉野,集中火力!"顿时,一串串炮弹向"吉野"号飞去,一发炮弹命中其后甲板,"吉野"号官

北洋舰队"致远"号奋勇杀敌

兵死伤数十人。"继续开炮!继续开炮!"邓世昌怒目高喊,可是,好一会儿不见发炮,炮手长前来报告邓世昌:炮弹已尽,弹药库里所剩无几。紧急关头,邓世昌闪过一个念头:撞沉"吉野"号,与"吉野"号同归于尽,为我军胜利

扫清障碍!于是邓世昌驾舰全速向"吉野"号冲去,50米、40米,眼见两舰就要相撞,吓得日本官兵目瞪口呆。狡猾的"吉野"号紧急转舵躲闪,并发射了鱼雷,"致远"号舰中雷下沉,邓世昌与许多官兵落入海中。"致远"号舰250名官兵,除7名遇救外,其余全部壮烈殉国。

140. 中日黄海大海战是怎样结束的?

"致远"号沉没后,"经远"号管带林永升愤怒之极,也驾舰冲击,不幸也舰沉身亡。日军见北洋舰损失多艘,便分兵两路:前锋舰队追击西撤的"济远"号,主力舰队继续围攻两艘铁甲舰。在残酷的战斗中,两舰官兵毫无惧色,顽强地左突右冲,浴血奋战。17时30分,冲出战区的"靖远"号和"来远"号连忙升旗发号,呼唤港内的"平远"号"广丙"号等舰出战。日舰队司令伊东右亨见"定远"号和"镇远"号作战勇猛,又有港内舰艇出战助阵,而日舰前锋早已远离,再战于己不利,于是率主力南撤,北洋舰追击10多海里不见日舰,返回旅顺口。

黄海海战(又称大东沟海战),从中午到黄昏,激战近5个小时,北洋舰队损失战舰4艘,伤6艘,伤亡官兵850名;日舰重伤4艘,伤亡官兵298人。显然,北洋舰队的损失大于日舰队。

141. 北洋舰队在黄海海战中失败的原因是什么?

甲午黄海大战,北洋舰队受重创,究其原因,主要是清政府昏庸腐败,把海军经费"2000余万,尽输入修颐和园之用",导致新舰未添,装备失修,弹药不足。其次是战场指挥失误,主要指挥员丁汝昌系陆军出身,不懂海军战

术,接敌时采用不合战斗要求的"犄角雁行阵",不便于机动和发扬火力;对参战兵力未能实行统一指挥,集中攻

黄海海战激战场面

击。再是个别指挥员素质差,尤其是"济远"号管带方伯谦驾舰脱逃,撞沉己舰;港内舰艇久不出战,而参战舰艇的射击技能普遍较差,武器不如人,命中率又低,所以很难给敌以致命打击。当然,广大爱国官兵战场中表现得英勇顽强,血战敌寇的精神是应受到永远颂扬的。

142. 威海卫海军基地失守是谁之罪?

威海卫位于山东半岛东北部,与旅顺口遥遥相对。两地拱卫渤海门户。在威海卫附近的刘公岛设有北洋水师提督衙门和军港,集结着北洋舰队的基本兵力。

黄海海战虽然失利,但北洋主力"定远"号和"镇远"号两艘铁甲舰尚存,还有其他一些战斗舰艇,如果总结教训,重振旗鼓,可以与日本舰队一搏。然而,李鸿章"避战保船"的错误策略,把制海权拱手让给日本人,使敌步步紧逼,北洋舰队陷入重重包围之中。随着日本陆军的攻击和登陆,威海周围的炮台一个个失陷,最后,威海卫基

地失守。造成这个结果,完全是由于清朝统治者的失败主义,他们到处奔走,以求媾和,而不积极布防,致使日军得以顺利登陆,使北洋舰队背腹受敌。而且,李鸿章命令北洋舰队不得出击,违者军法处之。广大官兵只好驻守基地,错过了许多袭击敌人的良好机会。这种消极避战,保存实力的罪恶做法把北洋舰队引入了绝路。

143. "济远"号管带方伯谦被判处极刑是否罪有应得?

甲午黄海海战后,"济远"舰管带方伯谦因临阵脱逃,将队伍搞乱,并撞坏"扬威"舰等罪名,被处以军前正法极刑,在旅顺杀了头。判极刑之后,其妻曾上京"告御状"为其叫屈,100多年来,对方伯谦被处死问题,一直有不同意见。首先,关于"济远"舰退出战场原因,是一开始就"临阵脱逃",还是经过一番战斗因受损严重,机械不能运转而为保舰?再是撞坏"扬威"舰是否确实,撞在何处,损伤程度等亦有不同说法。总之,方伯谦中途退出了战场,如确因贪生怕死,临阵脱逃,实属罪有应得;但如因炮械损伤,为"保船"而退避,则虽亦有罪,但罪不至死。这桩历史旧案,还待后人进一步研究,得出正确的结论。

144. 北洋海军败亡的主要历史教训是什么?

北洋海军在甲午战争中败亡的历史教训是多方面的,前车之鉴,后世之师。主要有以下几条:一是海洋观念淡薄,海权思想衰落,导致国家军事战略的严重失调。中国自16世纪后期起,海上力量就逐渐削弱。清朝继承明朝"禁海"政策,闭关锁国,致使海防十分脆弱。二是海上战略极端消极保守。不但根本没有在海上打击歼灭入侵之敌的思想,甚至根本没有在近海以攻为守、寻机歼敌的思想。海军的生命力是机动和攻击。对于一支舰队来说,海洋、机动、攻击,这三者是相辅相成、密不可分的。清军政当局的消极保守的战略指导思想,限制、取消了舰队生命活力的上述三要素。三是海上战役战斗指挥严重失误。丰岛海战前,日本已进兵朝鲜,战争有一触即发之势,清廷渡海输送大批兵力增援牙山,海上护航力量单薄,既无编队,又无指挥,结果被敌各个击破。黄海海战中,丁汝昌采取错误的阵法和做法,从一开始就陷入被动挨打的境地;黄海大战后,更是畏敌如虎,蛰伏不出,坐以待毙,最终导致全军覆灭。

145. 美国西班牙海战是怎么引发的?

美国要想在海上扩张,必须在太平洋和大西洋建立前进基地,通过分析海洋地理和对手情况,把扩张的目标定为西班牙的殖民地菲律宾和古巴。1898年2月9日,美国报纸公布了西班牙驻美大使洛莫失落的一封私人信件,信中有抨击美国总统和政府的尖刻语言,美西关系迅速恶化。2月15日清晨,停泊在古巴圣地亚哥港内的美国新型战舰"缅因"号突然爆炸沉没,舰上官兵355名中有260人死亡。美国政府宣称,"缅因"号是被西班牙人用水雷炸沉的。这犹如火上浇油,使美国的反西情绪达到了高潮。美国因此有了对西班牙刀兵相见的口实。"缅因"号事件后,美国增加了军事拨款,开始紧锣密鼓地进行战争准备,美西两国已形成剑拔弩张之势。4月19日,美国国会正式通过了对西班牙宣战的决议。

146. 美国海军怎样突袭马尼拉湾？

1898年4月25日,美国海军部向各舰队下达了作战命令。在香港的美太平洋分舰队指挥官杜威分析了西班牙驻菲律宾的兵力、装备、近日活动、港湾和海岸设防等方面情报后,进行了作战部署。下午,美舰队向菲律宾进发。5月1日凌晨,美舰队顺利通过水雷障碍驶进马尼拉湾,发现了静泊在港内的西班牙舰队。杜威立即下达攻击命令。西班牙舰队虽已做了战斗准备,但没想到美舰会来得这么快,许多舰只熄了火,有的舰只把引火柴等易燃物堆在甲板上。被炮火惊醒的西班牙舰队官兵仓促应战。在美舰猛烈炮击下,西班牙这些木制甲板的老式军舰先后中弹起火,旗舰和另外2艘军舰被美舰击沉,其余几艘舰在失去战斗力、停止抵抗后也被烧毁。7时35分,美舰大获全胜,撤出了战斗。这次海战中,西班牙驻菲律宾的军舰全部损失,有167人死亡、240人受伤。而美舰队只有7人负伤,舰只无一损伤。

美西马尼拉湾海战

147. 美国西班牙怎样在加勒比海激战？

在菲律宾海战的同时，美西两国在加勒比海也展开了激烈的角逐。1898年5月19日，由海军上将塞尔维拉率领的西班牙舰队经过长途航行，偷越美国海军的封锁线，驶入古巴的圣地亚哥港。7月3日清晨，塞尔维拉率舰队出海与美国舰队遭遇，一场激烈的海战开始了。海面上炮弹横飞，水柱冲天，战斗十分激烈。美国舰队坚甲利炮，在战斗中占了上风。西班牙旗舰"玛丽亚"号遭到5艘美舰的集中攻击，中弹30余发，甲板上烈焰腾腾，很快失去了控制，不得不缴械投降，舰队指挥官塞尔维拉上将被美军生俘。至下午2时，西舰"克里斯托瓦尔·科隆"号被美军重创后，被迫自行凿沉。加勒比海海战结束了。这次海战，西班牙舰队全军覆没，有400余人战死，而美国舰队仅1人死亡、1人负伤。战斗结果竟相差那么悬殊。

148. 日俄两国为什么都要拼命争夺我国旅顺口军港？

旅顺口是我国北部海区的重要军港。它地处远东中心位置，东可钳制朝鲜半岛和山东半岛，直出太平洋；北可进军满蒙和亚欧大陆，海路直达日本海和海参崴；西可封锁渤海湾，直捣京津和中国腹地；南可经黄、东、南三海，直下东南亚广大海域和地区。几代沙皇梦寐以求在东方寻找不冻港和新的出海口，西方列强从卑鄙的自身利益出发，也竭力怂恿沙俄东扩，使"祸水东引"；日本为实现其狂妄的大陆政策，进而称霸世界，视旅顺口为必须夺得的口中之饴和掌中之宝；于是旅顺口成了引发国际矛盾冲突的焦点和帝国主义在中国划分势力范围而拼命争夺的桥头堡。

甲午战争时旅顺口鱼雷营栈桥

149. 日本舰队是怎样偷袭俄国驻旅顺舰队的？

1904年2月4日晚，东京获悉俄国分舰队驻泊在旅顺外停泊场，日本统帅部决定不放过这一有利时机。2月6日，日本联合舰队司令东乡平八郎下达了出击偷袭的命令。2月8日22时，日本第一驱逐舰队在旅顺以东22海里处，与俄国两艘值班驱逐舰"无畏"号和"机敏"号相遇，俄舰在用灯光扫射海面时暴露了自己，而日舰加快速度，赶在俄舰之前抢先到了外停泊场，向俄国分舰队靠近，各舰从近距离上向俄国军舰发射了16枚鱼雷，其中3枚命中俄舰。23时35分，俄国装甲舰"列特维占"号的主炮发出一阵巨响，紧接着，该舰左舷所有大炮也向日本驱逐舰开火。日本驱逐舰队还击中了俄国另一艘装甲舰"柴沙列维奇"号和巡洋舰"帕拉塔"号，使这3艘军舰长期丧失

日俄海上交战

了战斗力。日本驱逐舰进攻得逞之后就很快撤离了。

150. 海战史上第一次无线电侦听发生于何时？

据记载，海战史上第一次无线电侦听发生在1904年日俄战争时期。当时，日俄双方都把发明不久的马可尼无线电发报装备到大中型舰只上。俄国人还在岸上基地安装了一些经改进的无线电发报机。战争时期，俄国海军基地的报务员突然从耳机中收听到日军舰船之间发出大量的无线电联络信号。俄国海军情报部门分析，这可能是日军发动进攻的预兆。俄军司令官根据这一判断，下令所有军舰和岸炮进入戒备状态。果然不久，日军就开始炮击俄军的重要目标。由于俄军已有准备，立即给予猛烈还击，使日军的偷袭未能得逞。

151. 海战史上第一次电子对抗发生于何时？

海战史上第一次电子对抗同样发生在1904年日俄战争日期。据记载，1904年3月8日，日军"春日"号和"日慎"号巡洋舰奉命以间接射击方式炮击在旅顺港的俄国舰只。日军派出一艘小型驱逐舰前进至近岸一个有利位置观察弹着点,通过无线电向远处的巡洋舰传达射击命令。此时,俄国海军基地的无线电报务员收听到了日舰之间的无线电联络,便对日舰间的无线电通讯进行干扰,使其被迫中止炮击,撤出了战斗。这就是有史以来的第一次电子对抗。

19世纪初期的旅顺港

152. 日军为何要在旅顺港用"沉船堵口"?

日本联合舰队继1904年2月8日袭击俄国舰队使其受到重创之后隔了2天,即2月11日,又进行了一次夜袭。俄国分舰队吸取了教训,加强了戒备,并把主要舰艇都龟缩在港内停泊。两次奇袭虽有一定效果,但无法消灭俄舰队主力,尤其是俄国波罗的海舰队已经启程,一旦援兵到来,后果不堪设想。东乡平八郎的计划是:一定要在不损失日本联合舰队力量的基础上,再来全歼来援的波罗的海舰队。要想这样干,最好的办法是:彻底将敌人压缩到旅顺港内,让日本的陆军在其附近登陆,从侧翼攻下旅顺,歼灭港内的俄太平洋分舰队。为此,就必须采用"沉船堵口"之法,即在几艘商船上装满石块,用水泥浇灌加固,然后把商船自沉在港口最狭处。这件事无疑是极其困难的,但对俄国舰队是个致命的威胁,即使这一尝试不能成功,也可鼓舞士气,使敌人为之胆寒。

153. 日本海军旅顺港堵塞战是怎么进行的?

日本海军在旅顺港第一次堵口,征集了5艘商船,载着67名敢死队员,于2月20日晨到达圆岛附近。24日凌晨,在堵塞船总指挥有马良橘的带领下,沿着岸边接近港口,但因被俄军的探照灯照到,且对港口地形不熟,没有取得明显效果,商船大都沉没在航道以外,但是封锁港口这一大胆行动,确实使俄军十分害怕,士气日趋低落。3月27日,第二次堵口由4艘商船组成,挑选敢死队员56名,日本堵塞船冒着猛烈的炮火突入到旅顺港外,选点自沉。经过两次堵口作战,旅顺港变得相当狭窄,但还没有完全封死。第三次堵口是在5月2日进行的,动用的船只比上两次更多,共有12艘,挑选了37名士官和207名士兵为决死堵塞队员。这次堵塞行动由于天气恶劣,加上俄军加强防御,所以日军伤亡惨重,但封锁的效果比上两次好。经过三次封锁旅顺口后,俄舰全部被封锁在旅顺港内不出,整个制海权全部掌握在日本海军手里。

154. 俄太平洋舰队为何突围失败?

日本陆军于1904年5月在辽东半岛登陆后,逐步逼近旅顺,其陆、海军对旅顺要塞形成合围之势。俄国太平洋舰队主力继续留在旅顺将是死路一条,沙皇政府便下令这支海上兵力迅速离开旅顺转移至海参崴。8月10日5时,俄国舰队的6艘铁甲舰、4艘巡洋舰、8艘驱逐舰、4艘炮舰和1艘红十字医院船开始陆续出港。由东乡率领的日本联合舰队主力早已在俄舰必经的航道上待机拦击。日军不仅在兵力兵器上,而且在航速上占有优势。从中午12点20分,日联合舰队的主力运动到与俄国分舰队78链时开火,战斗一直持续到黄昏。俄国军舰除被击沉、自沉外,只有少数逃出至胶州湾、上海和西贡。俄国分舰队突围失败的原因之一是舰队司令官和其他高级指挥官对突围没有信心,在交战中始终处于被动状态,未能抓住战机对敌主动实施攻击。其次,司令维特盖夫特的战斗计划极不周密,既未拟定行动预案,又未向所属各编队布置具体任务,甚至连指挥员一旦负伤,谁来接替这样的问题都未预先考虑,完全是打乱仗,岂能不遭惨败?

155. 俄日双方是怎样进行水雷战的?

在俄日海战中,双方都充分使用了水雷武器。日军对俄军的水雷战则是与阻塞战相配合的重要战术手段。4月12日夜,日本海军至旅顺口东南2.5海里的海域布设了"小田"式机械水雷。次日上午,俄国分舰队旗舰"彼得巴甫洛夫斯克"号装甲舰触上了水雷,引爆了水雷舱和305毫米口径炮弹,火药舱和弹药舱起爆,两分钟内就沉入海底。刚上任不久的俄国太平洋分舰队司令马卡洛夫也葬身海底。同时触雷的还有装甲舰"胜利"号。日本不仅用水雷封锁旅顺口,使俄国分舰队损失惨重,而且还派舰到海参崴港外布雷,为彻底歼灭太平洋分舰队创造了条件。当俄国这两艘装甲舰被炸以及马卡洛夫死后,俄国在无力与日本舰队列阵对攻的情况下,决定在日本舰队经常活动的航线上,也大量布设水雷。5月15日,日本装甲舰"初濑"号和"屋岛"号先后触雷沉没,损失了36名军官和457名水兵。这一天,被日本舰队称为"黑暗的一天"。此前,在"魔鬼的一周"中,日军接连损失了7艘军舰。水雷成为双方都畏惧的武器。

156. 济物浦海战俄军官兵表现如何?

济物浦海战是在日俄战争(1904—1905年)期间,由"瓦良格"号巡洋舰和"朝鲜人"号炮舰组成的俄国舰队于1904年2月9日在黄海济物浦(仁川)港附近海域与日本分舰队进行的一场海战。日俄战争开始前,俄国军舰"瓦良格"号巡洋舰(舰长鲁德涅夫海军上校)和"朝鲜人"号炮舰(舰长别利亚耶夫海军中校)停泊在朝鲜济物浦中立港内,受俄国驻汉城大使馆管辖。日本对旅顺口内的俄国分舰队发起攻击前,日本瓜生海军少校率领的分舰队(由1艘装甲巡洋舰、5艘巡洋舰、8艘雷击舰组成)已封锁了济物浦。1904年2月9日,日本人向俄国舰队指挥官鲁德涅夫发出最后通牒,要俄国军舰于12日前离开济物浦,否则会在中立港停泊场受到攻击。鲁德涅夫决定通过战斗向旅顺口突围。11时30分,俄国军舰起锚,沿航道行驶。日本分舰队在距济物浦10海里的地方占领了便于机动的有利阵位,因此,俄国舰队遭到日本分舰队的集中射击。战斗于2月9日11时45分开始,持续了1个小时。俄国海军官兵在这场力量悬殊的战斗中,表现了不屈不挠的英雄气概,负伤的水兵坚守在战斗岗位,头部受重伤的"瓦良格"号舰长鲁德涅夫坚持指挥战斗。济物浦海战结果,日本1艘雷击舰被击沉,2艘巡洋舰被击伤,死31人,伤200人;俄国"瓦良格"号水下部分5处被击伤,舰上火炮几乎全部被毁,死31人,伤190多人。在不可能继续战斗的情况下,俄舰按照鲁德涅夫的决定,返回济物浦。为不让军舰被敌人俘获,俄国人沉掉了"瓦良格"号,炸毁了"朝鲜人"号。停泊在济物浦的俄国人"松花江"号汽船也一起自沉。俄国舰员则经中立港返回俄国。

157. 俄国海参崴分舰队为什么失败?

俄国海参崴分舰队的任务是攻击日本运输船,骚扰它的后方,为此,它避免与日本舰队决战,采取一发现日本舰队就逃的战术。1904年8月14日晨,俄国独立巡洋舰支队终于与日本的第2舰队在釜山以东相遇。俄舰队已无法逃避,只好应战。这次海战,双方是巡洋舰对巡洋舰,但俄3艘巡洋舰排水量虽大,却很陈旧;日本4艘巡洋舰虽小却新。激战持续了5个多小时,俄国损失1艘巡洋舰,伤2艘,官兵阵亡40名,伤319名。日本方面伤4艘巡洋舰,亡45名官兵,伤55名。釜山海战是日本舰队的一个重大胜利,因为自这次海战后,俄国巡洋舰支队基本停止了对日本海上交通线的破袭,从根本上解除了威胁。

158. 日俄对马大海战是怎样进行的?

俄国当局为解救被封锁在旅顺口的俄国太平洋第一

分舰队,于1904年4月和10月先后将波罗的海舰队主力调往远东,编成太平洋第二分舰队和第三分舰队。1905年5月9日,这两支分舰队在槟绘湾会合,共有战舰30艘、运输船6艘、医院船2艘。在第二分舰队司令罗热斯特文斯基海军中将的指挥下,企图强渡朝鲜海峡,进入符拉迪沃斯托克(海参崴)。日本联合舰队司令东乡平八郎根据情报,集中各种战斗舰船120艘于朝鲜海峡待机。5月26日夜,俄舰航行1.8万海里后进入对马海峡。27日

日俄对马海战场面

14时许,双方交战。日舰首先击伤俄旗舰,罗热斯特文斯基受伤。俄舰队损失惨重。夜间,日军组织60艘鱼雷快艇发起攻击,击沉俄舰4艘。28日晨,日舰队包围了俄舰队,俄舰未反击,升旗投降。此次海战,俄舰被击沉19艘,被俘5艘,死亡和被俘1.1万人。

159. 俄国舰队惨败的原因是什么？

日俄海战中俄国舰队的惨败原因是多方面的。首先，一支疲惫的孤军同一支养精蓄锐的日军决战，这是它遭受灭顶之灾的重要原因。对马海战充分暴露了俄国舰队最高指挥官的无能。罗热斯特文斯基本身是个庸将，没有实施不间断的指挥，不制订作战预案，战术呆板，与敌遭遇后一味消极规避，也是失败的重要原因。俄国分舰队官兵素质差，一半以上士兵是从农民或预备役中转来的，军官也多为院校学员，既缺乏训练又缺乏实战经

日俄对马海战一景

验。官兵矛盾很深。加上经过7个多月远航，官兵极度疲惫，士气低落。与日本舰队相比，分舰队的武器装备技术性能也略逊一筹，俄舰炮平均每分钟发射炮弹134发，共重9072千克，而日舰则为360发，重2.4万千克。俄国炮弹火药装量与质量比不上日本，爆炸力的实际差别为1比15。正如列宁撰文评价这次海战道："俄国海军彻底被消灭，吃败仗是注定了的。"

古今海战

"一战"群雄争霸

160. 第一次世界大战开始前英德是怎样部署舰队的？

1914年，西欧战争迫在眉睫之际，英国本土舰队和德国的公海舰队都进入了战斗泊位。英国本土舰队的主要战斗力都集中在大舰队。大舰队的指挥官是海军上将约翰·杰利科勋爵，主要基地在奥克尼群岛中的斯卡帕湾，辅助基地在苏格兰的港湾里。大舰队中包括20艘一级战列舰和4艘战列巡洋舰。它的主要作用是防止德国军舰逃进大西洋，保卫北海，监视公海舰队，与公海舰队作战，在出现有利机会时将其歼灭。由冯·英格诺尔指挥的德国公海舰队包括13艘一级战列舰，3艘战列巡洋舰，8艘前"无畏"级战舰。它的基地是威悉河和易北河的港湾和亚德湾。分配给它的任务是保护德国海岸不受英国攻击，并寻找机会削弱英国舰队的力量。英伦三岛的位置扼守住北海的出口，大舰队只要在那儿停泊一个舰队就会收到封锁德国的效果。英国的目的是把公海舰队，或其中一部分，引诱出来消灭。而德国人则想运用计谋一点一点地逐个歼灭大舰队的各个部分，以此把它削弱到自己能对付的水平。

161. 黑尔戈兰湾的海上伏击与反伏击战是怎样进行的？

黑尔戈兰湾是易北河和威悉河口外一片三角形水域，由英国罗杰·凯斯准将指挥的潜艇侦察到德国舰队的活动规律，就起草了一份突袭敌人的计划，利用他自己的潜艇当诱饵，把强大的增援舰只布置在敌人视线以外，将德国人引到黑尔戈兰湾以西海面歼之。英国海军部同意了这个计划，由蒂里特准将指挥一支水面舰艇跟随潜艇前往,后又增派了贝蒂和古迪纳夫两支分舰队。但由于海军部的工作粗糙,出现严重失误,当凯斯和蒂里特在驶向黑尔戈兰时不知德国兵力已经加强了。德国人已经风闻了凯斯的计划,正在计划搞一次反伏击,这就使情况更复杂了。但德国人也和英国人一样,并不知道还有两支分舰队开来。英德两国海军都想使对方落入自己的圈套,战斗结果,英舰击沉3艘德轻巡洋舰和1艘驱逐舰,打死敌人700余名,俘虏400人。英国军舰受了轻伤,伤亡35人。这次行动给海上伏击与反伏击战树立了典范。

162. 第一次海空潜相互配合的战斗是哪次海战?

1914年8月28日,英海军特鲁伊特少将率37艘战舰,在6艘潜艇的配合下,前往德国西海岸一个小岛上的海军基地袭击停泊在黑尔戈兰湾的德国舰队。凌晨5时,英潜艇首先向德巡逻艇发动鱼雷攻击,未命中却惊动了德国人。德军立即派出一个驱逐舰分队和水上飞机搜索英潜艇。上午7时,3艘德驱逐舰与特鲁伊特分舰队遭遇,炮战中1艘德舰被击沉。而停在基地内的战列舰,因落大潮水浅无法出港,只派出了6艘巡洋舰和2艘潜艇去支援。10时,有4艘德国巡洋舰赶到,并将2艘英舰击伤。随后,其他英舰立即赶来支援,19艘英舰围攻6艘德舰,战至下午2时,德国3艘巡洋舰和1艘驱逐舰被击沉,英军5艘军舰受重创,战斗以英军胜利而告终。

黑尔戈兰湾是第一次世界大战开始以来英德两国在北海海域进行的一次海空潜互相配合的立体海战。尽管缺乏严密组织,主要是各自为战,以致战果欠佳。但是,它为日后的立体海战开创了先例,取得了经验。

163. 德国"U-9"号潜艇是怎么击沉英国铁甲巡洋舰的?

1914年9月22日拂晓,德国"U-9"号潜艇在荷兰海岸线以外以潜望镜深度进行巡逻,准备返回港时,隐约看

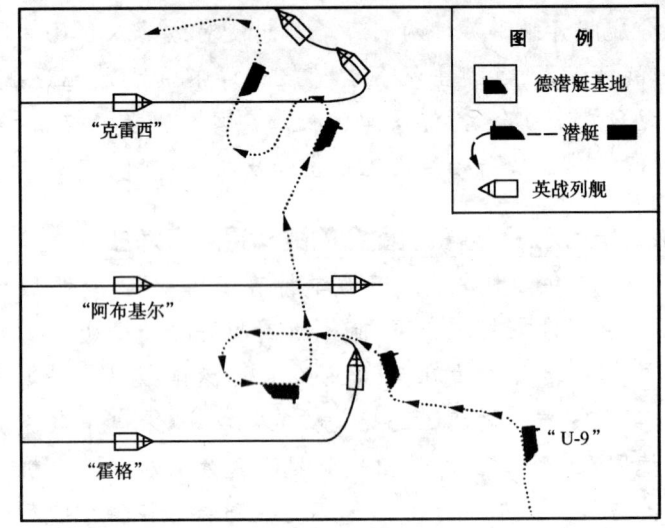

"U-9"潜艇攻击示意图

到3艘军舰的轮廓,这是英国的"阿布基尔"号、"克雷西"号和"霍格"号3艘铁甲巡洋舰。"阿布基尔"号首先进入"U-9"号鱼雷射程内。韦迪根艇长瞄准后发射了鱼雷。英舰被潜艇鱼雷击中后,其舰长以为触到了水雷,请求其他两舰前来援救。当两舰驶近时,"阿布基尔"号沉入水中。"克雷西"号放救生艇时,被"U-9"号潜艇发射的又一枚鱼雷击中受伤。"霍格"号没有弄清潜艇的位置,漫无目标地向四周开炮,结果被"U-9"发射的第三枚鱼雷击

中。受伤的"克雷西"号在海面上漂浮,韦迪根便使潜艇浮出水面,又把"克雷西"号击沉。在战争初期,德国海军取得这样的战果一方面说明德国重视潜艇,另一方面也表明英国忽视对潜防御。

164. 福克兰群岛海战对英国有什么意义?

德国海军中将冯·施佩于1914年12月8日上午,在福克兰群岛海域命令装甲巡洋舰"格奈瑟瑙"号和"纽伦堡"号向斯坦利港英军搜索并用炮火拿下无线电台。这时英国人正在港口加煤并准备南行。7点50分,当信号塔上看到2艘德舰时,英舰指挥员措手不及,不能马上出击。不一会儿,正驶向港口的德舰看到了英舰,并发出了战斗警报。英国战列巡洋舰也马上用信号旗发出战斗警报。德舰看到自己处于劣势,就慌忙后退。英国战列巡洋舰在追击战中保持大于敌舰最大射程1000码的距离,2艘德国装甲巡洋舰一艘被击沉,一艘自沉。英舰只受了轻伤。这次海战消灭了德国在北海以外的最后一支主要水面舰艇部队。

165. 最早的远洋截击战是怎样进行的?

1914年7月,"海上霸主"英国先声夺人,封锁了北海。实力居世界第二的德国也不甘示弱,为抗衡英国,于大战爆发前急调位于中国青岛的太平洋舰队8艘舰中的2艘装甲巡洋舰("沙恩霍斯特"号、"格尼森诺"号),3艘轻巡洋舰("莱比锡"号、"纽伦堡"号、"德累斯顿"号)返回本土。为了避开英国舰队主力,德太平洋舰队司令施佩上将采取了东渡太平洋,绕道南美洲的航线。为截击德国

舰队,英海军部指派驻福克兰的海军中将克拉多克率无畏舰"卡诺帕斯"号,装甲巡洋舰"好望角"号、"蒙默斯"号,轻巡洋舰"格拉斯哥"号前往智利西部海域拦截德舰。当两支舰队相距12千米时,施佩下达攻击命令,随着10余门203毫米炮的狂吼,英舰2艘被打沉,克拉多克将军及1200名官兵随舰葬身海洋,其余3艘逃回福克兰岛。

166. 第一次使用重巡洋舰的海战是哪一次?

德国海军中将希佩尔于1915年23日夜率4艘重巡

被击沉的德国战列舰

洋舰和15艘驱逐舰溜出了威廉港,准备袭击位于多格尔沙洲附近的英国巡逻艇和渔船。英军从截获的无线电报中得知了德舰的行动,指派贝蒂海军中将率5艘重巡洋舰、7艘轻巡洋舰和30艘驱逐舰前去截击。同时,由海军上将杰利科率领主力舰队支援贝蒂战斗。1月24日7时15分,两国先遣轻巡洋舰交火。随后,英、德基本兵力——重巡洋舰投入战斗。双方12英寸(305毫米)主炮展开对射。德国重巡洋舰"布吕歇尔"号连中大口径炮弹70余发、鱼雷7枚而沉没,英国重巡洋舰"狮"号受重创。多格尔沙洲的战斗,是世界上交战双方首次使用新式战舰——重巡洋舰(亦称战列巡洋舰)的战斗。

167. 德土舰艇奔袭黑海沿岸城市为什么得逞?

第一次世界大战爆发后,为了联合土耳其共同对付俄国,在土耳其陆军大臣恩维尔帕夏的同意下,德国海军上将苏申计划协同土耳其舰队进入黑海奔袭俄国的沿海城市。1914年10月28日夜,德土舰队的大部分舰艇驶出博斯普鲁斯海峡,向黑海北部进发。29日深夜,土耳其驱逐舰突入敖得萨港,炮击港口和市区,击沉俄炮舰多艘,并在港口附近布了雷。30日拂晓,德国战列巡洋舰"格本"号由2艘驱逐舰护航,袭击塞瓦斯托波尔。俄国多艘驱逐舰和布雷舰被击沉。德土舰队还炮击了费奥多利亚等港口,在刻赤海峡入口处布了雷。总之,德土舰队如入无人之境,完全达到了预期目的。

令人奇怪的是俄国黑海舰队事先得到"格本"号和德土舰艇出海的情报,却未采取防御措施。德土舰艇实施炮击和布雷时均未遭到俄方有力回击,完成上述袭击任务后驶回博斯普鲁斯海峡。他们之所以能得逞,主要是因为当时沙皇政府腐朽、军事机构反应迟钝之故。

168. 俄德怎样进行萨雷奇角之战?

德土舰艇袭击俄国黑海沿岸城市后不久,俄国即向德土宣战。1914年11月,俄国黑海分舰队派出一支舰艇编队,在黑海东南水域为布雷部队担任警戒任务。这支俄国舰艇编队在向塞瓦斯托波尔返航时,于11月18日在萨雷奇角附近遇上前来截击的德国战列巡洋舰"格本"号和巡洋舰"布雷劳斯"号,两国舰队立即进行大炮对射,俄舰"叶夫斯塔菲"号第一次齐射就击中了"格本"号。炮战进行14分钟后,"格本"号突然转向,利用航速优势,消失在雾中。这次战斗,"格本"号舰员死105人,伤59人,舰体受轻伤;"叶夫斯塔"号舰员死33人,伤25人,舰上的射击指挥室和辅机受到损伤。

169. 俄国封锁博斯普鲁斯海峡有什么效果?

博斯普鲁斯海峡是土耳其为高加索战线运送援军和补给品的要道,是土耳其为其首都伊斯坦布尔和马尔马拉沿岸诸城运送石油、煤炭、粮食和各种原料的唯一水道,也是德国和土耳其进入黑海作战的必经之路。因此,俄国黑海舰队积极封锁这一海峡,以便切断敌人的海上交通线,并使其难以进入黑海作战。俄国舰队的封锁活动,主要是布设水雷,1914年先后布设1000多枚。但未能完全切断交通线。1915年除水雷封锁外,俄国黑海分舰队的舰艇编队经常在德国、土耳其的交通线上活动,并定期炮击土耳其的采煤区和港口工事,多次与德舰"格本"号、"布雷劳斯"号进行海战,截击德、土运煤船等。1916年,在海峡入口处共设有14个水雷障碍,约2187枚水雷。俄水雷封锁和舰艇封锁,使德、土舰队和运输船的行动受到很大限制,导致煤炭供应不足,经济遭受重大损失,并使德、土损失几十艘舰艇和上百艘运输船。俄国对博斯普鲁斯海峡采取了水雷和舰艇相结合的封锁方法,为改变该海区的作战态势发挥了重要作用。

170. 英法发动达达尼尔海峡战役为何失败?

达达尼尔海峡北接马尔马拉海,南通爱琴海,是黑海沿岸国家出到外海的唯一通道。第一次世界大战中,英法两国企图控制达达尼尔海峡和博斯普鲁斯海峡,进而夺取近东的重要战略要地土耳其首都伊斯坦布尔。控制这一地区便可切断土耳其与德奥的交通,迫使土耳其退出战争,从而挫败德国在近东的军事行动。英国海军大臣丘吉尔是这次战争的积极支持者。组织达达尼尔战役的基本计划是,以海军舰队轰炸海峡两岸,强行抢占海峡,随后进攻伊斯坦布尔,定于1915年2月份实施,拟用1个月的时间完成。但是,这次战役历时竟达259天,以英法联军失败告终,死伤、失踪、被俘达25.2万人。英法联军失败的原因一是低估了土耳其军队的战斗力,过高地估计了自己的力量;二是在登陆作战中未能保持隐蔽性和突然性,使德、土有充分准备;三是英国将领指挥不力,缺乏周密计划,甚至一片混乱。

171. "海上女王"是怎样被"海狼"吞噬的?

"卢西塔尼亚"号是英国一艘排水量为3.2万吨的豪华客轮,最高航速达27节,可以载客3000名,是当时世界上最大最快的客轮,被称为"海上女王"。1915年5月1日上午,"卢西塔尼亚"号从纽约港起航。此航次有不少著名人士、高贵旅客,还装有黄铜棒、铜板、牛肉、皮毛、军需品、弹药箱等价值73.6万美元的战争物资。从起锚的时候起,战争的阴云就伴随着这次航行,当天《纽约时报》就告诫旅客注意:德国与盟国处于战争状态,战争中的船只可能受到攻击。正当"卢西塔尼亚"号小心翼翼地在这多事的海区航行时,德国"U-20"号潜艇正在航道上巡游。在爱尔兰周围的航线上,3艘船已成为了它的刀下鬼。下午2点多钟,海上突然泛出一条白色的泡沫,接着是轰然一声爆炸。"海上女王"中了鱼雷。船上1595名船员和

被德潜艇击沉的"海上女王"号

旅客中,有1198名无辜地死去,场面十分悲惨。

172. 德国"U-21"号潜艇怎样横行无忌?

德国"U-21"号潜艇艇长赫森在第一次世界大战期间,共击沉将近10万余吨协约国船只,成为战绩最大的德国潜艇艇长之一。他击沉的第一艘英国巡洋舰是"探路者"号。第一次世界大战结束后,法国人曾悬赏2万马克缉取他的首级。他们指控赫森在战争期间在地中海击

沉一艘法国船只,由于他置遇难船员于不顾,造成船沉人亡的悲剧。不管协约国对他评价如何,德国海军总把他当做偶像加以崇拜。赫森除了击沉舰船数量多之外,最大的特点是他沉着、凶猛、坚韧和狡猾。1915年1月,赫森采取更为大胆的行动,竟敢闯进被协约国视为"圣地"的爱尔兰海进行奇袭。这里距德国潜艇基地路途遥远,"岗哨"林立,到处布有英国的反潜兵力,"U-21"的续航力又有限,人们都认为到那里袭击是自取灭亡。可是赫森在距利物浦6海里处击沉3艘舰船,还炮击了一个机场,竟安全返航。

173. 英国用了什么"神秘之船"对付德国潜艇?

德国的潜艇战曾把海军强国——英国弄得焦头烂额。截至1915年底,前往英国或其他地方的商船总计达64.3万吨惨遭厄运。在潜艇的攻势下,英国危机日重,惊恐万状。加速建造舰已"远水解不了近渴",在这山穷水尽之际,英国人终于想出了一条应急之策:改造Q船。所

被击中的德国潜艇

谓Q船,按英文的原意,就是神秘之船。实质上,是一种伪装的猎潜舰。Q船,从外形上看,是种较小的商船,但

在其普通外表的里面,却隐蔽着一副"青面獠牙"相。它是一种武装到牙齿的军舰。船上装有大口径火炮和深水炸弹,有时还备有鱼雷。这些真枪实炮完全隐没在巧妙的伪装之中。它的任务是游弋在敌方潜艇经常出没的水域,诱使潜艇浮出水面实施攻击,乘敌不备,反攻过去,一举歼敌。这种 Q 船,曾击沉了不少德国潜艇。

174. 日德兰大海战的背景是什么?

19 世纪的海洋曾是英国人的一统天下,但是到了世纪末的最后两年,雄心勃勃的德国开始向英国的海上霸权挑战。1898 年德国国会通过了一项扩充海军的法案,决心建立一支包括 38 艘战列舰和 20 艘装甲巡洋舰的庞大舰队,与英国海军一争高低。德国人狂妄地声称:"这种大海军的目的,是要使最伟大的海权国家不敢向他挑战,否则就使自己优势遭到破坏的危险。"德国海军的野心,震撼了英伦三岛。为了保住其霸主地位,英国也加快了海军建设步伐。1905 年,一艘威力无比的巨型战舰——"无畏"级战舰在朴次茅斯船厂下水。对此,德国也不示弱,在短短的一年内,也把 4 艘"无畏"级战舰开出了船厂。一时间,英德展开了一场声势浩大的海军装备竞赛。在不到 8 年的时间里,插有英德两国旗帜的数十艘"无畏"级战舰遍布世界海洋,一场恶斗势在必行。

175. 英德为何作战方案"如出一辙"?

1916 年 1 月,德国海军上将舍尔出任大洋舰队司令。他心里暗暗立下誓言:一定要把统治世界海洋 200 年的英国海军,彻底掀入海底!他筹划一个大胆的战役构想,

其核心内容是：先用少数战列舰和巡洋舰袭击英国海岸，诱使英国舰队出击，然后集中大洋舰队主力予以聚歼，继

英国杰利科海军上将像

德国舍尔海军上将像

而为大决战中彻底消灭英国主力舰队创造条件。此法果然奏效，称雄一世的大英帝国像一头被激怒的雄狮一跳而起，准备与德国海军决一雌雄。然而，正当舍尔沉浸在梦幻中时，英国海军已经得知了德国的有关情报。针对德舰的作战计划，英国主力舰队司令杰利科上将，连夜制定出一个"如出一辙"的作战方案，也是以少数兵力诱敌出来，然后形成合围，聚而歼之。这样，即将爆发的大海战就出现了相互中计、各有得失的局面与结果。

176. 日德兰大海战英德各派出多少主战兵力？

1916年5月30日夜，英、德两国海军舰队几乎同时向日德兰海区驶去。德国的诱敌编队是，希佩尔率领的

两个侦察群。其中,第一侦察群由5艘战列巡洋舰组成,第二侦察群有4艘轻巡洋舰和3个驱逐舰队大队。舍尔指挥的德国公海舰队主力,骨干是由21艘战列舰组成的5个战列舰大队。舍尔的旗舰是"格罗斯"号战列舰。

英国的诱敌编队是,贝蒂率领的第一和第二战列巡洋舰支队(共6艘),第五战列舰支队(4艘均为新造的快速战列舰),轻巡洋舰支队(12艘),驱逐舰支队(2艘轻巡洋舰,27艘驱逐舰)及水上飞机母舰"恩格丁"号。杰利科指挥的英国主力舰队,其骨干是24艘战列舰组成的4个战列舰支队。杰利科的旗舰是"铁公爵"号。

177. 英国海军中将贝蒂犯了什么致命的错误?

在日德兰大海战中,英国前卫舰队在贝蒂的率领下到达了与主力舰队会合的预定海域。但是狡猾的舍尔为了迷惑英军,在他的大洋舰队出航后,仍然命令设在基地的电台,伪装成他的旗舰的电台不停地发报。杰利科误认为德军主力还留在港内,为了节省燃料,就降低航速。两支前卫舰队相遇后,主力舰的数量对比是10∶5,英国人占绝对优势,希佩尔按照预定方案,朝着大洋舰队的主力方向狂奔,而贝蒂眼看到嘴边的肥肉要溜掉,早把预定的任务抛到九霄云外,率领6艘战列巡洋舰,全速向敌人追击。德舰回过头与英舰交战,仅12分钟,1发280毫米炮弹击中了贝蒂的旗舰"狮"号,接着又有2舰被击中。短短的几十分钟内,英军的战列巡洋舰2沉1伤,当晚16时40分,贝蒂发现了迎面开来的德军大洋舰队的主力,这才发觉他上了当,可是为时已晚。

178. 德舰在炮战中采用了什么先进技术？

在英、德日德兰大海战中,由于德舰采用了先进的全舰统一方位向射击指挥系统,火炮的命中率远远高于英舰,加之德军的穿甲弹的威力优于英军,尽管兵力的对比是6:5,但英军已毫无优势可言。正因为德舰炮火的命中率高,所以开火不久就击中英国旗舰"狮"号,爆炸引起的大火引燃了发射药,眼看"狮"号就要飞上天了。这时,身负重伤的炮塔指挥员福杰·哈维少校,挣扎着通过话筒下令,向弹药库注水,大火和哈维一起被淹没在舱里,战后哈维由此被追授维多利亚十字勋章。英国作为头号的海军强国,重型主战舰多于德国,但是德国在技术上却领先英国,因此在实战中效果立见。从中可知,海战是最先进的武器和技术的较量,谁在某一方面落后,谁就要挨打,付出血的代价。

179. 德将舍尔钓上的"鱼"为何正是英将施下的"饵"？

日德兰海战中,英国海军中将贝蒂一心为了歼敌立功,头脑发热,忘却既定的作战方针。贝蒂的错误,使他上了舍尔的钩,贝蒂见到德国大洋舰队主力,吓得要命,立即下令,整个前卫舰队转向后撤。如出一辙的计划,出现了如出一辙的现象。舍尔高兴得太早了,此时他根本没有想到,自己钓的"鱼",正是他人下的"饵",他一点也不知道此时巨大的威胁就在附近,他向整个舰队下达了全线追击命令。希佩尔报仇心切,调转航向,一马当先杀过来。贝蒂凭借着舰艇速度的优势,落荒而逃。在这场3个多小时的追击战中,谁也没有取得实质性的战果,当晚

18时左右,贝蒂终于同主力舰队会合了。现在轮到英国人唱主角的时候了,舍尔却沉醉在得意洋洋之中,一直没有察觉他所面对的是英国皇家海军的主力,直到英国主力舰队开火后,舍尔才被隆隆的炮声所惊醒,可是为时已晚,只好硬着头皮应战。

舍尔上将像

180. 历史上最大的坚甲巨炮大海战是怎样进行的?

落日的余晖为英舰披上了一层天然伪装,德国舍尔上将与英国杰利科上将于开战当晚18时20分摆好阵势开始对射。一时间,炮声隆隆,硝烟滚滚,数百艘战舰犹如脱缰的野马,横冲直撞;千万发炮弹恰似流星追月,交织辉映。白热化的战斗搅得日德兰海区天昏地暗,恶浪翻腾。历史上最大规模的坚甲巨炮战斗正在激烈地进行。鏖战中,英军"狮"号和"防御"号(1.46万吨)战列舰被击沉,"勇士"号受重伤;德前卫舰队旗舰"冯德·塔恩"号(2.1万吨)和"吕佐夫"号战列舰受重创,失去战斗力。面对优势的对手,舍尔才认识到诱歼英舰计划的破产,再战损失将更大。18时36分,他下令舰队向西南方转向,撤出战斗。

181. 英军得手后为何未扩大战果?

德日兰海战中,英、德两军都想通过诱敌的办法,将其主力歼灭。贝蒂看到诱饵盲目追击,落入德军圈套;而德军乘胜追歼英军时,又遇上了等候他的英军主力。应该说,虽然英军开始时吃了亏,但客观上把德军舰队引到英军主力面前,此时,因英军舰艇数量和吨位占优,对英军是有利的,是歼灭德军主力的大好时机。但是胆小的杰利科因担心德国的潜艇和水雷(事实上都不存在),未予追赶,从而失去了歼敌的大好时机。此后,双方主力舰队的部分舰只又发生了第二次冲突和夜战。杰利科因缺乏当机立断进行决战的勇气而使德舰逃过了主力被歼的命运。

182. 英德两国舰队怎样进行夜战?

日德兰海战中的夜战是英德实力的又一场较量,尽管德军大洋舰队在白天的战斗中避免了英军的致命打击,甚至在一定程度上也消耗了敌人,但是舍尔的心情仍然十分沉重。他清楚自己目前的处境,现在,他所能做的全部努力就是如何逃出英军的封锁返回基地。当晚,23时30分,夜战揭幕了。双方借着照明弹、探照灯和命中舰艇的火光,进行着疯狂的混战,随之而来的是可怕的碰撞。激战中先后有3艘英国驱逐舰被击沉，2艘德国轻巡洋舰被英国鱼雷送入了海底。希佩尔的轻巡洋舰"埃尔平"号撞上了己方的战列舰，战列舰巨斧般的舰首将巡洋舰拦腰劈开，"埃尔平"号立即沉没。混战结果，双方都有损失，而英军的损失反而重于德军。天色即将放亮时，接英国海军部通报，德军已安全通过合恩礁水道。失望的杰利科上将望着茫茫的大海长叹一声，为自己未能抓住战机全歼舍尔的大洋舰队而后悔不已。

183. 日德兰大海战结果如何？

此次大海战，英军参战的150艘战舰中，拥有305毫米～381毫米巨炮344门，发射炮弹4598发，命中100发，命中率为2.2％；发射鱼雷74枚，命中5枚，命中率为6.8％。德军参战的99艘战舰中拥有280毫米巨炮24门，发射炮弹3597发，命中150发，命中率为3.3％，发射鱼雷109枚，命中3枚，命中率为2.7％。战斗中，英军损失战列舰1艘、战列巡洋舰3艘、装甲巡洋舰3艘、轻巡洋舰2艘、驱逐舰6艘，伤亡官兵6784名；德军损失战列舰1艘、战列巡洋舰2艘、轻巡洋舰2艘、驱逐舰8艘，伤亡官兵3058人。由于双方都没有很好组织战场侦察，每次都是以遭遇战形式对阵，因而，双方都没有达到歼灭对方的目的。

184. 为什么日德兰大海战后英德双方都庆祝胜利？

日德兰大海战后，英德双方都庆祝自己获得了胜利。只要稍加分析就会明白，这完全是出于政治需要，为了鼓舞和提高本国军队的士气，给本国人民一个好的交代而

已。事情很明白,这场恶战以两败俱伤而告终,谁也不是胜利者。如果从错过了战略目标的角度看,优势的舰队反而损失比劣势者大,应该说英国是失败的。德国舰队从被动中逃脱出来,又给劲敌以沉重的打击,英国的胜利从何谈起?然而,德国也不是胜利者,自己周密策划的诱敌歼之的计划,却落入了别人的圈套,差一点全军覆没,最后靠侥幸逃脱才避免被歼命运,讲自己是胜利者,未免是"打肿脸充胖子"。更重要的是,德国未能歼灭英军主力,日德兰大战后,制海权仍然在英国人手里,战略目的根本没有达到,所以大谈胜利也是自我安慰,虚张声势。

185. 日德兰大海战为什么不能一举歼敌?

日德兰大海战的实践证明,企图依靠大舰、巨炮、坚甲夺取海战胜利已不可能。单纯依靠一两件先进武器并不能决定整个战役力量的优势,更不可能乞求战争的胜利,只有将其纳入战役结构的大系统中,并加以协调运用,才能出现质的飞跃。正如第一次世界大战中,坦克的出现并未使陆战场自然地发生根本性改变一样,而只有坦克与机械化步兵和近程支援的航空兵协同得以有效地解决后,坦克的威力才显示出来,在战争中放出夺目的异彩。科学技术的发展日新月异,新型兵种兵器层出不穷,海上战役协同更趋复杂,因此强化整体观念,提高协同能力,是现代海上战役的必然趋势。

186. 历史学家和军事家为什么对日德兰大海战极感兴趣?

日德兰大海战引起了历史学家和军事家的极大兴

趣,这不仅是因为,这次大海战是历史上第一次巨舰大炮之间的一场空前激烈的对攻战,投入的兵力之多是罕见的,更重要的是通过此次大战引发人们很多思考,除了单纯依靠一两件先进武器不能解决战役胜负之外,德国海军在被动中能以少胜多却不是偶然的。原因是德国海军的军事素质和训练水平较高,不仅火炮的平均发射率大于英军,而且射击准确度远高于对手;再有德国军舰的生命力较强,其装甲防护和浮航能力居于领先水平。相反,英国在这方面缺陷较多,德国军舰的火炮口径虽小于英国,但威力甚至比英国还强,可以穿透英国主力舰的防护甲板,所以,德国的120发炮弹就把英国10万吨军舰送入海底,而英国的100发大口径炮弹换来的却是不足5万吨的战果。更为重要的一点,日德兰海战宣告了马汉的依靠巨舰大炮取得"制海权"理论的破产,许多人著书立说,抨击这一理论。

187. 多佛尔海峡防潜阻拦线起到了什么效果?

第一次世界大战期间,英军为了阻止德国潜艇从北海和奥斯坦德经多佛尔海峡进入英吉利海峡和大西洋,去破坏英法在大洋上的交通线,而于1914年以后几个月在北海通往多佛尔海峡的航道上布设了大量的水雷和防潜网,以阻止德国潜艇通过。但这条阻拦线未能发挥应有的作用,德国潜艇仍在英吉利海峡猖狂活动。1916年,英军为了对付夜间通过的德国潜艇,则派驱逐舰用探照灯照射设障的水域,拖网渔船也都装探照灯,迫使德潜艇进入水下航行,尽管如此,每月仍有20艘~30艘德潜艇通过海峡。1917年,英军着手大规模布雷,使用了9500枚高灵敏度的水雷,形成5道障碍。到战争末期,由于英军大量使用阵地器材和加强反潜兵力,提高了多佛尔拦阻线的效果。1918年3月后,德国潜艇基本上避开多佛尔海峡,而取道北海航路进入大西洋。战争期间,多佛尔海峡拦阻线使德国损失潜艇19艘。

188. 前苏联黑海舰队为何要自行凿沉舰船?

1918年初,第一次世界大战还在进行,新生的社会主义苏联,在列宁的领导下,正在恢复战争创伤,发展国民生产。这时,一些帝国主义国家直接或间接地出兵进攻苏联,苏联黑海舰队派水兵协同陆军和赤卫队反击敌人。1月25日,德军攻占了除塞瓦斯托波尔(黑海舰队驻地)以外的克里米亚半岛,并形成向塞港合围的态势。6月11日,德国占领军无理要求黑海舰队返回塞瓦斯托波尔,否则将发动进攻。这时,隐藏在黑海舰队内部的反动分子极力鼓动舰队开回,拱手交给德军;而党内的托洛斯基分子却主张同敌人展开力量悬殊的决战。在敌军迫近、补给中断的严酷形势下,最高苏维埃政府审时度势,在别无解救之法的情况下,为防止舰队落入敌手和保存兵员,不得已下达了自沉舰船的命令,水兵们离开舰船,投入到陆战的行列中。

189. 德英舰船为什么假假成真?

战争中有一句名言,即"兵不厌诈"。1914年9月14日,英德"姐妹船"巧遇南大西洋,假假成真,两败俱伤却是战争史上罕见的奇观。上午10时,伪装成英国"卡门

尼亚"号客轮的德国战舰舰长,发现了一艘船外形酷似自

被击中起火的德舰

己原来的模样,他想这或许是自己的姐妹船。为了不造成误伤,便将本舰的信号通知对方。这时,伪装成德国"特拉法加"号客轮的英国战舰舰长还同样猜想对方是自己的姐妹船,便命令部下悬挂起证明自己是英国船的标志。德国舰长一看对方的信号,立即明白了其中的奥秘,马上命令本舰全速向对方冲击。英国舰长见对方不怀好意,立即决定先发制人,向对方开火,于是一场海上激战爆发了,枪弹炮弹你来我往。战斗结束后,英舰遭到重创,9人阵亡。德舰沉没,15人阵亡,其余人跳海逃生。直到战斗结束,双方都未彻底弄清到底是怎么一回事,直到德军逃生者到达智利后才真相大白。

190. 第一次世界大战中潜艇发挥了什么样的作用?

潜艇在第一次世界大战中已成为海军的重要兵种,担负着袭击海上舰船、侦察、布雷等多种作战任务,在海

战中起到了重要的作用。特别是袭击海上舰船取得了巨大的战果,有力地证明了潜艇是海军的一支重要的突击力量。据统计,第一次世界大战期间,潜艇击沉的各种战斗舰艇总共192艘,其中有战列舰12艘、巡洋舰23艘、驱逐舰39艘、潜艇30艘。德国潜艇击沉运输舰船5906艘,总吨位达1320余万吨。大战初期,各国认为潜艇不能独立作战,只能作为辅助的兵力。战争开始一个半月,独立活动的潜艇就击沉了6艘大型军舰,特别是德国"U-9"潜艇,在75分钟内击沉英国3艘巡洋舰,这些战果扭转了人们对潜艇作战能力的怀疑态度,促进了潜艇的发展。据统计,第一次世界大战期间参战国建造潜艇总数达640艘,仅德国建造的潜艇就有300余艘。此后,潜艇更大力发展,成为令大型水面舰艇望而生畏、不敢与之较量的厉害兵器。

191. 德国的"业余间谍"干了什么样的大事?

海军作战情报工作直接关系到战争的胜负,例子不胜枚举。第一次世界大战期间,由于英国海军情报处在国内采取了强有力的反谍报措施,所以多次破获了德军海军情报网,给德军海军造成了极大的困难。然而,这些反谍措施对一个名叫朱尔斯·西伯尔的德国海军"业余"间谍来说,却是无可奈何。在困境中,西伯尔在英国潜伏了10余年,为德国海上作战,特别是为潜艇破袭战,提供了许多有价值的情报。西伯尔是一个没有受过专门训练的"业余"间谍,但他以邮检员的特殊身份,利用工作之便,根据需要随意地拆检邮件。这样他所获得的情报,往往往连专业间谍也望尘莫及。不光如此,西伯尔还想方设法地拖延英国海军的军工生产和装备更新。例如,当时英国每年都要向美国购买大量的军火装备,西伯尔便在邮检时涂改或销毁英国的订单,使美方看不清需要的规格、数量等,从而使英国海军不能及时得到需要的武器。西伯尔的工作,受到了德国海军情报局的丰厚奖赏。

192. 蒙海峡的海战有什么结果?

第一次世界大战期间,德国舰队为夺取蒙群岛并消灭里加湾俄国舰队,进而向彼得格勒突击,发动了一场海战。1917年10月,德军为攻占蒙群岛调集舰艇30余艘和登陆兵2.5万余人。俄军守岛部队和里加湾舰队的战斗舰艇116艘在海上阻击、布设水雷、堵塞航道,阻止德军前进。10月1日,德军在厄塞尔岛(今萨尔马岛)登陆,一支分舰队进入了里加湾。17日,德舰受俄军火炮阵地的轰击,被迫停止扫雷。突入里加湾的德舰,在与俄舰交战中,击沉俄国战列舰1艘。18日,德军攻占蒙岛。19日又攻占达格岛,从而控制了蒙海峡。俄国海军遂撤入芬兰湾,并预先用沉船堵塞航道,在蒙海峡入口处布设水雷障碍。德军由于损失较大,被迫放弃突入芬兰湾的企图。

193. 世界最长的防潜水雷障碍设在哪里?

第一次世界大战时,英美在设德兰群岛和挪威之间海域所布设的"北海大障碍",可以算是历史上最长的雷阵了。这个雷阵根据最初设想,宽约250海里,预计需要10万枚水雷,分别布设在三个区域,主要为锚雷。1918

年5月,美英共派出数百艘舰船投入布雷行动,11月中旬才告结束,共布设了7万多枚水雷。雷障总长230海里,由24条不同水深的水雷线组成,历史上称为"北海大雷障"。但是由于雷障位置被德军发现,又没有完成预定布雷数量,加上水雷质量低劣,因此,触雷概率极低,半年里只炸沉了6艘德国潜艇。大批德国潜艇仍然自由地通过这一带海域,前往袭击大西洋交通线。

古今海战

"二战"邪灭正兴

194. 第二次世界大战中的海战场处于什么地位？

海军扮演主要角色的海上战场,是战争活动的重要舞台。第二次世界大战的海上战场,是第二次世界大战的主战场之一,海域广阔,波及世界上四大洋及大部分海区。它既是陆上战场的延伸,又在极大程度上制约着陆上战场,对陆上战争的胜负和第二次世界大战的结局产生深远影响。太平洋等战场已强烈地表现出海上独立战场的特征,海上战场已演化成空中、水面、水下的立体作战形态,制空权、制海权、海洋交通线、岛屿争夺、登陆和抗登陆、封锁与反封锁构成了海上战争的主要内容,展示了空前的残酷激烈、波澜壮阔的战争画卷。

第二次世界大战期间,海军装备有了新的发展和变

"二战"时舰载机从战舰上起飞

化,航空母舰的改进,各种舰载机的配备及性能提高,雷达、声纳的出现,鱼雷、炸弹的更新,水陆两用坦克的使用,新式加油装置的投入,导致了海军战略、战术的变化,推进了海军军事思想的发展。

195. 大西洋海战分几个阶段?

大西洋海战是第二次世界大战的一个重要组成部分。自1939年9月1日德国进攻波兰开始,至1945年5月8日德国投降为止,历时5年8个月之久。大西洋海战主要是德国破坏同盟国的交通线与同盟国保护自己海上交通线的斗争。它对欧洲的西欧战场和苏德战场、非洲战场,以及欧洲战争的进程产生了直接影响。大西洋海战可以分为3个阶段:

第一阶段,从1939年9月至1941年12月,是大西洋海战全面展开时期。这一阶段,主要是英德海军的交锋。总的战略态势是德国处于战略进攻,英国处于战略防御。

第二阶段,从1942年1月至1943年5月,是大西洋海战进入高潮时期。这一阶段是大西洋海战的相持时期,德国海军的潜艇战,严重削弱了同盟国的制海权。同盟国海军逐渐健全护航体制,基本上控制了这一战场的制海权。

第三阶段,从1943年6月至1945年5月,是大西洋海战结束时期。这一阶段,德国海军从主动进攻变为被动防御,同盟国海军在兵力上、装备上占据优势,最后以同盟国胜利而告终。

196. 第二次世界大战的首次海战发生在哪里?

第二次世界大战初期,德国军舰侵入波兰的格但斯克湾袭击波兰军舰,是第二次世界大战发生的首次海战。

1939年9月1日,德国开始进攻波兰,并以海、空军对波兰海军发动攻势。9月3日,德国驱逐舰"麻司"号和"马克斯绍兹"号突入波兰的格但斯克湾,对波兰"暴风"号驱逐舰和"格里夫"号布雷舰进行袭击。波舰立即进行还击,并将德舰"麻司"号击伤。没有赚到便宜的德舰立即撤离,波舰也没有追击,战斗就此结束了。这就是发生在第二次世界大战中首次海战的经过。

197. 为什么说"雅典娜"号是"二战"中第一个海战牺牲品?

就在1939年9月1日德国入侵波兰的下午,英国一艘13581吨的定期客轮"雅典娜"号驶离英国远航加拿大,船上有乘客1102人。9月3日上午,英国广播公司突然广播了英国同德国宣战的消息,引起了旅客的焦虑与不安。

这天傍晚,在赫布里底群岛以西200海里处,德国"U-30"号潜艇正在巡弋。潜艇艇长根据"雅典娜"号的外形认为是一艘已被改装过的英国武装商船,于是他下决心要击沉它,让它成为这场战争中第一艘被击沉的船只。于是就命令潜艇向"雅典娜"号射出了3枚鱼雷,其中一条击中要害,剧烈的爆炸几乎把"雅典娜"号拦腰折断。全船乘客中,死亡112人(包括28名美国人),其中85人是妇女和儿童。

"U-30"号潜艇浮出水面,以观察攻击效果,才发现自己攻击的是一艘没有任何自卫能力的客轮,知道闯下了大祸。回基地后,艇长向潜艇司令邓尼茨作了口头汇报。法西斯宣传机器矢口否认该船沉没与德国潜艇有关,反向英国栽赃,说是自己故意炸沉的。只是到了战争结束后真相才大白于天下。

198. "二战"中德国潜艇怎样突进斯卡帕湾?

斯卡帕湾位于苏格兰东部的奥克尼群岛,是英国海军的主要基地之一。南北长13海里,东西平均宽约7海里,可容纳英国皇家海军的全部舰艇。这里,岛屿环抱,常年云雾缭绕。通往斯卡帕湾的海峡多为防潜栅、防潜网和警戒舰艇封锁,对德国来说,那是一座难以攻破的堡垒,远在第一次世界大战时德国潜艇曾两次试图突入,都遭到了失败。1939年10月,邓尼茨决定创造奇迹,他选中了"U-47"号潜艇艇长普里恩上尉去冒险。

10月8日,普里恩驾"U-47"号潜艇起航,他凭借高超的驾艇技术和过人的胆量,竟一次又一次地绕过防潜网和沉船,排除了一次又一次的险情,在布满障碍的海底弯弯曲曲地小心航行,并用坐沉海底察听动静、躲过警戒舰艇的搜索等办法,于10月13日凌晨,最后挣脱了勾住潜艇螺旋桨的障碍物,成功地突入了斯卡帕湾。

199. "U-47"号怎样把"皇家橡树"号战列舰当作"野味"?

在英国北部的北海,有一个条件十分优越的港湾——斯卡帕湾。英国皇家海军的主要战斗舰艇,以此为母港。第二次世界大战初期,德国海军根据原先得知

古今海战

的情报,斯卡帕湾内有航空母舰和战列舰多艘,然而就在10月12日这天,大部分战舰已驶出公海,于是"皇家橡树"号战列舰成了普里恩唯一有价值的目标。该舰建造于1916年,舰上装有4座双联装381毫米火炮,满载排水量33000吨,几年来它进行了当时比较先进的一系列技术改装。

"U-47"号在距离"皇家橡树"号2366米时发射了鱼雷3枚,其中一枚命中。舰上人员以为发生了爆炸事故,采取了损管措施之后,又恢复了平静。本来,普里恩已驾艇逃走,但发现并未击沉它之后,又返回来在更近的距离上进行了第二次攻击。一组鱼雷的命中引起了一连串震天撼地的爆炸,"皇家橡树"号迅速下沉,全舰786名官兵,包括舰队司令,全部葬身鱼腹。而普里恩竟又在众多的英国舰艇的追逐下逃之夭夭。

200. 为什么连丘吉尔也称普里恩创造了"军事上的奇迹"?

英国海军在"老巢"内被德国潜艇奇袭成功,极大地震动了英国海军,于是出动大批反潜兵力进行搜索、封锁,到处有"猎犬"在"狂吠",普里恩和他的艇员都胆战心惊,汗流浃背。经过坐沉海底和靠在礁石旁边躲避,"U-47"号潜艇终于驶出海峡,进入大海。10月14日,白天它再次潜坐海底,傍晚浮出水面航行。远处不时传来深水炸弹的爆炸声,英国舰艇还在追击呢!

17日晨,"U-47"潜艇驶进了威廉湾。消息传出,"U-47"号潜艇闻名遐迩,普里恩成了传奇式的人物。在凯旋的当天下午,普里恩及艇上其他军官一起乘专机飞往柏林,接受希特勒召见。希特勒亲自授予普里恩一枚骑士十字勋章。英国的一些报刊竟以赞赏的笔调报道了他的事迹,并刊登了他的照片。就连当时任英国海军大臣的丘吉尔也说:普里恩的成就"应被视为军事上的奇迹"。

201. 德国单艘潜艇破坏交通线创造了什么奇迹?

在海战史上首创单艘潜艇破坏交通线的"功臣"要属德国"U-515"号潜艇。

1943年4月30日夜幕降临后,一支盟国的慢速护航运输队航行在格陵兰岛以南。该运输队由运输船14艘、驱逐舰3艘和护卫舰5艘组成,警戒舰配置在运输队前沿和两翼,为前半环形警戒幕。

被德国潜艇击中的盟国船只

当晚21时,一艘游猎的德国"U-515"号潜艇发现了它,在尾随一段航程后,借助偶尔的闪电,从编队侧后突破警戒幕,以半潜状态先后接近5艘货船和1艘油船,分别向各船发射了一枚鱼雷,6艘运输船相继沉没。警戒舰艇盲目地投下一连串深水炸弹,均未发现潜艇的踪影。于是"U-515"号在水下重新装填了3枚鱼雷,在天亮前再次突入运输船队列中,又向3艘运输船发射了鱼雷,结果2船命中下沉。这一晚,"U-515"两次突破警戒线,发射9枚鱼雷,击沉运输船8艘,真可谓破坏交通线史上的奇迹。

202. "狼群战术"的奥妙是什么?

看过《动物世界》的人们可能都知道,狼有凶残的习性,狼群更令人可怕,那么,在海战中也用"狼群"去攻击敌人,会怎样呢?第三帝国的末代继承人邓尼茨,为使德国潜艇称霸大西洋,他潜心研究作战理论,创造出了德国潜艇的新战法,即臭名昭著的"狼群战术",应用实战后,成为德国潜艇横行大西洋的秘诀。这种"狼群战术"的奥妙,在于昼伏夜出、结群作战、水面近

邓尼茨(中)

攻。每当潜艇群在海上巡弋,只要有一艘潜艇发现目标后,立即报告岸基,并通知其他潜艇。然后,用一个富有经验的潜艇艇长担任"狼头",指挥各艇协同作战。接着派出一艘水面舰艇诱敌,引诱敌方护航舰追击,其他潜艇乘虚而入,发动水下攻击。待天明后,则脱离接触,次夜再出攻击。于是"羊"就一天天减少,最终几乎都被"狼"吃完了。这种战术,曾使德国潜艇猖獗一时,战果显赫。

203. 德国海军"狼群"战术对大西洋海战产生什么影响?

1941年3至5月,是"二战"中德国潜艇积极开展"狼群"战术的时期。3月和4月潜艇击沉运输船都在24万吨以上,5月份上升到32万吨。这几个月,连同其他兵力破坏交通线的结果,德国共击沉盟国和中立国运输船400余艘(约170余万吨)。英国官方资料指出:"这是整个战争时期最艰难的一个季度。"

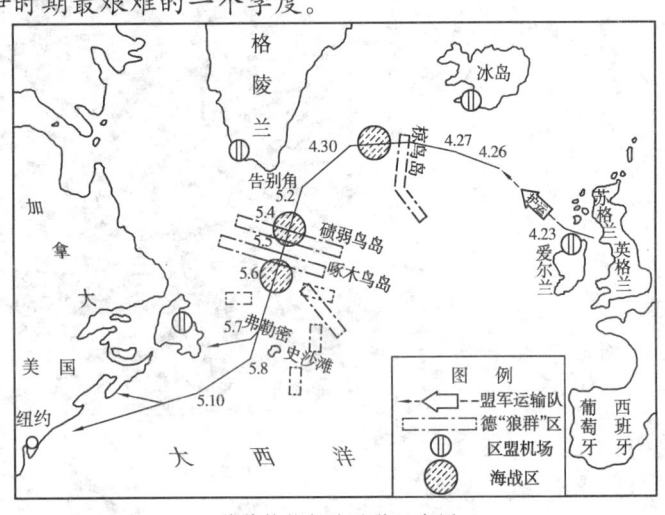

美英护航船队反潜示意图

8月,德国海军潜艇服役的数量不断增加。邓尼茨用新下水的潜艇又组建了一个由15艘～17艘潜艇编成的"北方潜艇群",从冰岛向格陵兰和纽芬兰方向搜索,连续攻击"SC-42"护航运输队,击沉了63艘运输船中的20艘。至1943年3月,邓尼茨使用了3群41艘潜艇咬住2支护航运输队,以1艘潜艇被毁的代价击沉了商船21艘。整个3月份击沉对方舰船吨位再次突破60万吨大关,"狼群"的凶焰到了无以复加的地步。海上运输是盟国,特别是英国的生命线,如果不扭转不利局面,大西洋海战德国就会取胜,英国就会被扼杀。

204. 同盟国采取什么措施对付"狼群"?

物极必反。德国的"狼群"越是猖獗,就越迫使盟国加紧研究对策。1943年1月盟国召开了卡萨布兰卡会议,决定把大西洋反潜战列为盟国战略中优先考虑的议题。

于是英国、美国、加拿大组建了海、空军特别指挥部,共同对付德国潜艇。英美增派远程飞机,形成覆盖整个北大西洋的空中监视网,协同海军粉碎"狼群"战术。同时,组建火力支援舰队,在远程飞机和护航舰的配合下共同反潜。并在飞机、舰船上配备了德国潜艇无法截收的10厘米波雷达,对德国潜艇进行远距离探测。此外,起用精明强干的霍顿上将为反潜总指挥。同盟国采取这些措施表明,一张强有力的捕"狼"网形成了,恶贯满盈的德国"狼群"已是众矢之的,在劫难逃。新的反潜战术出手不凡,从1943年4月至年底,德国潜艇264艘沉入洋底,以每月损失近30艘的惨败宣告了"狼群"末日的到来。

205. 德国3艘王牌潜艇遭到什么下场?

"二战"中,在"狼群"肆虐期间,德国潜艇官兵称作"快乐时光"。但快乐时光不能长久,接着而来的就是倒霉的厄运。

1943年3月7日夜,在袭击盟国护航运输队的作战中,名噪一时的德国王牌潜艇"U-47"号首先被英国驱逐舰"狼獾"号击沉,艇长普里恩海军上尉及艇员全部毙命。3月16日夜,装备了新式雷达的英国护航舰又围歼了德国王牌潜艇"U-100"号和"U-99"号。"U-100"号艇长舍普克海军上尉因潜艇被英舰撞沉致死,"U-99"号艇长克雷奇墨海军上尉被生俘。克雷奇墨曾指挥潜艇击沉盟国舰船44艘,达26.6万多吨,至大战结束,无人能打破这一最高纪录。3艘王牌潜艇的相继丧失,给德国潜艇官兵心头蒙上了阴影,也使邓尼茨十分懊丧,预示着"狼群"战术将彻底破产。

206. 潜艇能够俘虏飞行员吗?

世界上的事真是无奇不有。一般说来,潜艇在水下隐蔽活动,它最怕反潜飞机,因为飞机居高临下,携带的深水炸弹又多,又厉害,潜艇见它逃跑深潜还来不及,怎敢与它斗法?但在第二次世界大战时,竟出现了德国潜艇俘虏英国飞行员的怪事。

1939年9月14日,德国"U-39"号潜艇对英国航空母舰"皇家方舟"号发射鱼雷。因引信失灵,英舰幸免于难。而"U-39"号潜艇则被英国驱逐舰击沉。不久,从"皇家方舟"号上起飞的两架"海鸥"式战斗机发现了浮在水面的德国"U-30"号潜艇,随即俯冲投弹。由于飞机飞行高度太低,均被自己所投的深水炸弹激起的浪花击落。而"U-30"号潜艇却安然无恙,还俘虏了从飞机中逃出来的英国飞行员凯旋而归。这成为海战奇闻。

207. 能否迫使在深海潜藏的潜艇上浮就歼?

人们都知道,潜艇的特点是隐蔽在水下,在大洋深处自由行动,它可以在暗中发现和攻击水面舰船,而水面舰船却因难以发现它而奈何不得。那么,能否逼使它浮出海面来呢? 1944年5月2日夜间,一支由80艘运输船组成的"CUS-38"号护航队正在地中海行驶,被德国潜艇"U-371"号发现并跟踪。3日1时10分,护航队的一艘驱逐舰发现了该潜艇,正准备攻击,自己却被潜艇发射的一枚自导鱼雷击中,螺旋桨受伤。潜艇反击后迅速下潜。但护航队中的两艘护卫舰紧追不放,终将这艘潜艇击伤。虽然潜艇有的舱室进水,它仍带伤潜到200米深度规避。护航队怎肯放过这个猎物?立即向指挥部报告,调来了大量的舰艇形成包围搜索。

潜艇坐沉海底达21小时,直到4日3时分氧气即将用尽,电量也已不足,只得上浮,浮起前在艇尾发射管准备好一枚自导鱼雷,作为反击用。潜艇一浮起,搜索的英舰就以猛烈的炮火向其攻击。此时潜艇已陷入绝境,便下令向英舰发射自导鱼雷,然后自沉海底。

208. PQ 和 QP 船队为什么使希特勒大为恼火?

1941年,空前残酷的第二次世界大战战火正浓。在战火还未燃烧到的北冰洋海区，频繁地航行着一队队由战舰护航的英国商船队，商船内满载着战斗机、大炮、坦克和各种不同型号的枪支弹药。商船队的目的地是苏联的北方港口摩尔曼斯克和阿尔汉格尔斯克。商船队运去的武器弹药，是苏联的反法西斯战场所紧急需要的。仅1941年底，7支船队共运送了750辆坦克、800架战斗机、1400辆卡车和10万吨军火，给正在苦战的苏联红军以极大的支持。这条航线上的商船队，由英国海军组织的护航队护航，共计有航空母舰"胜利"号、"阿格斯"号，重巡洋舰"德文郡"号、"萨福克"号和6艘驱逐舰组成。英国海军把从冰岛出发的载货护航船队命名为PQ，把从苏联返回的空船队称为QP船队。这个船队是从挪威的德国占领军鼻子底下溜过去的，从而使苏联不断得到同盟国的战略物资。希特勒得知这一消息后暴跳如雷，发誓要调重兵掐断这条"输血管"。

209. 北极航线上的海战为何特别激烈残酷？

苏联反法西斯战场的战斗规模空前，急需物资的补给，北方航线逐渐成为反法西斯战线中给养的生命线，护航战也越来越激烈。1943年4月中旬，PQ-15和QP-11两支船队共有38艘商船对开，英、美、苏包括51艘各类舰艇的这两支船队会合后不久，就与德国舰队遭遇了，双方在北冰洋上展开了一场大规模的海战。战斗在空中、水面和水下进行。战斗中，4艘商船和货物沉入了海底，同盟国1艘驱逐舰和1艘潜艇沉没，德国损失了1艘驱逐舰。接着，德国派遣大批机群进行空袭。为保存实力，

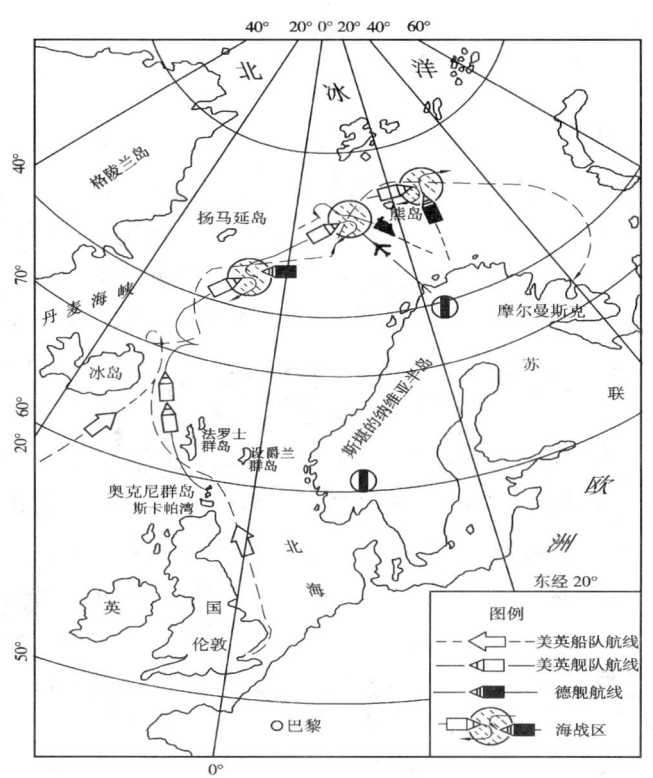

北冰洋护航运输队航线图

护航舰队撤离了战区,迅速各自分散航行。在炮火中,先后有7艘商船被炸沉,英勇的水手们在冰块上,用自己的步枪向德国飞机射击,直接或间接地参加了护航。5月31日,其余的商船终于到了摩尔曼斯克港,把8万吨武器装备送到了浴血奋战的红军手中。可是,数百名水手却永远长眠在冰雪覆盖的北冰洋。

210. 北极航线上最后一次大规模海战是怎样进行的？

"二战"期间,北极护航战斗中最后一次大规模海战是在1943年底发生的。12月,根据德国侦察到的情报报告,盟国的JW-55B船队在仅有的10艘驱逐舰的护航下启程了。邓尼茨立即命令贝海军少将率领"沙恩霍斯特"号战列舰等多艘装有280毫米大炮的战舰前去袭击。贝海军少将以为护航舰队根本不是对手,然而却吃了情报不准的亏,因为与此同时,重兵护卫的RA-55A船队也要经过这一海区。26日上午,英巡洋舰"迅速"号首先发现了德舰,强大的护航编队向德舰开炮,德军一舰被击沉,贝少将只得下令舰队撤回挪威。然而在南撤中的德国舰队与英国本土舰队旗舰"约克公爵"号遭遇了。这艘装有356毫米大炮的巨舰重型炮弹不断飞向"沙恩霍斯特"号,使它3座炮塔被打坏,3艘英国驱逐舰又齐射多枚鱼雷,终将它送入了海底,缓解了北极航线上恶狼般凶狠的德国大型战列舰的威胁。

211. 英国皇家海军为何惧怕德国超级战列舰"俾斯麦"号？

英国素以"海上霸王"自居,在海军力量上一直比它的死冤家德国占优势。德国绝不甘心长久处于下风,终于秘密地建造了一艘以"铁血宰相"俾斯麦的名字命名的超级战列舰。这是一艘在当时世界上吨位最大、火力最强的巨舰。该舰1940年服役,标准排水量4.5万吨,满载排水量5.3万吨,航速30节,编制1600人。装有381毫米炮8门、150毫米炮12门、105毫米炮16门、飞机4架。

德国"俾斯麦"号战列舰

舰舷装甲145毫米～320毫米。可谓是坚甲巨炮的"舰中之王"了。1941年初,英德交战已有一年半历史,英国陆军在欧洲战场败北,海上交通线连遭伏击。最使英国不安的是,德大型水面舰艇闯入大西洋,破坏海上生命线。而"俾斯麦"号又是最大的心腹之患,一直被英海军部密切地注意着。

212. 英舰队第一次与"俾斯麦"号是怎样交锋的?

1941年5月18日黄昏,"俾斯麦"号与僚舰"欧根亲王"号乘北海云雾浓重、波涛汹涌之机溜出了港湾,企图绕道丹麦海峡,前往大西洋执行代号为"赖尼堡"的计划。英本土舰队司令维托海军上将得知两舰去向不明,心急如焚,急调50余艘大中型舰艇出海搜寻。23日凌晨,奉命从斯卡帕湾起航的战列舰"威尔斯亲王"号(排水量3.5万吨)和战列巡洋舰"胡德"号(排水量2.4万吨)高速西驶,维托亲率战列舰"英王乔治五世"号(排水量3.5万吨)和航空母舰"胜利"号组成的特混编队接踵出发。傍晚,英舰发现了德舰踪迹,"胡德"号和"威尔斯亲王"号迅速接近,"俾斯麦"号首先发炮,其中一发381毫米的炮弹穿过"胡德"号6层甲板,钻进了弹药舱,引起猛烈爆炸,顷刻间,"胡德"号就沉入海中,舰上1491名官兵中只有3人生还。"威尔斯亲王"号在撤退时也有一发炮弹击中"俾斯麦"号油舱。下午,英国调动多艘航空母舰和巡洋舰对德舰进行围攻,冰雹般的炮弹落在甲板上,终于把"俾斯麦"号打得满目疮痍,最后,巡洋舰和驱逐舰都来打"死老虎",用鱼雷将其击沉了。

213. 围歼"俾斯麦"号在海战史上有什么显著特点?

为了除掉英国的"心腹之患"——德国超级战列舰"俾斯麦"号,英国海军可以说是倾其全力,不惜血本。然而,对付这样一艘火力强大、装甲很厚的庞然大物,单靠水面舰艇难以解决战斗。英国海军动用了本土舰队和地中海舰队的主力,包括8艘战列舰和战列巡洋舰、2艘航空母舰、14艘巡洋舰、22艘驱逐舰、6艘潜艇和从英国、冰岛、加拿大机场起飞的大量飞机,海空周旋达7天之久,虽然作战舰只与航空兵(包括舰载机)预先未达成协调方案,但还是开创了舰机合同作战的先例。如果没有航空兵的协同攻击,特别是空投鱼雷,是难以将其在短时间内击沉的。战斗中,英军发射了1000多发大、中口径炮弹和30多枚鱼雷。"俾斯麦"号被击沉,标志着德国大型军舰进入大西洋破坏交通线计划的破产,使英海军得以抽出更多的舰艇展开海上进攻战。

214. 最早的舰载机夜袭行动是怎样进行的？

1940年上半年,英国与意大利的主力舰队在地中海展开了激烈的角逐。为消灭意军主力,夺取地中海的制海权,英海军决定以"光辉"号航空母舰(载机21架)和2艘战列舰、9艘巡洋舰、18艘驱逐舰组成特混编队,采取隐蔽出航、夜间袭击的办法,争取歼敌于塔兰托港内。11月11日入夜21时许,明月清朗,轻风拂面,当绿色信号弹冉冉升起时,"光辉"号上的12架"剑鱼式"飞机挟风而起,整队向北,飞向塔兰托港。当机群飞临港口上空时,两架照明机投下的大量照明弹把港湾照得如同白昼。就在这时,6架鱼雷飞机向泊于外港的战列舰攻击,4架轰炸机对内港舰船进行轰炸。1小时后,英军第二波舰载机8架临空,其中有5架鱼雷机和3架轰炸机对意舰发起攻击,意军陷入极度混乱之中。未等破晓,"光辉"号已收回飞机,同其他舰只一起返航了。战斗中,意大利3艘战列舰被击沉,2艘巡洋舰和2艘辅助船被击伤,部分陆上设备被摧毁;而英军仅损失2架飞机。

215. 英法舰队为何在地中海交战？

第二次世界大战开战之初,英、法是联盟,曾经协同作战。然而,法国政府在德国侵略军的闪击作战面前完全丧失抵抗信心,于1940年6月向德国投降。从此,英、法舰队分道扬镳,他们在地中海并肩作战15天的友谊就此结束。

法国投降后,英国最担心的是法国海军的归属问题。

如果法国海军倒向德、意,地中海战区的力量对比将对英国极为不利,甚至危及英伦三岛的安全。为此,丘吉尔在接任首相后一个月即飞往法国,单独会晤了法国海军部长。此行虽得到了满意的答复,但还没有最终解决问题,即法国海军如果不脱离维希傀儡政府,难以保持中立立场。于是,英国于1940年6月17日决定,向驻地中海的两个法国分舰队发出最后通牒,用武力迫使法国海军同意英国提出的条件。此时,法国海军部下令地中海分舰队做战斗准备,于是引发了一场本来不该发生的海战。

216. 法国分舰队是怎样迅速被歼的?

英国于1940年6月17日向法国海军分舰队发出最后通牒后,英国强大舰队就兵临法国分舰队停泊的米尔

法国军舰被击中场面

斯克比尔港口,英国代表霍兰乘小艇前往法舰队旗舰再作斡旋。法舰队司令申明法舰队绝不向德、意投降,但也

绝不屈从英国的压力。当霍兰返回的小艇刚驶过防波堤,英国舰队就开炮射击。战列巡洋舰"胡德"号380毫米口径炮弹呼啸着倾泻在法战列舰"布列塔尼"号上,另一艘法国驱逐舰也被击沉。此时,法国旗舰"敦刻尔克"号疯狂扑向"胡德"号,一下子发射了40发炮弹,但奇怪的是无一命中。法舰想抢在英国舰队返回之前进入外海,英国舰队发现后,从"皇家方舟"号上起飞6架鱼雷飞机进行拦截。法国分舰队除一艘军舰逃回土伦港外,在不到20分钟时间里,不是被击沉,就是搁浅。法国海军有1200多名官兵阵亡。英国舰队无一伤亡。

217. "可以俘获任何敌人战舰"的战舰是怎样被击沉的?

英国为加强其在东南亚的海上力量,1941年12月2日,派出"威尔士亲王"号战列舰、"反击"号巡洋舰和4艘驱逐舰组成的"Z"舰队,在菲利普海军中将指挥下驶往新加坡。6天后,当菲利普获知日本侵入泰国的宋卡消息后,决定乘夜晚去攻击登陆的日军。9日下午,"Z"舰队驶出新加坡前往宋卡,途中被日军潜艇发现。日本驻西贡的指挥官松勇中将立即命令舰队和飞机全体出动,搜寻"Z"舰队。而菲利普发现日军飞机后就放弃了攻击宋卡的计划,转向西南奔马来西亚的关丹。但菲利普却没有将这一行动告诉新加坡的英国空军。当"Z"舰队赶到关丹后,发现关丹并无日军,遂在附近搜索日舰队。10日黎明,大批日本飞机飞临关丹海区上空,菲利普急令"Z"舰队返回新加坡,但为时已晚。11时13分,第一批日本鱼雷飞机发动了攻击,虽然没有得逞,但第二批鱼雷飞机又到,"威尔士亲王"号命中 2 枚鱼雷,失去控制。"反击"号巡洋舰虽成功地避开了多次鱼雷攻击,但最后在 20 架飞机从四面八方攻击中,也被命中 14 枚鱼雷后沉没。日军飞机又转向攻击失去控制的"威尔士亲王"号,在炸弹的饱和攻击中,这艘被丘吉尔称为"可以俘获任何敌人战舰"的战舰也沉没了。

218. 你了解英国"恶毒"号驱逐舰暮年再立新功的事吗?

1940 年 5 月,德国军队逼近法国海岸,23 日,盟军开始从布伦撤退。英国的"恶毒"号驱逐舰与其他 5 艘英国驱逐舰和 9 艘法国驱逐舰组成支援舰队,前往布伦海岸阻击沿海推进的纳粹军队。19 时,"恶毒"号接到进港接运部队的命令后,冒着有几十架德军"斯图卡"俯冲轰炸机对布伦港的轰炸向港口挺进。此时,港口周围的德军步兵、坦克、大炮纷纷向"恶毒"号射击,在枪林弹雨中"恶毒"号靠上了码头,利用低潮时防波堤对舰体的掩护,接了 500 名英军士兵,并摧毁了一个炮阵地和一个堡垒,击毁了 3 辆向"恶毒"号逼近的坦克。此时"恶毒"号只剩下最后 4 发炮弹了,它来不及转向,用 18 节速度倒车退出了布伦港。"恶毒"号回到英国不到一小时,又接到去敦刻尔克的布莱特纳接运士兵的命令。于 5 月 31 日到达布莱特纳的"恶毒"号,又接了满满一船士兵回国。6 月 2 日深夜"恶毒"号又来到敦刻尔克接了 1100 名法国士兵回到英国。

"恶毒"号是一艘在 1916 年设计建造的皇家海军老 V 级驱逐舰,具有 20 多年舰龄的暮年竟然三次闯入虎口勇救士兵,堪称奇迹。

219. 德国战列舰"桑贺斯特"号是怎样被击沉的?

德国主力舰"桑贺斯特"号驻泊挪威西北沿岸,担负破袭英国海上交通线的任务。1943年12月26日上午被英国巡洋舰发现,英海军各巡洋舰在该舰北面以炮火和鱼雷突袭,逼其南驶。同时,英国战列舰"约克公爵"号由西南接敌,形成钳形攻击。"约克公爵"号先敌开炮,"桑贺斯特"号被命中数发,首炮塔被击毁。弹药舱起火,后被扑灭。傍晚,英驱逐舰又对它的两舷进行鱼雷攻击,命中3雷,航速大减,只得慢慢向西逃窜。19时32分,巡洋舰"牙买加"号等舰艇再次用鱼雷攻击它,19时40分,"桑贺斯特"号沉没。

"桑贺斯特"号的沉没,改变了北海战区的战场态势,削弱了德国对英国海上交通线的威胁。英海军可以将主力战舰开往远东与美海军协同作战,加速了对日军的反攻。

220. 德国战列舰"梯比兹"号为什么被称为"北方孤狼"?

德国超级战列舰"梯比兹"号是"俾斯麦"号的姐妹舰,始建于1936年10月,1937年10月下水,1940年12月服役。"俾斯麦"号被击沉后,它是当时德国最大的一艘战列舰。因为它有巨大的吨位,相当精良的装备(标准排水量4.17万吨,航速30节,配有380毫米主炮8门、150毫米副炮12门、105毫米高炮16门),故是一只凶狠的狼。又因为它经常在北大西洋交通线上活动,形影孤单,故素称"北方孤狼"。1942年1月,"梯比兹"号驶抵挪威港口特龙黑姆,英国首相丘吉尔忧心忡忡地给参谋长委员长会的信中道:"击沉或者是哪怕击伤'梯比兹'号,是当前海上的一件最大战事,没有任何其他目标能与此相比。"

221. "二战"中的袖珍潜艇首战结果如何?

在第二次世界大战期间,意大利海军设计了一

德海军"梯比兹"号战列舰

种小型潜艇,长6.1米,直径1.07米,只能容2人操作,使用电池动力,可下潜30米。它虽然可以隐蔽地通过浅水障碍进入敌人港口,但由于没有鱼雷,只能使用炸药。

1941年12月18日夜,意大利海军用远洋潜艇将3艘人称"人雷"的袖珍潜艇运到了埃及亚历山大港外,准备攻击停在港内的英军舰船。这3艘小潜艇趁夜驶进港口,在英军设置的防潜栅门待机突入。果然,它们此后伴随英军的3艘驱逐舰隐蔽通过了栅网障碍,随即奔向事先分配的打击目标。凌晨2时意军的朋尼中校驾驶的袖珍潜艇靠上了英军"勇敢"号战列舰,马赛格里亚上尉驾驶的袖珍潜艇贴近了英军"伊丽莎白"号战列舰,马特洛上尉的目标是英军的航空母舰。但由于此时英军航母不在港内,他驾驶的袖珍潜艇就靠上了1艘排水量1.6万吨的英军舰船。他们定好了炸药引信后就离开潜艇上岸

逃走,不久听到了三声巨响,英军三艘战舰全部失去了战斗力。

222. 袖珍潜艇是怎样袭击"北方孤狼"的?

为了消灭"梯比兹"号,英国曾数次派出鱼雷机和轰炸机展开袭击,但都一无所获。屡遭挫折之后,英海军部决定采用特殊方式袭击,即用 X 袖珍潜艇实施偷袭。参加偷袭的袖珍潜艇共 6 艘,在航行过程中沉没 2 艘,4 艘进行袭击的 X 型潜艇又有 2 艘因机械故障和遇到防潜网而无法接近"梯比兹"号,只有"X-7"号和"X-5"号潜到"梯比兹"号附近,并在"梯比兹"号的舰舷挂上了炸药包。据"梯比兹"号航海日志记载:1943 年 9 月 22 日 8 时 12 分,在该舰的左舷,连续发生了两声剧烈爆炸。爆炸的巨大威力从舰中部波及舰尾。只因爆炸前舰长曾采取了移动舰位的措施,才使这艘战列舰免于彻底毁坏。但严重的创伤使其在一个较长时期内失去了战斗力。

223. "北方孤狼"是怎样被歼的?

1944 年 4 月 3 日清晨,英国海军航空母舰编队分别起飞两批舰载机(42 架轰炸机)对停泊在挪威考峡湾的"梯比兹"号进行空袭,投掷了炸弹近 40 吨,未遇到德军战斗机的抗击。德军战列舰的各种火炮射击也不及时,结果,德军战列舰全部高炮受损,舰腹部和前甲板被炸坏,炸死 100 人,炸伤 200 人,使得该舰再次丧失战斗力。这是欧洲海战区的第一次密集使用航空母舰飞机的战役,它比歼灭"俾斯麦"号时使用的飞机要多得多。1944 年 5 月~7 月,英军又进行了多次空中攻击。11 月 12

日,"梯比兹"号在驶向特罗姆瑟海区途中又遭英军32架能带5.5吨重型炸弹的飞机3次攻击。结果2弹命中,4弹在舰旁爆炸,最终使"梯比兹"号沉没。

224. 德国为什么没有使用航空母舰？

航空母舰在"二战"中大显威风,尤其是在日美太平洋海战中,主要以舰载航空兵为主力。令人奇怪的是纳粹德国在"二战"中竟没有使用航空母舰,这与纳粹德国最高领导层一直反对建立海军航空兵有关。纳粹德国空军元帅戈尔在希特勒的支持下,一起反对海军拥有航空兵,他害怕海军拥有飞机后会有损于他对空军的垄断。"二战"初期,德国海军曾建造了"齐伯林伯爵"号航母,以后,又把两艘大型邮船改装成辅助航空母舰；但因为无法得到配套飞机,一些关键性的技术也久久难以过关,加上战争初期德国大型军舰接连被盟国击沉,因而,发展航母的迫切性再次降低。直到1945年4月,"二战"接近尾声时,"齐伯林伯爵"号航母也未形成战斗力。该舰最后在德国投降前,凿沉在波罗的海的斯德丁。1947年8月,被苏联海军打捞上来,在拖至列宁格勒的途中,于吕根岛附近触雷沉没。

225. 意大利在地中海怎样进行潜艇战和水雷战？

"二战"初期,意大利在地中海的战斗活动是从潜艇战和水雷战开始的。1940年6月10日意大利开始参战时,共有潜艇115艘。在破坏英、法航运方面没有取得什么显著的战果,至6月底,已损失了10艘潜艇。效果较差的主要原因是意大利海军对潜艇使用不当,对潜艇的活动作出了种种限制,同时侦察保障也不够。其次是它的潜艇在技术上存在着严重缺陷:机动性差,旋回半径大,下潜时间长(70秒),噪音大,鱼雷航迹特别明显等等。

意海军另一战斗活动是水雷战。意大利在6个月内布设了16134枚水雷,收到了一定的效果,在一定程度上限制了英、法舰队的自由活动。

226. 诺曼底登陆战役是怎么订下计划的?

1941年6月22日苏德战争爆发后,斯大林根据当时欧洲战场的形势,致函丘吉尔提出开辟第二战场,以争取盟国之间密切的战略配合和有效的军事合作,改善东线战略形势,造成对德国夹击态势。1942年6月11日至12日相继发表了英苏和美苏会谈公报,明确指出1942年在欧洲开辟第二战场的迫切任务,已达成充分的谅解和完

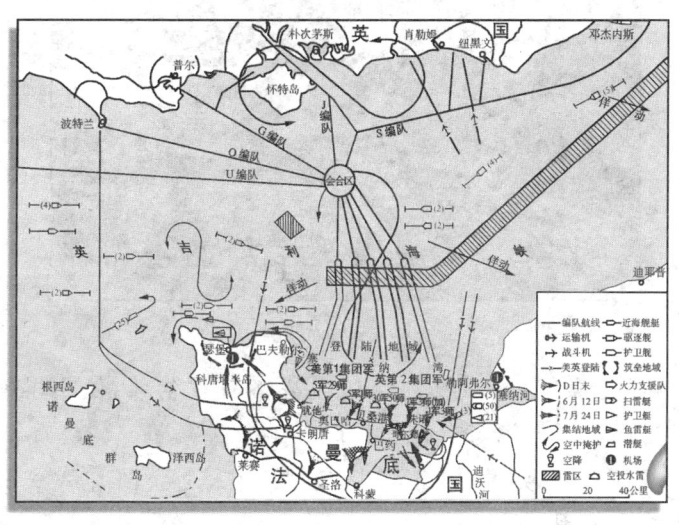

诺曼底登陆战役图

全的协议。后来又进行几次变故,至1943年11月28日,英、美、苏三国首脑德黑兰会议确定,于1944年5月初发动"霸王"战役。此后,又因准备工作不能按时完成而推至6月。此次登陆战役目的是横渡英吉利海峡,在法国北部沿岸夺取一个战略性登陆场,为从欧洲西部展开进攻,配合苏德战场,最后击败法西斯德国创造条件。登陆地点最终选在诺曼底地区。

227. 诺曼底登陆成功的主要原因是什么?

诺曼底登陆战役是世界战争史上规模最大的海上登陆战役,登陆成功的主要原因是:

盟军在诺曼底登陆

(1) 美、英军成功地进行了战略战役伪装,使德军判断错误,保障了作战的突然性。

(2) 美、英军掌握了制空、制海权,是登陆作战成功的重要原因。

(3) 双方实力悬殊,德军处于劣势,德国没有统一指挥和一致的抗登陆方针。

(4) 诺曼底战役反映了登陆作战是一种极为复杂的作战样式,因此,美、英部队作了反复演练。

(5) 美、英军充分的物资器材的准备和周密的侦察保障了登陆战役的成功。

228. 第一次锡尔特湾海战原因和结果如何?

1941年12月中旬,英军第八集团军在北非突破了德、意防线,以迅雷不及掩耳之势占领了利比亚的德尔纳港,并迅猛推进,德、意军队完全陷入被动,急需补给作战物资。恰在这时,英国海军也组织护航运输队向马耳他守军运送军用物资。首次锡尔特湾海战就是敌对双方护航运输队的护航兵力和支援舰之间的一场海战。

1941年12月17日,意大利海军战列舰3艘、巡洋舰5艘、驱逐舰20艘在安吉诺伊亚金诺海军上将的率领下,护送船队前往的黎波里途中,与英国菲利浦维安海军少将率领的护航运输队(巡洋舰5艘、驱逐舰20艘)在锡尔特湾相遇。双方主要任务都是使自己的运输队能早日安全到达目的地,因此,谁也无心恋战,双方于夜间使用远程炮火交战,虚张声势,以期吓跑敌人,故交火后各奔东西,并无战果。

229. 德、意为什么要对马耳他岛进行严密封锁?

英国海军在地中海的中心马耳他岛上有驻军和基地。通过1941年最后几个月的护航行动,德、意两国对马耳他岛的威胁认识得越来越清楚。他们认为,马耳他岛成了是否能赢得地中海海战的关键。德、意军队又认为要根本解除英军对意大利北非航线的威胁,绞杀英国到北非的航线,只有封锁和压制马耳他岛。为此,德意的分工是:海上行动由意大利负责。其任务是用舰队掩护登陆作战;准备登陆用的船只;计划并执行船队补给;在空军的协助下切断英军对马耳他的补给;以陆战队和舰上登陆队参加登陆作战。空中行动主要由德国空军负责。其主要任务是:对马耳他岛进行轰炸;与意海军协同破坏英国海上交通线。

230. 第二次锡尔特湾海战有什么战略目的?

为了保证对马耳他岛英军急需物资的补给,英海军决心突破意海军的封锁,组织一次新的补给行动,以支援马耳他岛。

1942年1月以后,德意对马耳他岛进行了严密的封锁。3月20日,英海军派遣一支由4艘运输船、1艘防空巡洋舰和7艘驱逐舰组成的护航队,从亚历山大港出发,前往马耳他岛。为该运输队进行海上掩护任务的是维安海军少将率领的3艘巡洋舰及3艘驱逐舰。英驱逐舰第5区队也派舰7艘进行反潜任务。还有6艘潜艇保护侧翼安全。驻马耳他的巡洋舰和驱逐舰出来接应。22日上午,意截击编队在锡尔特湾北面海域发现了英护航运输队,开始炮战。海战中,英有数艘驱逐舰冒着意军的炮火,抵近敌舰发射鱼雷,但无一命中,英编队中有2艘巡洋舰和3艘驱逐舰被击伤。第二天拂晓,德机袭击了英运输队,英舰3艘被炸沉,运输船中有2艘刚卸下部分物资即被炸沉。在送往马耳他岛的 2.59 万吨物资中只有 5000 吨卸载到岸上。尽管如此,英军仍解决了岛上的部分急需。

231. 地中海海战是怎样结束的?

1943 年 5 月盟军在华盛顿举行了参谋长联席会议,讨论了关于进攻意大利本土和最后击败德国的问题。按会议达成的协定,1943 年 9 月盟军在意大利南部的萨莱诺,进行了一次大规模的登陆战役。正当美军第五集团军在萨莱诺登陆的同一天,意大利政府正式宣布了投降决定。为了报复意大利,希特勒宣布意大利全国戒严,并解除了意军的武装,因此盟军和德军在意大利北部继续作战。根据盟军与意大利签订的停战协定,意海军所有军舰,连同舰员和武器必须转移到指定的港口去。意海军执行了这个协定。至此,第二次世界大战地中海海战区以意大利海军无条件投降而结束。

232. 日本发动太平洋战争的原因是什么?

1941 年 12 月 8 日,日本不宣而战,使用舰载航空兵,对美国在太平洋的主要海军基地珍珠港实施了突然袭击。与此同时,日本向东南亚各国和西南太平洋岛屿发动了进攻。由此爆发了太平洋战争,第二次世界大战扩大为世界规模。

日本发动太平洋战争,是日本侵华战争陷入泥潭、国内经济危机加剧以及美日矛盾不可调和的产物。日本为了摆脱困境,把希望寄托在"南进"上,因为东南亚地区存在着支持其侵略战争所必需的基本物资,这就加剧了美、日争夺亚洲和太平洋地区的矛盾。"南进派"认为,苏、德战争的爆发,解除了日本"南进"的后顾之忧。夺取南方战略物资以支持在中国的持久作战,解决中国战场的问题后再来"北进",于是日本决心搬掉美国这块绊脚石。

233. 日本南进的战略企图是什么?

日本南进的战略企图是:首先占领太平洋主要地区,然后根据世界形势的发展,再作新的打算。同时将关东军和朝鲜军留守中国东北和朝鲜一线,待德军攻占莫斯科和斯大林格勒等地区后,并进兵西伯利亚和远东之时,日本就可从远东向苏联进攻,以配合德军全部占领苏联,实现它瓜分世界的美梦。

偷袭美舰的日军飞机

日本南进的战略决心是:在太平洋地区,乘美、英不备之机,以突然行动击溃美、英在太平洋的海军,取得太平洋的制空权和制海权;迅速占领马来西亚、菲律宾和荷属东印度等地,歼灭美、英、荷的守军,夺取战略物资和市场,以供战争之用。

234. 日本为什么要首先偷袭珍珠港?

太平洋战争中,日本为什么要首先偷袭珍珠港?这主要是珍珠港位于夏威夷群岛的瓦胡岛南部,是美国在太平洋最大的海军基地,战略地位十分重要,有"太平洋

心脏"之称。港内面积约 32 平方千米,水深 12 米～18 米,可以同时停泊各种舰船约 500 艘。在太平洋战争爆

珍珠港被炸美军战列舰场面

发前,美国海军太平洋舰队的大部分舰船都在港内停泊。日本又一直把美国太平洋舰队看作它"南进"的最大障碍。为了大胆地"南进",首先必须消灭或瘫痪美国太平洋舰队。因此,日本经过充分的准备后,终于在 1941 年 12 月 8 日,使用舰载航空兵,对珍珠港实施了突然袭击,由此爆发了太平洋战争。

235. 日本在偷袭珍珠港前用了什么欺骗措施?

为了麻痹美国,达到偷袭珍珠港的目的,日本用欺骗手段,大耍"和谈"骗局。在战前,日本委派海军上将野村吉三郎(此人是美国罗斯福总统的朋友,以自由主义者和美英拥护者闻名)为驻美大使,在几个月的时间里,与美方会谈达 40 次～50 次之多。在政府间谈判的同时,还派"民间"代表团到美国。日本以谈判作掩护,在太平洋地

在珍珠港中待修理的"约克城"号航空母舰

区集结和展开初期作战的陆海空军。日本首相担心这种假和谈、真备战会被美国识破,于1941年7月亲自致函美国总统,表示"两国间并无不可用谈判方式解决的问题"。为了进一步麻痹美国,11月5日,即下达第一号作战预令的当日,日本还派来栖三郎(曾任美国领事,其妻是美国人)为特使,赴美谈判,直至袭击这一天,日本代表还在向美国总统大念"和平经"。

236. 日本在偷袭珍珠港前用了什么伪装措施?

日本在偷袭珍珠港前用了什么伪装措施呢?它在日本内海主要港湾组织了与袭击珍珠港毫无关系的登陆演习,并邀请各国驻日武官参观;为掩盖日本在太平洋地区的战略企图,制造进攻苏联的假象,将关东军的兵力增加一倍(11个师增加到22个师);在突击编队隐蔽向珍珠港方向驶进的时候,日本邮船"龙田丸"还在12月照常开往檀香山;在12月5日至7日3天内,当突击编队即将接近预定的突击起飞海域时,日军故意把横须贺海军基地的水兵送往东京游览,伪装出一片太平景象。日军还规定对珍珠港的袭击与在马来亚的登陆同时开始,但其他方面的作战,均不得在袭击珍珠港之前开始,以免暴露企图。

237. 日本在偷袭珍珠港前用了什么保密措施?

军事上的保密直接关系到战争的胜负,这在世界战史中例子不胜枚举。日本在偷袭珍珠港前,实施了极其严格的保密措施。首先,在袭击珍珠港的计划很长时间内只有山本和少数军官知道。其次,为了隐蔽袭击准备和行动企图,在训练阶段,将突击编队的训练选在日本南端的佐伯湾和鹿儿岛,而集结地点则选在北部千岛群岛的择捉岛。突击航空兵训练结束以后,返回了航空母舰,但基地上空仍保持大批飞机在飞行。在集结过程中,各舰船以及舰载机的收发报机一律加上铅封,实行严格的无线电静默,同时特别注意防潜警戒;突击编队一进入集结地域,就切断了同岛外的交通、通信等一切联系。在实施阶段,突击编队向珍珠港航行的12天里,完全停止了内外无线电通信。

238. 偷袭珍珠港的计划是谁策划的?

日本联合舰队司令长官山本五十六,是偷袭珍珠港的精心策划者。他在1941年1月7日提出了这个建议,并在4月完成了突袭作战的计划,然后提交海军部保存。

10月19日海军司令部决定采用山本的方案。当时,美日海军作战舰艇的比数是10∶7.5,美国占优势,航空兵大致相等。但由于日本资源缺乏,后劲不足,日本军部估计到作战的第二年以后,双方在海空军兵力的对比上,美国显然将占更大优势。因此,日本军部的战略是采取先发制人的突然袭击,一开始就摧毁美国海军主力。这显然是冒很大的风险,但日本军国主义分子还是要孤注一掷。

239. 偷袭珍珠港战役是怎样进行的?

1941年12月8日(星期日),当晨曦刚刚照在海面上的时候,夏威夷电台与往常一样播送着晨间音乐。珍珠港内的美国军舰安静地停靠着。大多数水兵和军官都上岸休假去了。突然,从东南方向飞来了一队轰炸机,接着飞机俯冲轰炸,爆炸声震耳欲聋。这时,正是夏威夷时间7时50分。日军偷袭珍珠港开始了。

日军的机群在距离珍珠港230海里的6艘航空母舰上起飞,分两批向珍珠港袭来。第一批138架,首先对停泊在港内的美军重型战列舰和陆上机场进行猛烈袭击。同时,日军潜艇也在水下进行攻击。一小时后,第二批171架日机参加攻击。俯冲轰炸机主要攻击舰船,水平轰炸机主要攻击希凯姆、贝罗斯机场,战斗机担任空中掩护,同时封锁、扫射各航空基地。第二次攻击持续约1小时,扩大了第一攻击波的突击效果,日军达到了预期目的之后,没有进行第三次攻击就返航了。

240. 美军官兵在日本突然袭击面前反应如何?

当美日关系极度紧张,战争威胁已迫在眉睫之时,夏威夷驻军毫无战争准备。官兵照常放假,情报中心假日还停止工作,檀香山和薛夫特堡(夏威夷军区司令部所在地)假日也不工作。因此,在日军突然袭击时,飞机不能起飞,舰船不能起锚,高炮不能射击,通信失灵,指挥瘫痪,完全处于束手无策的境地。更具有讽刺意义的是,当日军袭击珍珠港时,美太平洋舰队司令和夏威夷防区司令正在玩高尔夫球。基地情报中心的值班军官,获悉雷达中发现大批飞机向珍珠港飞来时,认为是自己飞机在演习。日本飞机已经飞到头顶,正要奏乐升旗的美国水兵还向飞机招手致意。直到珍珠港成了一片火海,情报中心才发出"不是演习,是空袭"的紧急电讯。

241. 是谁最早破译日本偷袭珍珠港的密电?

日军偷袭珍珠港,完全出乎罗斯福政府的意料之外。当时,美国统治集团虽然也认为美日冲突不可避免,也知道日本准备在太平洋地区发动突然袭击,扩大战争,但是他们仍然十分麻痹大意。根据最新研究结果表明,中国人对日本海军的这次秘密行动曾事前作过极为准确的判断。就在1941年12月3日,国民党政府军政部从事侦译工作的池步洲破译了日本外务省致日本驻美大使馆的密电,电文中声称要对美国采取断然行动。池步洲联系其他情报,推断日军可能袭击珍珠港,时间就是12月8日星期天。池将此密电转呈蒋介石,蒋又转给了美国大使,可美国人不相信中国人能破译日电,未予重视,结果付出了沉重代价。

242. 在日本偷袭珍珠港中美军遭受什么样的损失？

日本偷袭珍珠港的整个突袭行动持续了约2小时,实施攻击时间约1小时40分,投掷鱼雷40枚,各种炸弹556枚,计144吨。日军以损失飞机29架和潜艇6艘的微小代价,炸沉美军各种舰船40余艘,内含击沉战列舰4艘、轻巡洋舰2艘、驱逐舰1艘和辅助船5艘,约占在港内的大型舰艇总数的50%。击毁美军飞机260多架,约占飞机总数的70%。毙伤美军约3500余人。日军偷袭珍珠港时,通常停泊在港内的3艘航空母舰和其他22艘舰艇,因出海执行任务,未遭袭击。此外,岸上油库及其他重要设备也没有遭到袭击。

243. 珍珠港美军遭到严重损失的主要原因是什么？

美国自称为"世界上最大的海军强国",但在珍珠港事件中,为什么遭受如此严重和损失呢？主要原因是:

(1) 美国政府推行远东慕尼黑政策的后果。早在日本侵华战争之前,美国就以军火、战略物资大量供应日本,助长了日本的侵略气焰。

(2) 美军统帅部思想落后,战略判断错误。美军统帅部墨守马汉的理论,对航空母舰及舰载航空兵这一强大兵种的出现、海上作战方式的变化估计不足。

(3) 驻夏威夷美军疏于戒备,以致完全丧失警惕。落后的军事思想导致了对敌人突然袭击的准备不足。

(4) 夏威夷地区防御薄弱,珍珠港内舰船配置密集。本来在平时拟制的防御计划中已规定有近海巡逻和远海侦察(700海里~800海里),但从未付诸实现。

244. 为什么日美双方对珍珠港战役作出不同评价？

日本袭击珍珠港之后,日本海军军令部认为:"这一战果已为原先的设想——在攻下南方资源地带后作好迎击美舰队的准备和确立永久不败的态势——打下了基础。"而美军则认为:"珍珠港的灾难并不像当初人们认为的那样严重,也比想象的轻微得多,沉在珍珠港内的2艘旧式战列舰航速太慢,既不能与日本新式战列舰作战,也不能为美国的快速航空母舰护航。有几条已经打捞上来的进行了改装,主要用于战争后两年对陆上目标进行炮击。从另一方面来看,暂时丧失了旧式战列舰,使得美国能把当时甚感不足的熟练舰员充实到航空母舰和两栖作战部队中去,促进美国采用了以航空母舰为主的作战方法,并证明这种战法是有效的。"日本和美国对珍珠港战役所作出的不同评价,反映了不同的评价海战成败的指标。

245. 日军以美军舰艇为突击目标犯了什么错误？

日本军界决策者主观地认为,舰艇是海战的主要工具,海战中消灭舰艇当然是第一位的,殊不知海军基地港口及岸上设施,是海军战斗力的"再生器",海军的机动力和打击力与岸上设施的安危密切相关。在突袭珍珠港作战中,日军以美军舰艇为集中突击目标,而忽视了对美军油库(当时贮有450万加仑重油)和海军修船厂等重要岸上设施的打击。事实上,这些长期积存起来的燃料,从美国对欧洲所承担的义务来看,简直是无价之宝。一旦失去这些燃油,美太平洋舰队就会在几个月内无法从珍珠港出动。换句话说,日军未能从破坏美军整体功能的角度选择目标,只注意打其"有生",而忽略了打其"潜生",因而美军太平洋舰队战斗力就仍然可以很快恢复。这一教训是引人深思的。

246. 奇袭珍珠港成功山本为何高兴不起来?

当日本联合舰队南云机动部队偷袭珍珠港成功的消息传到日本时,联合舰司令部的人员都认为:不论从哪个角度看,这次奇袭都是成功的。看得出他们个个都抑制不住内心的喜悦,唯有山本五十六一个人在兴奋之余像是在为什么心事担心和发愁,脸上流露出忧郁的神情。这是为什么?因为他知道,奇袭成功主要靠航空母舰的突袭威力,然而这次奇袭恰恰没有消灭美国太平洋舰队的航空母舰,这不是强敌仍存,后患无穷吗?

联合舰队的参谋们一致认为:两次攻击已取得超出预料的战果,但还不彻底,还需命令南云再次攻击扩大战果,山本却说:"且慢,凡做小偷的,一进门时,因志在必得,并不害怕;而一旦得手,要溜的时候,就会胆战心惊。在此情况下,有为之人不用命令也会作。不中用之人,你在相距遥远的异地也没有用,南云就是不中用之人。"

247. 日本为何不实施夏威夷登陆作战?

夏威夷的地理位置十分重要,是控制太平洋的关键所在,同时它也是美国进攻日本本土和威胁日本南进翼侧安全的重要基地。因而,有些研究者认为,日本"应该夺占夏威夷"。就当时的力量看,也是可能的。日军之所以没有计划登陆作战的原因可能是:

（1）日本南进以东南亚为主要方向,而夏威夷方向作战尽管关系重大,但仍为战略上的辅助方向,它不愿为此分散主要兵力。

（2）日本慑于美国战争潜力,不想把战争规模扩得很大,因而不准备攻占夏威夷。

（3）由于夏威夷美军驻军较多,有一定的战斗力,日军惧怕一时攻不下夏威夷,会造成过大的伤亡和消耗。

由此可见,日军战役目的的有限性,最终严重了损害日本的战略全局利益。

248. 英国海军远东舰队是怎么覆灭的?

在太平洋战区英军海军远东舰队主力"威尔斯亲王"号战列舰和"反击"号战列巡洋舰,是于1941年12月2日到达新加坡。3日,英国海军上将菲利普斯到达新加坡任远东舰队司令官。这支被称为"Z部队"的舰队司令官是在日军偷袭珍珠港即将发生的时刻上任的,显然是凶多吉少。因为日军对英国海军远东舰队的袭击早有准备,该舰队到达新加坡的消息曾向全世界广播过。日军准备

"威尔斯亲王"号战列舰

用驻西贡附近的第二十二航空队对它进行突击,并使用12艘潜艇布成警戒幕。

12月10日拂晓,日军使用34架高空轰炸机,51架鱼雷轰炸机分为两个队,对两舰实施攻击,"威尔斯亲王"号被命中鱼雷7枚,炸弹2枚。"反击"号被命中鱼雷14枚,炸弹1枚,两舰都同归于沉,菲利普斯同舰员一起丧生。日军仅损失飞机3架。英军舰队主力的被消灭,解除了日军在马来半岛作战的威胁。

249. Z部队覆灭的主要原因是什么?

被英国最高军事机构派往远东的代号为Z部队的这支部队,悲剧的发生绝不是偶然的。促成这一悲剧的原因很多,但主要有两点。首先,它是英国威慑政策的牺牲品。当时派Z部队去远东,不是从具体的作战需要出发,也不是按照严格的军事原则从事;而是出于政治需要,为了炫耀武力,先声夺人,企图以此遏制日本的南进。这样,一开始就将Z部队置于被动挨打的地位。其次,作为Z部队司令官的菲利普斯,轻敌冒进,指挥失当。在没有确保得到航空兵掩护的情况下,他贸然北上出击;当情况有变,需要火速返回时,他又优柔寡断,踌躇徘徊。他把部队的命运视同儿戏,犯了置Z部队于死地的错误,因此也使自己搭上了老命。

250. Z部队的覆灭说明了什么?

英军2艘巨舰被一举歼灭,并不是舰上的防空火力不强,仅"威尔斯亲王"号战列舰,就有高射枪炮175门,每分钟能发射炮弹6万发,但是2舰均被击沉。究其主要原因,是没有空中掩护,英军舰队本身编成中没有航空母舰,主要靠陆上飞机来支援,此时北方的陆上机场已被日军占领,连本来就极弱小的航空兵力也没有了。事实再次证明战列舰是海上堡垒,航空兵只是一个辅助兵种的陈旧观点,导致了2舰覆灭的命运。珍珠港事件和英国远东舰队的覆灭,以雄辩的事实证明,战列舰称霸海洋的时代已经过去,而航空母舰将越来越显示出威力强大、威风八面。此次战斗的结果,连丘吉尔也不得不承认:"我们和美国这次都大大地低估了日军的空战效率。"

251. 奇袭珍珠港之后日本怎样实现"南进"战略?

珍珠港事件之后不久,即在1942年1月,日本南下入侵的态势,好似一只巨大的章鱼,从东、北、西三面向荷属东印度(今印度尼西亚)伸出其侵略魔爪。这是因为荷属东印度是控制亚、欧两大陆和太平洋、印度洋海上交通的咽喉要道,又盛产石油、橡胶、锡、煤等战略物资,早就为日本军阀垂涎,是日军南下的主要战略目标。

日本按既定计划发展顺利。至1942年3月末,印度支那半岛、菲律宾和荷属东印度等数百万平方千米的土地沦入日军之手;中途岛以西中部太平洋数以千计的岛屿和大约3000万平方海里的广大海域,一时成了日本的"内海"与"领海",从而造成了直接威胁美、澳供应线的态势。

252. 爪哇海战中日舰队怎样大胜英、美、荷三国联合舰队?

1942年2月,日军为了完成对整个荷属印尼各岛的占领,投入了第16集团军、海军第三舰队、第十一航空队和第三航空兵团进行爪哇战役。而英、美、荷三国只拼凑了 8 艘巡洋航、12 艘驱逐舰和约 200 架飞机迎战。2 月 27 日,由荷兰海军少将多尔曼率领的 5 艘巡洋舰和 10 艘驱逐舰组成的联合舰队出海,企图阻止日军在爪哇岛登陆。两支舰队在海上相遇,激战了 5 个多小时后,由于联合舰队缺少空中掩护,各舰之间又从未进行过协同训练,炮战中漏洞百出。结果,联合舰队的旗舰和另 1 艘巡洋舰及 3 艘驱逐舰被击沉,1 艘驱逐舰受重创,编队司令多尔曼也被打死。而日本海军的 4 艘巡洋舰和 14 艘驱逐舰中只有 1 艘驱逐舰受了重创。

爪哇海战持续到 3 月 1 日,日军最终占领了爪哇岛,而联合舰队只剩下美国的 4 艘驱逐舰逃到了澳大利亚。

253. 美军航空母舰怎样给日军第一次回击?

1942 年 5 月,美日双方强大的航空母舰部队都在珊瑚海附近游弋,双方不断派出侦察机对舰队周围 150 至 200 海里水域进行搜索,双方飞机不时发生接触。这一切表明,每一方都在寻找对方的航空母舰部队,以求给予歼灭性的打击。世界海军史上第一次航空母舰大战已经迫在眉睫了。7

挂满弹药的美军轰炸机

日黎明,美国"约克城"号航母的一架侦察机报告:"发现敌一艘航空母舰('祥凤'号)和4艘巡洋舰。距离180海里",这是美国人在太平洋战争中第一次发现日本航空母舰,美国航母编队指挥员弗莱彻海军少将决心抓住这一战机,痛歼日本人。9点多钟,24架鱼雷机,36架轰炸机,从"列克星敦"号起飞,由16架战斗机掩护,驰向目标。11点整,美机开始对"祥凤"号轻型航母集中攻击,使它命中13枚炸弹和几枚鱼雷,35分钟后,"祥凤"号沉没,800多名舰员中,死亡636人,而美国只损失3架飞机。

254. 珊瑚海第二回合航母大战是怎样进行的?

日本在首次航母交锋中吃了亏,决心捞回损失。1942年5月8日8时24分,日军侦察机发现美军2艘航空母舰后,于11时20分出动舰载机69架对美舰进行攻击,结果,"列克星敦"号航母受重伤,只得自沉;"约克城"号中了1枚炸弹,遭到相当的破坏,但未失去战斗力。

与此同时,美军也出动82架舰载机对日军机动编队进行了攻击,"翔鹤"号航母中了3枚炸弹,损伤严重。17时左右,日军被迫停止战斗而撤退。

在珊瑚海大海战中,日军的损失是:"祥凤"号航母和多艘驱逐舰沉没;"翔鹤"号航母受伤;约77架飞机被毁,1047人伤亡。美军的损失是:"列克星敦"号航母和1艘驱逐舰、1艘油船沉没;"约克城"号航母受伤;飞机损失66架,543人伤亡。

255. 如何看珊瑚海大海战的结果?

珊瑚海大海战是美、日航空母舰在太平洋战场上的首次交锋,双方参战兵力相当,所受损失也不相上下。从战术角度看,不分胜负,但从战略角度看,美军积极迎战取得的战果,有力地鼓舞了盟军胜利的信心;直接的结果

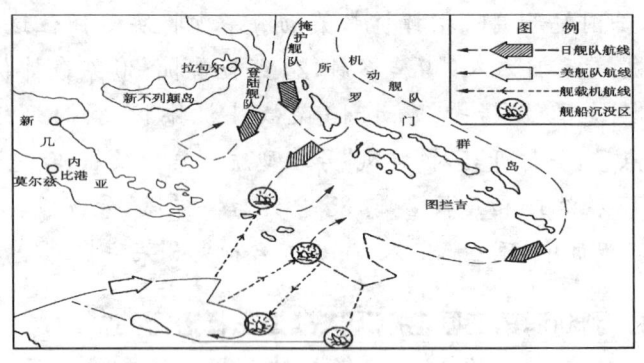

珊瑚海海战示意图

是迫使日军放弃攻占莫尔比兹港的企图,日军的南进受到扼制。丘吉尔首相在回忆录中说:"这次遭遇战所获的战果,不只是具有重要的战术意义。从战略上看,这是美国在以日本为对手的交战中首次告捷……"事实证明,这一看法是正确的,因为,后面的战争奇迹接踵而至。

256. 日本吹嘘珊瑚海大海战的战果尝了什么苦果?

日本大本营对珊瑚海海战的战况大做文章。东京广播电台广播说:"大日本帝国海军在珊瑚海取得赫赫战果。"5月12日,天皇颁布敕令,嘉奖参战官兵。5月28日,海军大臣岛田繁太郎海军大将在国会会议上报告战况说:日本海军在珊瑚海"使在澳大利亚附近活动的美英联合舰队主力遭受到了毁灭性的打击……",如此等等。事实无情,不是吹嘘所能济事的。日本联合舰队不得不

推翻了已经确定的时间表,不得不放弃从海上占领莫尔兹比港的企图。日军在海战中受伤的"翔鹤"号至少需要1个月才能修复,"瑞鹤"号虽没受伤,但飞行人员严重缺员,也不能很快参战。而美国的"约克城"号由于司令尼米兹亲自下船坞挽起袖子干,使工人和官兵士气大振,只3天时间就投入到战斗行列。日军在宣传上夸大了它在珊瑚海海战的战果,造成了对美航空母舰实力的错误估计,直接导致了中途岛战役的大失败。

257. "AF"之谜是怎样解开的?

1942年春天的一个早晨,在美国太平洋舰队珍珠港基地,电讯情报处处长罗奇福特少校兴奋地看着由值班军官刚刚截听到的日军密电破译稿。译稿里有一句话:"看来,'AF'可能缺乏淡水。"这句话出现在日本人的密电里,说明敌人上钩了。

原来罗奇福特少校在近期内,从截听到的日本电报中多次用到"AF"代号,经过分析,认为日本人电文中的"AF"可能是指太平洋上的中途岛。为谨慎起见,他决定再"请"日本人来核对,他请美驻中途岛海军司令用显然能让日本人破译的密码,向美太平洋舰队司令部拍了一份报告岛上淡水设备发生故障的假电报。而现在,日本人真的在密电中提到"AF",这样,"谜"就解开了。

258. 山本五十六为什么要策划并坚持进行中途岛战役?

日本联合舰队司令长官山本五十六,早年就读于美国哈佛大学,后来又当过几年驻美海军武官。美国的工业生产能力、后备资源以及军事潜力,都给他留下了深刻的印象。权衡日美双方的实力,他相信,美国一旦整个国家纳入战争轨道,日本就很难指望取胜了。山本在战前曾表示不赞成同美开战,并说联合舰队"有效作战不能超过一年以上"。如今战争既然打响,只好速战速决。最好是抓住有利时机,全歼美国太平洋舰队,迫使美国慑于日本的威力,只好和谈而不敢去冒打一场全面战争的风险。若能如愿以偿,日本就可以胜利者的姿态及早结束战事,成为太平洋的霸主。偷袭珍珠港和中途岛作战方案,都是这种思想指导下的产物。

259. 中途岛战役对日美来说都有什么特殊的重要性?

如果把日本列岛、美国西海岸和阿留申群岛放在同一圆周上,那末,中途岛——太平洋上的一个环形小岛几乎就是圆心。它的面积只有75平方千米,距离珍珠港1000余海里。只有用军事的眼光去审视,才看得出这块小地方的重要性。日本人认为,要据有太平洋(那里有支持长期战争的丰富资源),就要歼灭美国太平洋舰队,占领其海军基地夏威夷群岛和珍珠港;而只要攻陷中途岛,珍珠港就无险可守,唾手可得。这样,美国就会因为失掉太平洋上的重要海军基地,拱手让出太平洋。所以日本人确定,把攻占中途岛和消灭美国太平洋舰队作为这次战略行动的主要目标。

260. 什么事件促使日本军界同意了中途岛作战方案?

1942年3月,日军在太平洋战争中的第一阶段作战即将结束。这时,山本酝酿着一个更大的行动。他决心要在中途岛一带诱歼美国太平洋舰队主力,并在3月底

指示联合舰队司令部制定了中途岛作战方案。可是，山本的这一作战设想，一开头就遭到海军战略决策机构军

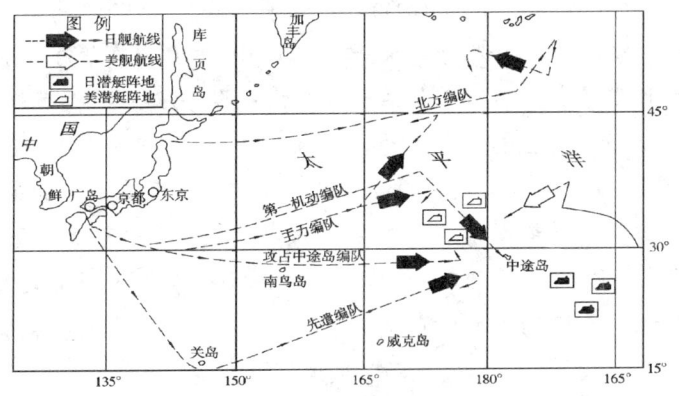

日舰队进攻中途岛航线图

令部的坚决抵制。军令部指出，海军第二阶段作战应该在西南太平洋上展开，以截断美澳的供应线。而山本本人则寸步不让。就在这时，有一件事加速了事态的发展。

4月18日，美国"大黄蜂"号航空母舰驶近日本，由杜立特中校率领一队陆军飞机从舰上起飞，轰炸了东京及其他一些城市，这次轰炸造成的心理影响是无可估量的。山本认为，要防止类似事件重演，必须把战线推进到中途岛和阿留申群岛西部。结果，反对意见立即烟消云散。

261. 中途岛战役前日美兵力的对比如何？

日军为实施中途岛战役，投入了所能调集的最大兵力。计划出动200多艘舰船，其中战列舰11艘、航空母舰8艘、巡洋舰23艘、驱逐65艘、潜艇21艘，以及大约700架飞机。

美军得知日军将进攻中途岛的情报,美太平洋舰队司令尼米兹于5月6日亲临中途岛视察,并采取措施加强了守备部队,增加了岛上的防御工事和设施。中途岛的飞机,由原来的24架增加到120架,以19艘潜艇布置了3条弧形巡逻线。紧急命令第十六特混编队(主要是"大黄蜂"号和"企业"号航空母舰)和第十七特混编队(包括"约克城"号)返回珍珠港。从兵力的对比看,两者差距是明显的,即日本占有优势。特别是日本首次将超级战列舰"大和"号这张"王牌"打了出来;日本的零式战斗机也是当时同类型飞机中最好的。所幸的是,尼米兹已对日本行动的兵力、部队航线、设伏地点、行动时间都了如指掌。

262. 日本的突然袭击还灵不灵?

1942年6月3日,日本联合舰队的南云中将部队,正在向中途岛西北面朝着目标进发。这一带浓雾遮天,南云中将不得不运用为了取得突然袭击效果而一直保持静默的无线电,向所属部队发布了转向的命令。他不知道,他们赖以取胜的突然袭击现已不灵了。这时,美国舰队早已出动。还在5月30日这天,"大和"号的无线电兵已截听到,美国人在夏威夷一带活动频繁。这说明美国人早有戒备,美国舰队可能已经出动。但日本联合舰队司令部却为了保持无线电静默没有通知南云,以为他们理所当然地会截听到。保持无线电静默本来是为了向敌人搞突然袭击,而结果却使南云陷入对美军活动一无所知的地步,这真是绝妙的讽刺。当然,当时的南云部队,还盲目乐观得很,以为拿下中途岛不成问题。当南云飞机到中途岛机场攻击时,美国飞机早已升空,珍珠港那样的毫无戒备的情景一去不返了。

263. 美国岸基飞机的攻击给南云造成什么错觉?

中途岛战役打响后,日本海军航空兵空袭中途岛的飞机刚起飞后,南云就下令把第二波飞机从机库提升到飞行甲板。它们的任务是,一旦发现美国特混舰队,立即起飞攻击。这时候,天边出现了10架美国岸基飞机。他们既没有战斗机护航,也不打算与日本飞机纠缠,不顾日舰发射的猛烈火炮,向日本旗舰"赤城"号猛烈攻击。由于日本人从空中到海面都有强大的保护力量,10架美国飞机被击落7架,而日本4艘航空母舰安然无恙。这给日本人很大鼓舞。不过,美国飞机虽然没有完成使命,却起了一个很了不起的作用,那就是给南云一个错觉,既然美国航母舰队不在这个海域,来自中途岛的岸基飞机就是自己舰队的最大威胁了。于是把用于攻击敌舰的鱼雷机全部卸下鱼雷,换上高爆炸弹。日本人完全没有料到,美国特混舰队就在附近埋伏,时刻注意着他们的动向。

264. 美军怎样打得日军措手不及?

坐等战机的美军对日军的情况和动向一清二楚,而日军却蒙在鼓里,还在做着胜利的美梦。美国人已经掌握了主动权,他们正牵着日本人的鼻子,使南云部队处于忙乱和疲惫状态。美国人接连起飞两批飞机攻击日舰,都没有成功,损失了35架舰载鱼雷机。日本人兴高采烈,为己方的战斗机勇敢善战欢呼喝彩。但是他们未免高兴得太早了。

被炸的日军旗舰

就在南云部队即将夺得战场主动权的这一重要时刻,携带225千克炸弹的3架美国轰炸机从云隙中钻了出来,投下了3颗炸弹,有两颗直接命中"赤城"号旗舰。由于高爆炸弹都放在甲板上,引起了几次猛烈爆炸,全舰被浓烟烈火吞没。

265. 中途岛海战中日本海军怎样第一次忍痛沉掉自己的军舰?

日军旗舰"赤城"号中弹后不到20分钟,就全面丧失了战斗力,与外界联络中断。10点46分,南云中将和他的司令部人员狼狈地从舰桥的窗子里爬了出来,离开了"赤城"号。18点,由于大火无法控制,伤员不断增加,舰长只好下令弃舰。6月6日4点48分,根据山本大将下达的击沉"赤城"号的命令,南云的4艘驱逐舰忍痛向"赤城"号发射了鱼雷,这是日本海军建立70年以来第一次击沉自己的军舰。7分钟后,这艘巨大的航空母舰沉没。

这次战斗,"赤城"号舰员死亡263人。

266. 日本"加贺"和"苍龙"号航空母舰怎样被炸沉?

中途岛海战的第一回合,日本联合舰队损失巨大。但是日本海军更大的失败还在后头。10点24分,从美军"企业"号上起飞的33架俯冲轰炸机,有9架各投了一颗225千克炸弹,4颗击中了"加贺"号航空母舰,在舰桥上指挥的舰长等主要人员全部毙命。无法控制的火势越来越猛,19点25分,"加贺"号连续发生两次大爆炸后沉没。

另一艘日本航空母舰的命运与其相似。几乎在同一时间,即10点25分,从"企业"号上起飞的轰炸机集中攻击了"苍龙"号。"苍龙"号在几分钟内中了3颗炸弹。中弹10分钟后,"苍龙"号完全笼罩在一片浓烟火海之中。20分钟后,舰长下令弃舰,但他自己不走,手握军刀,跟随他的军舰一起在海面上消失了。

267. "大和"号上的山本大将面对战局如何反应?

中途岛战幕拉开后,"大和"号上的山本大将一直在注视着战局的发展。当他接到"赤城"号转发的第四号搜索机发现美国舰队的电报时,他率领的主力部队,仍处在海战现场800海里之外。美舰队殿后有一艘航空母舰,这是一块肥肉,南云长官的第二攻击波会很快地干掉它。山本在等待这样的好消息。然而,命运之神偏偏作怪,10时50分,噩耗传来了,一份简短的电报说:"遭敌机攻击,'赤城'号、'苍龙'号、'加贺'号起火。拟以'飞龙'号与敌航空母舰交战。我们暂此北撤,重新集结兵力。"

此时的山本呆若木鸡,半晌连一句话也说不出来,不知如何是好。他做梦也没有想到帝国海军的宠儿"赤城"号、"加贺"号、"苍龙"号会遭这等横祸！下一步怎么办？武士道的杀身成仁精神使他作出唯一的选择：复仇。他仍然是实力雄厚的，他决定集中兵力，以数量优势压倒美国人。

268. 山口怎样疯狂攻击"约克城"号？

日本联合舰队的主力——"赤城"号、"加贺"号、"苍龙"号等航空母舰被炸沉后，"飞龙"号上的山口多闻少将知道，他的这艘军舰是能跟美国周旋的唯一的航空母舰了。10点40分，山口少将派18架俯冲轰炸机和6架零式战斗机，扑向"约克城"号。12点左右，日本飞机被美舰雷达发现，遭到"约克城"号战斗机的拦击。只有8架俯冲轰炸机逼近了目标，其中7架突破了高射炮火网，使"约克城"号中了3颗250千克的炸弹。右舷中部飞行甲板被炸开了一个大洞，主锅炉气压下降，"约克城"号立即失去了航行能力。舰长巴克斯特海军上校下令升起一面星条旗，表示作战到底的决心。斗志昂扬的舰员奋力抢修，仅30分钟就将火扑灭。"约克城"号奇迹般地恢复了航行，航速达18节。

12点45分，山口又派遣16架鱼雷机和6架战斗机起飞，冒着前所未有的猛烈炮火，逼近"约克城"号，其中8架被击落，8架突破了美舰的防御弹幕后又被击落3架，5架鱼雷机发射鱼雷，有三枚击中了"约克城"号，使其失去了航速。不一会儿，舰长下令弃舰。后被日本潜艇补射2枚鱼雷击沉。

269. 侵华战争中的刽子手山口怎样随舰葬身大洋？

"飞龙"号击伤"约克城"号之后，美国航空母舰"企业"号和"大黄蜂"号已经知道它所在的方位。17点零3分，13架俯冲轰炸机从西南背阳方向的云隙里俯冲下来，集中向"飞龙"号猛攻。开始，"飞龙"号避开了3颗炸弹。但是更多的美机俯冲下来，投中了4颗炸弹，立即引起大火和爆炸。中弹4小时后，"飞龙"号完全失去了航速，山口下令弃舰，幸存人员转移到待机的驱逐舰上。

山口多闻，1939年在汉口担任侵华日本海军航空部队司令官，这个双手沾满中国人民鲜血的刽子手，此时决心与军舰共存亡。他把自己牢牢绑在舰桥上，以便和"飞龙"号残躯一起沉到数千米的大洋深处。5点10分，日本驱逐舰向"飞龙"号发射了鱼雷，山口和舰长加来海军大佐一起同"飞龙"号一道葬身大海。

270. 中途岛大海战的特点是什么？

中途岛海战，准确地说是一次海空战。它的特点是作战双方都力争主动从空中发起攻击，双方军舰的距离超过了火炮的射程，完全靠飞机从空中攻击，海面和水下的攻击只是起了辅助配合作用，这就充分显示了航空母舰的威力。它用铁的事实再次表明，以大舰巨炮为特点的海战已经不适应形势，航空母舰在海战中担任了主要角色。

运输机在航母上降落

对日本人来说，中途岛海战是一副清凉剂。只是到了这个时候他们才从大舰巨炮主义的梦幻中痛苦地清醒过来，但为时已晚了。他们拼命建造大舰巨炮，以"大和"号为世界造舰史上的顶峰，但是此刻"大和"号远在战场之外，像一头掉在井里的水牛，有劲使不上，且这头蛮牛被痛宰也已为时不远了。

271. 美国在中途岛战役中以弱胜强最主要原因是什么？

中途岛大海战又一次证明了孙子那句"知己知彼，百战不殆"的至理名言。说明情报、保密工作在克敌制胜中所起的极其重要的作用。美国人在珍珠港事件前麻木不仁，受到沉重打击，付出了血的代价。而这一次，美国人提前发觉了日本的攻击计划，这是导致日本失败的最主要和直接的原因，这是没有疑问的。从这个意义上说，美军在中途岛海战的胜利乃是"情报的胜利"。日本的情报工作却糟糕透顶，不仅两耳闭塞，两眼漆黑，而且得到的一点情报也是假的，凭想当然在沾沾自喜。可以说，日本人在中途岛海战中，活像一匹无人驾驭的瞎马，在茫茫大雾中盲闯。山本这样一个精明的军事家，由于在这方面疏忽和失算，导致一败涂地的结局。更有讽刺意义的是，后来因密电被破译，自己也赔上了老命。

272. 中途岛大捷的重要战略意义是什么？

中途岛海战是以弱胜强的光辉范例，充分体现了在一定的物质基础上指挥员的主观能动性，体现了情报、谋略、策略在战争中极其重要的作用。珍珠港事件发生半年多来，日军多处出击，锋芒毕露，气势逼人，美英处于战略防御阶段。如果说在珊瑚海海战中双方打个平手,那么,在中途岛海战中美国以损失一艘老旧航空母舰的代价,一举击沉了耀武扬威的日军4艘重型航空母舰,使日本联合舰队受到严重损失。这一战,挫败了日本战略进攻的锋芒,赢得了扭转太平洋战局的关键一战。正如英国首相丘吉尔所说:"这一举扭转了日本在太平洋的优势,曾经使我们整个在远东的努力遭到挫败达6个月之久的敌人所炫耀的优势,现在已经一去不复返了。"

273. 中途岛之战使海战理论发生了怎样的质变?

中途岛一战使"制海必先制空"的海空制胜思想为人们所普遍接受,航空母舰作为海军的主要兵力在各类海军战役中得到了广泛应用,而歼灭敌海上重兵集团这一传统的最典型的海上战役,离开了航空母舰更加难以实施。第二次世界大战中几乎所有以歼灭敌海上重兵集团为目的的战役,都是以航母为主要兵力进行的。战后航空母舰继续受到各军事强国的青睐,随着航空技术的进一步发展和精确制导武器的出现,航空兵的突击威力更加强大。没有航空兵的掩护,海军其他兵力难以进行战役任务。岸基航空兵受航程限制无法远离海岸,因此航空母舰成为衡量一国海军强弱的标志之一。没有航空母舰的海军只能是一支近岸海军。

274. 中途岛之战告诉人们一条什么真理?

中途岛战役可以总结的经验教训很多,留给世人尤其是军事家广泛而深刻的启示。但这次战役告诉人们一条真理:对国家安全来说,军事理论同科学技术一样,落

航空母舰编队

后则必然挨打,这在人类战役史上曾被无数次实践所证明,国家的战略决策者必须对此高度重视;战役指挥员则必须随时注意科学技术的进步对军事理论的影响,研究每一新型技术兵器出现对战役、战术的影响。只有这样,才能把握时代的主脉,跟上时代的步伐。日本在"二战"期间,死抱着马汉的"巨舰大炮"决胜的陈旧理论不放,想通过建造超级战列舰来称霸世界,结果只能是碰得头破血流,落得彻底失败的可耻下场。

275. 瓜达尔卡纳尔岛海战是怎样进行的?

瓜达尔卡纳尔岛海战是继中途岛海战之后,太平洋日美又一次意义不凡的海战。1942年11月12日夜,日本阿部弘毅海军中将率领战列舰"比睿"号和"雾岛"号、巡洋舰"长良"号和驱逐舰14艘,企图炮击瓜岛亨德森机场。当晚23时许,在海上与美国卡拉汉海军少将率领的护航队(巡洋舰5艘、驱逐舰8艘)相遇。双方近距离交战30分钟后,美军卡拉汉和斯科特两名将军战死,被击沉巡洋舰1艘、驱逐舰4艘;日军被击沉驱逐舰2艘,战列舰"比睿"号被击伤。13日,"比睿"号和巡洋舰1艘被美机击沉。美巡洋舰"朱诺"号被击沉。14日夜,日军再次炮轰机场,遭到美舰队拦截,双方又进行了一场夜

瓜岛海战

战。两次夜战,美军被击沉巡洋舰2艘,驱逐舰7艘,被击伤战列舰1艘、巡洋舰1艘、驱逐舰2艘;日军被击沉战列舰2艘、巡洋舰1艘、驱逐舰3艘。美军阻止了日军炮轰机场,并迫使日军登陆运输队中途折返。

276. 美日铁底湾战斗的结果如何?

铁底湾位于瓜达尔卡纳尔岛、萨伏岛和佛罗里达岛之间,1942年8月7日,美军在瓜岛登陆成功之后,大量的舰船都"拥挤"在铁底湾内。日本第八舰队司领兼外南洋部队指挥官三川中将,决定率由5艘重巡洋舰、2艘轻巡洋舰和1艘驱逐舰组成的编队,突袭停泊在铁底湾内的美军舰船。8月9日凌晨1时,日军编队从萨伏岛南口进入了铁底湾,三川所在的旗舰"鸟海"号率先发现了美舰巡逻警戒的"贾维斯"号驱逐舰,误以为是巡洋舰,立即下令鱼雷攻击,结果未命中但也未被对方发现。此后"鸟

海"号又向美巡逻队右前方的"巴特雷"号驱逐舰实施鱼雷攻击,也未命中。1时45分,日军的舰载机在美舰上空投放照明弹,发现了美"芝加哥"号和"堪培拉"号重巡洋舰,"鸟海"号立即开炮并施放鱼雷,"堪培拉"号当即被击沉,"芝加哥"号负伤逃离,但它们都没将敌情通报给北区的美舰,所以日军编队在北区又将"阿斯托里亚"号重巡洋舰击沉。此时的"鸟海"号也已负伤,日舰"青叶"号也冲上前去将美国"奎印锡"号重巡洋舰击沉。日军编队的另外3艘巡洋舰,用探照灯照明,将美军"维赛勒斯"号重巡洋舰也击沉了。战斗至凌晨2时20分,三川中将认为弹药消耗得差不多了,也担心天亮遭美机袭击,决定退出战斗。在撤退中,它遭遇在北区巡逻的美军"塔尔波特"号驱逐舰,将其击伤。此次战役日舰只有"鸟海"号和"青叶"号受了轻伤。

277. 为什么瓜达尔卡纳尔海战成为太平洋战争的转折点?

1942年5—6月间,继珊瑚海和中途岛两次海战后,太平洋战争的形势开始发生变化,即日军战略进攻的势头已被扼制,盟军在战略上已经取得主动权。然而。日军错误地判断形势,执意继续南进,企图占领新几内亚和所罗门群岛。与此同时,美军也在把握战略形势转变的有利契机,准备战略反攻,它的第一个目标就是指向所罗门群岛。于是两军对垒,狭路相逢,在1942年8月至1943年2月间,日美双方在所罗门群岛南部的瓜达尔卡纳尔海域展开了一场空前残酷的岛屿争夺战,这一战役成为决定太平洋战争结局的奠基石。瓜岛争夺战美军获胜之后,太平洋战争的转折点终于来到了。

278. 美军为何要首先砸烂"太平洋防波堤"？

在1942年下半年,旷日持久的瓜达尔卡纳尔岛争夺战,使日本在太平洋战场上丧失了战略主动权,日本海陆军逐步退缩,再也不能自由地选择战斗的时间和地点,美军在哪里进攻,日军就被迫在哪里应战。但美国实力尚未完全恢复,还无力大举反攻。美英联合参谋委员会在卡萨布兰卡会议中决定,1943年前10个月,盟军在太平洋方向只收复阿留申群岛西缘、阿畋岛和基斯卡岛,主要任务是在南太平洋向拉包尔发动攻势,待下半年美国"埃塞克斯"级大型航空母舰服役后,再从中太平洋大举反攻,占领日本人称为"太平洋防波堤"的马里亚纳群岛。"太平洋防波堤"一经砸烂,巨大汹涌的浪涛就能直接冲击日本列岛,日本本土的大门就将被叩开了。

279. 马里亚纳海战结果如何？

马里亚纳海战是美、日两国海军在马里亚纳群岛以西、菲律宾海滨以东海域进行的海战,也称"菲律宾海战"。1944年5月初,日本海军由消极防御转为积极寻找战机作战,以期实施对美海上决战。此次双方参战兵力:日军航空母舰9艘、战列舰5艘、巡洋舰13艘、驱逐舰28艘、飞机473架,由小泽治三郎海军中将指挥。美军航空母舰15艘、战列舰7艘、巡洋舰21艘、潜艇28艘、飞机956架,由斯普鲁恩斯海军上将指挥。在6月19日早晨,日本舰载机300余架,分4个波次首先对美舰队实施远距离突袭,遭到美国舰载机的截击,损失惨重。同一天,美国潜艇击沉日本航空母舰2艘。日军无力再战,在西撤时又被美机炸沉航空母舰1艘。这次海战中,日军损失航空母舰3艘,伤航空母舰2艘、战列舰2艘、巡洋舰1艘,损失舰载飞机400架;美军损失飞机130架,美军成了本次海战的优胜者。

280. 美国开展大规模对日攻势有什么物质基础?

战争说到底是两国经济实力,特别是综合国力的竞赛。1942年底至1943年初,太平洋战争有利于盟军发生转折的背景是,美国庞大的经济和工业潜力完全转入了战时的轨道,军工生产蓬勃发展,造舰能力3倍于日本,飞机制造能力10倍于日本。1943年春天以后,9艘新型快速航空母舰加入中太平洋部队的主力第五舰队,其中4艘是载机100多架的"埃塞克斯"级大型航母,航速可达32节以上,这些军舰与原有的舰只一道,占据了太平洋上航空母舰的优势,组成了能远程突击的强大兵力。在飞机的飞行速度、高度、攻击和防护性能上都比日机略胜一筹。美国巨大而又不断加速的生产能力,为它在太平洋上展开大规模海空攻势提供了雄厚的物质基础。与其相比,日本则走上了战时经济不堪重负的阶段。由于国土狭小,资源贫乏,生产能力有限,已无法满足陆海两军日益增加的战争消耗。

281. 美国为何要制订海空"行刺"计划?

日本偷袭珍珠港,重创美国太平洋舰队后,美国人十分震惊和愤慨,特别是对阴谋的策划人——联合舰队司令长官山本五十六恨之入骨,必欲除之而后快。

美军太平洋舰队司令切斯特·尼米兹

1943年初,日军侵略矛头指向所罗门群岛,大批舰载机从航空母舰转移到前线基地。为鼓励士气,山本偕同参谋长宇垣缠海军中将拟乘飞机前往布干维尔岛的卡伊尔视察。4月17日上午,美国情报机关截获并破译了山本之行的密码电报。在美国总统罗斯福的授意下,美国海军部长诺克斯下令太平洋舰队司令尼米兹派飞机半途截击。随即,一个代号为"复仇"的海空"行刺"计划就付诸实施了。

282. 海空"行刺"计划是如何实施的?

美军的海空"行刺"计划是如何实施的呢?1943年4月18日清晨,一向以严守行动时间著称的山本长官及其幕僚们完全按预定计划乘两架双引擎中型轰炸机,在6架"零"式战斗机的护送下,自拉包尔的拉库纳机场起飞,计划9时到达布干维尔岛南端的巴莱尔机场。

美军驻所罗门地区的航空指挥官米切尔海军少将根据尼米兹的命令,挑选了18架"P-38"型新式战斗机担任截击任务。其中6架编为狙击机队,由朗菲尔中尉任队长,12架编为佯动机队,由米歇尔少校指挥,预定9时35分在卡伊尔以北8000米上空与日机遭遇。估计山本座机高度为3000米,据此,米切尔将狙击机配置在3500米高度,掩护机配置在6000米高度。

283. 山本五十六的座机是怎样被击落的?

1943年4月18日早晨,美军瓜达尔卡纳尔岛东北部的亨德森机场,18架"P-18"飞机开始滑行,突然有2架引擎发生故障,刻不容缓的重大任务只得由16架飞机去完成。机群为了避开日军雷达,在海上低飞了2个小时,当9时30分升到预定高度时,先后发现2架双引擎飞机,转瞬间,6架"零"式战斗机也映入眼帘。米歇尔率领掩护机队首先接近"零"式飞机并展开空战。美机且战且退,把日战斗机引开。9时35分,朗菲尔率领的6架狙击机从低空突然跃升,向已放下起落架、暂无战斗机掩护的山本座机攻击,仅一个连射,就使山本座机中弹起火,拖着浓烟坠毁在丛林中,山本及其随员们全部丧生。几乎同时,参谋长宇垣缠乘坐的另一架轰炸机和3架"零"式战斗机也被击落。这是一次十分成功的海空"行刺",是日本海军继中途岛海战和瓜岛战役失利后的又一重大损失,罪大恶极的山本得到了应有的惩罚。

284. "二战"后期美军海、陆军之间的作战目标发生了什么分歧?

"二战"后期的1944年中期,美国陆、海军之间关于对日作战的目标问题,在进行着激烈的争论,是菲律宾,还是台湾?陆海军各抒己见,争执不下。海军的方案是:绕过日军防卫森严的吕宋岛,直接进攻台湾或在中国东部沿海上陆,切断日本的南洋补给线。然后,通过战略轰炸、潜艇封锁等手段,迫使日本无条件投降。

对此,陆军统帅麦克阿瑟竭力反对。在尊严和利益的双重驱使下,他请求面见总统罗斯福,从人道主义到"重振国威",从战争形势到战略选择,据理力争,请求先收复菲律宾。对此,总统又专门听取了尼米兹攻打台湾的计划。两相比较,罗斯福终于认同了麦克阿瑟的计划。

285. 美军为什么最终要选择中太平洋为主要战略方向?

美军自太平洋的北部、中部和南部分别发动攻势,并非三个战略方向平分兵力,而是以中太平洋的反攻作为它的主要战略方向。这是因为太平洋

战场上的美军通信兵

中部的岛屿既多又小,日军为了防守这些小岛和环礁,必须分散兵力。中太平洋各岛屿之间的距离较远,日军在各岛的守备部队难以相互支援,便于美军各个击破。其次,从中太平洋发动强大攻势,直趋菲律宾,可以切断日本本土通往南太平洋的交通线,使日军首尾不能相顾,给日本致命威胁。再者,以中太平洋为主要反攻方向,运输线较短,且日军防御比较薄弱。美国确定了这一正确战略,大大加快了反攻的推进速度,势如破竹地攻克了被日军占领的一个又一个岛屿。

286. 美军为什么把"逐岛作战"改为"越岛作战"?

美军在太平洋战争的反攻中,从起初的"逐岛作战"改为"越岛作战",不仅打乱了日军的防御部署,而且加快了反攻进程。所谓"逐岛作战",就是美军将进攻路线上的每个日占岛屿或地区逐一占领后,再向前推进。美军反攻的初期,一直采用这种作战方式。日军也以"逐岛作战"与之对抗。这样一来,美军只好在对方步步加强设防竭力顽抗的条件下前进,处处碰钉子,进展缓慢,代价甚大。1943年夏,美军吸取了这教训,改用"越岛作战"的作战形式,即越过日军防守较强的岛屿,用舰艇部队和航空兵将其封锁,使之不能为患,径直攻取日军防御薄弱的岛屿或地区。这样就可以避实击虚,以较小的代价获得较大的战果。美军采用"越岛作战"的形式后,太平洋上岛屿争夺战的形势发生了显著变化,反过来,日军仍继续使用"逐岛作战"的形式,对每一个岛屿都拼命死守,导致最终全盘皆输。

287. 你知道"二战"中美军在硫磺岛登陆作战的代价吗？

硫磺岛登陆作战计划是美军继塞班岛登陆作战后的又一次"蛙跳"式进攻作战。1945年2月之前，美军对硫磺岛进行了长达半年的轰炸，投了13000多吨炸弹，美舰也向该岛发射炮弹15000余发。在登陆的前3天中，发射炮弹又有7500吨。在登陆前的两个小时里，又发射炮弹38000余发。硫磺岛上平均每平方千米的地面，美军消耗炸弹、炮弹足足有1200余吨。美军以为日军阵地已被彻底摧毁，人员伤亡得也差不多了。在2月19日晨，美军第一梯队2个陆战师从硫磺岛东岸登陆，立即遭到日军的猛烈射击，加之海岸陡峭，进攻进展缓慢。经过5天的战斗，美军以伤亡2400人的代价，至24日才夺取了日军主阵地折钵山。这不仅使美军用5天时间占领硫磺岛的计划落空，也令美军战役总指挥斯普鲁恩斯海军上将百思不得其解。原来日本在马绍尔群岛和塞班岛失守后，加强了这最后一道防线的建设，还调来了善战的栗林忠道中将任指挥官。栗林忠道考虑到此时已得不到海空军的支援了，便采取了将美军放进来打的战术。他在岛上不仅构筑了坚固的工事，并使各阵地与天然岩洞结合起来，并在地下以交通壕相连，这就是为什么美军消耗了数万吨弹药效果仍不明显的原因。在后来日美军的阵地争夺中也看出，直战至3月25日，才将日军残部全歼，而清剿残余日军时又用了一个月时间。此次战役日军有21000人被全歼，而美军也伤亡了28000人，损失舰艇33艘，飞机168架。

288. 莱特湾大海战日美双方各有多少兵力参战？

莱特湾大海战是世界海战史上最大的一次战斗。1944年夏末秋初，美军在太平洋的两支劲旅——第三、第七舰队已调至菲律宾境外汇合，收复菲律宾已成定局。处于强弩之末的日军不甘心罢休，为扭转战局，精心策划了"捷1号作战"计划。他们在加强菲律宾陆地防御的同时，调集了几乎残存的全部海军兵力，计有航空母舰4艘、战列舰9艘、巡洋舰19艘、驱逐舰33艘，陆海飞机700余架，分别组成北路、中央、南路3支分遣舰队至西南

莱特湾大海战

太平洋，拟对美军实施决定性的反攻。10月中旬，美国太平洋战区的主要兵力云集菲律宾东部海域，共有航空母舰12艘，护航航空母舰18艘，战列舰12艘，巡洋舰20艘，驱逐舰104艘，舰载机1280架，发动了莱特湾的战斗，双方都决心非凡，进行了最终决定太平洋战争胜负的最后一搏。这次大海战共包括四部分：锡布扬海的海空战，

苏里高海峡夜战,萨马近海海战,恩格诺角海空战。

289. 锡布扬海的海空战是怎样进行的?

莱特湾大海战是先从锡布扬海上空战开始的。1944年12月24日,日军从吕宋岛起飞的飞机进攻了最北面的美国航空母舰大队,但由小泽指挥的舰载机未发现这支航空母舰大队,继续向吕宋飞去,因此大部分在途中被截击和击毁。这时,日军的岸基航空兵也飞向战区,美航空母舰大队指挥员哈尔西见状急调部分飞机迎战日机,一场大规模的海空战同时在菲律宾东部和锡布扬海上空进行,双方飞机互相追逐搏斗。美机打得很出色,其中长机麦克贝尔一人击落日机9架,这次交锋日机损失70多架。正当美军庆幸胜利之时,一架日本轰炸机的两颗500磅炸弹击中美方轻型航空母舰"普林斯顿"号。然而它的爆炸又炸伤了前来营救它的"伯明翰"号。"普林斯顿"号终于在海中沉没。另2支美国航空母舰大队这天分4批袭击了锡布扬海日本栗田中将的舰队。战列舰"武藏"号被11枚鱼雷和19颗炸弹击中,沉入大海。战列舰"大和"号和"长门"号也被炸弹击中,但仍能坚持战斗。

290. 苏里高海峡夜战结果如何?

继白天锡布扬海激战之后,于25日清晨2点,美军在奥尔登多夫上将率领下,第七舰队支援编队的重型战舰排成纵队穿过苏里高海峡。就在这里美方驱逐舰发射的鱼雷将日方战列舰"扶桑"号和3艘驱逐舰击沉。4时20分,日本"山城"号战列舰驶进美军的火力范围之内,在双方战列舰的炮火交战之中,日本舰队明显处于劣势,包括西村上将在内的日本舰队全军覆没。巡洋舰"最上"号带着严重伤势,艰难地驶离此地。日军南方编队剩余的舰只转变方向,但这时,"那智"号又与"最上"号相撞。轻巡洋舰"阿武隈"号被鱼雷快艇击沉,"最上"号也被美军舰载机送入海底。日本的南方编队中只有2艘重巡洋舰和几艘驱逐舰逃生。

291. 萨马战役日本海军拿出了什么"绝招"?

莱特湾大海战的第二天,即1944年10月25日清晨,日本粟田中将的舰队向美国第七舰队的最北部航空母舰开火,迫使航空母舰的飞机起飞,然后航空母舰朝南

日军战机对美舰进行猛烈轰炸

驶去。日方紧追不舍,美军有几艘舰艇被击沉击伤,但美方也击中了日重巡洋舰"熊野"号。此时,粟田发现了前面的第二护航航空母舰群,误认为是美军的第三舰队,便停止了追击。就在这时,日方飞行员首次驾"神风"飞机

进行了袭击。这是日本空军"敢死队"队员驾驶的满载炸弹的飞机,去撞击轰炸目标,企图与之同归于尽。他们所驾驶的飞机称为"神风"飞机。4架飞机袭击了第二护航母舰舰群,美军3艘航空母舰被击中。本来这是扩大战果的最好时机,然而栗田怀疑美国第三舰队就在附近,也不知道"神风"攻击已击毁美舰,竟下令撤退,丧失了大好战机。

292. 恩格诺角海战日本舰队如何遭到惨败?

1944年10月25日,美军在连战连胜的气势下,继续扩大战果。米切尔的527架飞机分7批又对日舰进行攻击。第一批起飞袭击了恩格诺角外小泽的北方编队,很快击毁日本飞机20架,击沉轻型航空母舰"千岁"号。在随后的进攻中,又击毁航空母舰"瑞鹤"号和"千代田"号,轻巡洋舰"多摩"号也受伤,接着被潜艇击沉。至此为止,日方的航空母舰舰队全被摧毁了。栗田的舰队在最后撤退时又受到美第三舰队和第七舰队飞机的攻击,再损失巡洋舰"能代"号和"鬼怒"号。尽管部分日本舰队逃脱了,但这场战斗还是起了决定性作用。从这时候起,美国在太平洋再也没有危险的对手了。

293. 为什么莱特湾大海战是日本海军命运的终结?

莱特湾大海战,在作战空间宽600海里,南北长2000海里的海域上展开,双方共计参战的作战舰艇293艘,飞机1996架;激战结果,日本损失航空母舰4艘,战列舰3艘,巡洋舰10艘,驱逐舰11艘,飞机150架,死亡人数1万人;美军损失航空母舰3艘,驱逐舰3艘,飞机100架,死亡人数1500人。由于海战的结果极大地影响了莱特湾陆上作战的进程和结局,美军最终占领莱特岛,歼敌5万余人。此次战役,日本海军不仅受到毁灭性的打击,而且整个战略防御也遭到彻底的震撼,防御圈体系已被突破。美军由此获得了太平洋战场的战略控制权,日本帝国的崩溃已面临最后的阶段。战后,日本海军大臣米内光政在评价莱特湾海战对日本帝国的影响时说:"我觉得这就是终结!"

294. 日本的"神风"特攻队是在什么情况下组建的?

在太平洋战争的战局逆转后,日军为了挽救节节败退的局面,抗衡美军海空优势,于1944年10月19日从第一航空队201飞行队中抽出一批军国主义狂热的航校学生正式编组成"海空神风队"(亦称特攻队),经一周特攻训练后,这些亡命之徒即可驾驶陈旧的"零"式飞机(各载250千克炸弹)执行"自杀轰炸"任务。当局提出:"要以一架飞机换一艘军舰。"日军认为:这样可以缩短训练周期,节省燃料消耗,发挥陈旧飞机的效益,提高攻击效果,实在是"人尽其才,物尽其用"。莱特湾大海战萨马战役中首次使用了这种由"敢死队"驾驶的"零"式自杀飞机。以后更是作为救命的法宝,频繁使用。

295. 在冲绳战役中"神风"特攻队起了什么作用?

太平洋战争持续到1945年4月1日,美军已经开始发起了登陆冲绳的战役。驻岛的日军"神风"特攻队飞机1456架分批对美舰进行了大规模的攻击。仅4月6—7日两天,就出动了355架自杀飞机。击沉击伤美军舰船数十艘。从4月8日起,驻九州的部分自杀飞机也在战斗机的掩护下持续向美舰发起攻击。仅一天,美军第五十八特混舰队司令米切尔的旗舰"邦克山"号就突然遭到2架自杀飞机的攻击,死伤官兵396人,战舰严重破损。米切

日本"神风"自杀飞机

尔只得将旗舰转移到"企业"号上。可不久,"企业"号又遭到自杀飞机的攻击,米切尔再次转到"伦道夫"号航空母舰上。这期间英国的航空母舰及英美两国的战列舰、巡洋舰等100多艘舰船也遭到日本自杀飞机的撞击,只是由于飞行甲板坚固和自杀飞机的冲撞力小,多数航空母舰才免于沉没。

296. 使用"神风"特攻队能否挽回日军的惨败?

随着战争的不断发展,实战进一步证实"神风"特攻队的自杀性攻击已无法挽回日军的败局,加之日方人员和燃料的不足,至6月底,这种自杀攻击行动就基本结束。战争期间,"神风"飞机共出动5000余架次,其有效率不足20%。至战争结束时,日军还拥有各种自杀飞机10500架,其中有5400架已做好了出动准备,欲与美军作"本土决战"。

"二战"中日本统治者依靠奴化教育的方法,竭力向日本军人灌输"一机换一舰,名传千秋"的亡命理论,并利

用这种特有的"武士道"精神,有组织、大规模地实施自杀空袭战术,在海战史上是别无前例的,这种自杀战术的运用以彻底失败而告终。

297. "大和"号超级战列舰是怎样被击沉的?

1944年上半年,日军各条战线吃紧,特别是西南太平洋战场更是"江河日下",接连失利。到10月中旬,日本海军主力云集菲律宾,试图与美国海军决战。由栗田健男中将指挥的以"大和"号和"武藏"号为骨干的中央分遣舰队自文莱锚地起航,于23日驶进锡布扬海,不久就被美潜艇发现。美特混舰队的飞机炸沉了"武藏"号,并使"大和"号受伤。1945年4月1日,美军登陆冲绳成功。为进行反攻,日军由"大和"号等战列舰组成的特攻舰队从濑户起航,全力在4月9日冲到冲绳,对停泊的美舰进行攻击。但舰队刚刚出航,即被美国潜艇跟踪。次日,美军第五十八特混大队386架飞机起飞,12时39分,第一波飞机临空攻击,"大和"号主舵附近中弹2颗,舰腹中5枚鱼雷。第二波攻击,"大和"号又中3颗炸弹、5枚鱼雷,引起一连串惊天动地的大爆炸。于14时23分,千疮百孔的"大和"号沉没在九州西南50海里处,舰上2767名舰员中仅有269人生还。

298. 美军攻占冲绳岛的战略企图是什么?

冲绳岛是琉球群岛中最大的岛,位于岛链的中部,它掩护着日本在东海的交通线,并对日本本土南部形成了可靠的屏障。美军在冲绳岛作战的企图是,从日本本土西南突破其防御圈后,可完成阿留申群岛、硫磺岛至冲绳

岛对日本本土的战略包围态势。缩小弧形包围圈更加接近日本本土,这对在日本本土直接发起登陆作战和袭击行动极为有利。同时,

美军登陆

切断日本本土与台湾及其他地区的海上交通线,进而从海上封锁和孤立日本本土。为此,必须在冲绳登陆前,袭击日本本土和台湾等地的日军机场、港口,削弱日军航空兵和舰艇编队支援冲绳岛的作战能力。美国海军第五舰队司令官斯普鲁恩斯担任冲绳岛登陆作战的总指挥。登陆日期确定为4月1日。登陆地段就选在西海岸岛中部的残坡岬与牧崎港之间的海滩(白沙滩)上。

299. 美军攻占冲绳岛调动了多少兵力?

美军在冲绳岛登陆作战,为了保证兵力绝对优势,几乎调用了太平洋战区内海军和陆军的大部分主力,英国海军兵力也参加了作战。海军和地面兵力编成如下:海军编成7个任务不同的特混编队。第五十八特混编队(航空母舰编队)、第五十七特混编队(英军航空母舰编队)、第五十二特混编队(登陆支援编队)、第五十三特混编队(北部登陆突击编队)、第五十五特混编队(南部登陆突击编队)和第五十四特混编队(舰炮和掩护编队)。共有航空母舰34艘(舰载机2108架)、战列舰22艘和其他

作战舰艇 320 艘。登陆运输船 500 艘,加上后勤舰船和辅助船只共 1000 余艘。登陆兵力由美军第十集团军担任,下属陆军 2 个军和 1 个步兵师担任集团军预备队。地面作战总兵力约 18 万人,地面勤务部队还没统计进去。

300. 美军怎样实施冲绳的登陆作战?

为确保冲绳登陆一举成功,于 1945 年 3 月 23 日至 25 日,美军第五十八特混编队持续袭击冲绳岛和附近各岛。3 月 28、29 日再次袭击九州地区。美军第五十二特混编队的支援护航航母大队于 3 月 26 日到达冲绳岛海区。3 月 29 日开始,舰载机封锁读谷和嘉手纳机场。3 月 30、31 日,第五十八特混编队又袭击冲绳岛。3 月 26、

冲绳岛战役图

27日,英国海军航母编队袭击先岛群岛东部的宫古岛和日军机场。31日,继续袭击先岛群岛各目标。美军第五十八和第五十四特混编队实施了火力准备,并进行了扫雷和水下爆破作业。3月25日,美军第七十七步兵师在庆良间列岛登陆,完成了登陆作战的第一步。接着第二步于3月31日占领庆伊濑岛。3月25日,日本海军联合舰队司令长官丰田副武命令于26日实施"天号"作战。日本海军第三和第十航空舰队在九州展开。3月26日至31日,连续出动轰炸机和特攻机攻击美军舰船。由于日军没能按时完成任务,使"天号"作战丧失了战机。4月1日,美军第十集团军按预定计划实现了在白沙滩登陆。

301. 日本海军航空兵怎样实施"菊水"作战的?

美军按计划实现了冲绳岛登陆后,日军全力组织了多次反攻。"菊水"作战就是日本海军联合舰队对冲绳岛美军发起空中攻击的代号。"菊水"1号作战(第一次总攻击)在4月6、7日实施,日军共出动飞机696架次(含特攻机355架)。"菊水"2号作战出动飞机392架次(含特攻机202架)。至6月22日,日本海军航空兵发动了10次"菊水"作战,共出动飞机2742架次(内含特攻机1506架)。与此同时,在4月6日至22日,日军航空兵还频繁地实施了小规模的攻击,共出动飞机约4109架(内含特攻机887架)。这次作战,日军损失飞机2256架。据日军报道,沉、伤美军舰船404艘(沉36艘,伤368艘),实际上巡洋舰以上没有1艘被击沉,日本海军一厢情愿地夸大战果,认为"给予敌海上兵力以极大的打击(击沉航空母舰 10 艘～11 艘、护航航空母舰 13 艘～14 艘、战列舰 5 艘、巡洋舰 29 艘……),使美军第五十八特混编队飞跃进攻,陷于不可能"。正因为如此,5 月 26 日,日本大本营陆军部命令空军总司令官停止"天号"作战。而海军直到 7 月上旬才停止"天号"作战。

302. 冲绳岛战役结果如何?

冲绳岛战役,岛上的战斗至 6 月 22 日结束,日军第三十二军司令官牛岛满中将和参谋长自杀。7 月 2 日,美军宣布冲绳岛作战结束。在冲绳岛作战,日军第三十二军所属部队死亡和失踪约 10.5 万人,被俘 7400 人;击沉水面舰艇 16 艘和潜艇 8 艘;损失飞机约 3461 架(日军材料说"菊水"作战损失 2258 架)。美军死亡失踪 7613 人,伤 31807 人,非战斗伤亡 2.6 万人。6 月 18 日,美军第十集团军司令官巴克纳中将阵亡。海军舰船沉 30 艘(大部分被特攻飞机击沉),不同程度损伤 368 艘,舰载飞机损失 763 架。日军在冲绳岛作战遭到严重损失,但也达到了两个目的:首先,争取了日本本土防御的时间;其次,使美国认识到在日本本土发起登陆作战会遭到更大的损失。

303. 美国是怎样实施无限制潜艇战对日本进行报复的?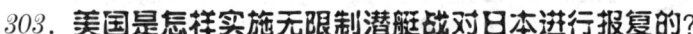

珍珠港遭到袭击后,当时美军可以用于对日本进行反击的海军兵力就只剩下潜艇了。为此,美国海军作战部长下令对岛国日本实施无限制潜艇战。这支"海豚式的作战兵力"奋起应战,投入一场心照不宣的、旷日持久的消耗战,以切断日本的主动脉——海上补给线,使日本走投无路,被迫投降。美潜艇部队虽在战争初期因装备较差连遭厄运,但它对夺取最后胜利所作的贡献是其他兵种难以比拟的。美国潜艇共击沉500吨以上日本商船达1178艘,合起来超过500万吨。这些商船的损失确实对日本产生很大影响。此外,美国海军潜艇还击沉了214艘日本舰艇,其中有1艘战列舰、4艘舰队航空母舰、4艘护航航空母舰、12艘巡洋舰、42艘驱逐舰和23艘潜艇。仅1944年初,美国就在太平洋上部署了123艘潜艇。这一年,美潜艇击沉了日本500余艘舰船,总计250万吨。来自水下的报复也使日本吃尽了苦头。

304. 美国"刺尾鱼"号潜艇创造了什么奇迹?

要知道潜艇都能干些什么,没有比在第二次世界大战中美国在太平洋战争中潜艇所发挥的作用更令人惊叹了。美国"刺尾鱼"号潜艇在9个月的巡逻中,在理查德·赫瑟林顿·奥凯恩海军中校指挥下,击沉了30艘舰船,共计93243吨。

日舰遭美潜艇攻击

"刺尾鱼"号的经历也许是第二次世界大战中一艘潜艇最光辉的写照。"刺尾鱼"号长95.4米,艇员88人,携带24枚鱼雷。它在第四次巡逻中竟奇迹般地击沉了日本17艘舰船。当它离开珍珠港执行第五次巡逻任务时,还能指望再刷新这一战绩。但不幸的是,"刺尾鱼"号在发射第二十四枚鱼雷时,因鱼雷出了故障,胡乱在海中打转,反而将自己击中,使潜艇遇难后沉到台湾海峡55米深的海底。在逃生的人中,有15名被日军俘获。其中6人未能挺过日本人的折磨死在狱中,其余9人终于在日本投降后回国,其中包括艇长奥凯恩,他被授予国会荣誉勋章。

305. 美军潜艇部队为何能在太平洋战争中取得赫赫战绩?

日军士兵向美军投降

美潜艇部队之所以能取得赫赫战绩,不仅因为指挥官指挥得当和潜艇艇员的技术熟练,还因为它有一套完整的战术。这套战术是十分灵活的,并根据实战经验和多变的作战特点不断加以改进。这也与他们经得起挫折,把新技术用于潜艇,提高潜艇的性能和鱼雷设计的不断完善分不开。大战开始时,美国服现役的潜艇只有111艘,另外有73艘正在建造中。珍珠港事件爆发前日,作战潜艇有50艘在太平洋,其中29艘属于以菲律宾为基地的亚洲舰队;21艘属于以珍珠港为基地的太平洋舰队。潜艇数量少,质量也差,特别是在较长的一段时间里鱼雷的性能较差。鱼雷质量不好的原因在于,磁性引信装置的设计不够完善,潜艇司令洛克伍德将军果断地下令停止使用磁性鱼雷,努力改进蒸汽瓦斯鱼雷和电动鱼雷。消除了一系列缺陷之后,美国潜艇才有了可信赖的武器,并在实战中大获战果。

306. 有史以来击沉舰船最多的潜艇艇长是谁?

潜艇自诞生以来,在海战中显出威力,成为最有威慑力的武器装备。许多潜艇艇长,以广阔的海洋为战争舞台,创造了许多神话般的战绩。据报道,在战争中击沉船只最多的潜艇艇长要数德国海军的奥托·斯坦勃林克。他在第一次世界大战中共击沉了202艘舰船,总吨位达23.2万吨。但要从总吨位上看,他得让位于另一个德国潜艇艇长罗萨·冯·阿诺德·德拉比利。德拉比利共击沉了146艘舰船,总吨位达45.4万吨。

307. 日本潜艇部队无所作为的原因是什么?

第二次世界大战中,德国对盟国采取无限制潜艇战,特别是在大西洋破交战中运用"狼群战术",把盟军搞得焦头烂额。意大利在使用潜艇方面也有成绩。珍珠港事件之后,美国以其人之道,还治其人之身,用潜艇在太平洋破交,给日本以沉重打击。美国在使用潜艇方面所取得的战果首屈一指。唯独日本海军,手中尽管有一支训练有素的潜艇部队,却因使用不当,特别是最高统帅部缺乏远见而白白地消耗掉了,大部分兵力未能充分发挥作用。在偷袭珍珠港战役中,日本派出的潜艇部队主要是担任侦察、报告敌航空母舰动向和袭击企图逃离港湾的敌舰。日本不仅没有计划使用潜艇兵力去破坏盟军交通线,也无计划使用潜艇来保护本国的交通线。日军使用潜艇的一条基本原则是,全力以赴地配合舰队作战。另外,日本海军非常轻视美国潜艇的潜在威力,这就使他们不得不在客观规律面前碰壁,受到严厉的惩罚。

308. 日本对潜艇有什么特殊用法?

日本与美国一样,往往使用潜艇执行特殊任务。可是,有些执行特殊任务的潜艇是日本所独有的。例如,袖珍潜艇、搭载小型侦察机的潜艇和由一名敢死队员驾驶的所谓"回天"由人操纵的鱼雷等,均属这种特殊兵器。这种兵器是由大型潜艇携带到现场,用来实施近距离攻击的。战争初期,日本曾使用过几次袖珍潜艇,尤其是马达加斯加重创英国战列舰"拉米伊"号,取得了引人注目的战绩。到战争后期,新设计的"回天"人操鱼雷,是与"神风"特攻机一样充分体现出"武士道"精神的所谓"王牌"兵器。但是战争的胜负绝不是靠一些亡命之徒所能主宰的。

德国曾强调指出,潜艇是袭击运输舰船的最有效武器,并再三敦促日本使用潜艇袭击盟国的护航运输队。日军对此置之不理,仍然一味使用潜艇去袭击戒备森严的舰队。最后,日本竟使用性能很好的潜艇来担负运输任务。日本军界固执到底,直到最后仍不了解这种主要兵器的潜在威力,这在古今海战史上也是罕见的。

309. "二战"末期美对日是怎样实施布雷封锁的?

1944年底,以日本、美国为主要交战国的太平洋战争形势发生了根本性的转变。骄横一时的日军已经日暮途穷,节节溃败了。美国为了制服日本,决定采用攻势布雷封锁这个岛国,从经济上和精神上对日本施加压力。

布雷准备工作从1944年12月开始,由一批水雷设计师和水雷专家率领的水雷装配组200人进入马利亚纳群岛的提尼安岛工作。在5个月中,他们共改进和装配各种不同类型的水雷1.3万颗。1945年3月27日,大规模的攻势布雷开始,由"B-29"飞机装载的第一批水雷投掷到下关海峡、佐世保等海域。这个战役击中了日本的要害,使日本大本营的高级军事指挥员都感到畏惧和沮丧。

310. 美对日的水雷封锁分几个阶段?

对日本水雷封锁的布雷活动分5个阶段实施。第一阶段:从1945年3月27日至5月2日,重点封锁大隅海峡、丰后水道和南方军港,以配合冲绳岛登陆作战;第二阶段:从5月3日至5月12日,主要封锁下关海峡和东京、名古屋、神户、大阪等地的大工业港口;第三阶段:从5月13日至6月6日,着重在本州西北部和九州西南部港口、水道布雷;第四阶段:从6月7日至7月8日,完成对本州西北部和九州的全面封锁;第五阶段:从7月9日至8月15日,完成对日本列岛的全面封锁,并对朝鲜主要港口布雷。在历时4个半月的时间里,美国先后出动"B-29"轰炸机1528架次和部分潜艇布雷,实布各型水雷12053颗。这些水雷中有磁性水雷4900颗,音响水雷3500颗,水压水雷2900颗,次声水雷700颗,其中1000磅和2000磅重的水雷各占一半。

311. 美对日的水雷封锁效果如何?

日本是个工业较发达但又资源贫乏的岛国,美军认为,彻底破坏了日本本土的海上运输,就会置日本于死地。布雷初期,尽管日本出动了各种扫雷舰艇扫雷和各种自杀性舰船开辟航道,仍不能打开封锁局面。由于港口、航道的封锁,舰艇不能出海作战,致使岛外的军队陷于无援的境地;由于海上交通瘫痪,产品运不出,原材料和粮食运不进,工业生产处于停滞状态,食品供应几乎断绝,致使700万人挨饿,故历史上称之为"饥饿战役"。布雷之后,共沉伤日本舰船670艘,总吨位接近140万吨。日本本土与西南诸岛、中国内地和朝鲜的海上交通线基本被切断。此举除了在掐断其经济命脉方面效果直接外,还严重地削弱了日军和国民的战斗意志和战斗力,对促进日本无条件投降起了重大作用。尚未爆炸的水雷在10多年后还起作用,招致了部分舰船的沉没和损伤。

312. 在中国毙命的日本海军将官有多少?

日本在多年的侵华战争中共有12名海军将官毙命于中国。

第一名丧命的日本海军将官是日本第四舰队司令官东乡正路。1906年1月4日,在渤海湾海域执行任务时暴病身亡,卒年55岁,死后,晋封男爵。

死于中国的日本海军将官军衔最高的是海军大将大角岑生。1941年2月5日,他乘坐的飞机被当时中国第三游击区司令袁带发现,即令机枪射击。大角岑生的座机被击中坠毁,同机毙命的还有海军少将须贺彦次郎。还有几个日本海军将官,有的死于"神风特攻队"的自杀性攻击,有的在作战中坠海而死。唯一死于海战的是日本联合舰队中将司令官铃木义尾。他是在台湾海域被美舰击毙的。命丧中国南海的和田纯久、秋永守一是少将军衔。福田英男、山县正乡是畏罪自杀的日本海军将官。唯一一个被中国军事法庭判处死刑的日本舰队中将参谋是左近允尚正。

1945年9月2日,日本在美舰"密苏里"号上签订投降书

313. 土豆能击沉潜艇吗?

具有钢铁身躯的潜艇,像钢铁巨鲸遨游"龙宫",只有鱼雷、深水炸弹或反潜导弹才能击沉它,一般的武器对它无可奈何。你能相信用土豆也能击沉它吗?

在第二次世界大战中，美国一艘驱逐舰"奥班农"号奉命在所罗门群岛附近执行巡逻任务，突然发现在距美舰几十米的地方，有一艘日本潜艇浮出水面换气。这一突然遭遇，使美、日双方都惊慌失措。日本潜艇虽有鱼雷，但已来不及施放。美军驱逐舰虽抢先开火，可是因为距离太近，无一命中。日本潜艇见事不好，便迅速掉头向美舰冲来，进入美舰舰炮无法射击的死角，并紧急下潜。由于情况猝然变化，美军士兵一时来不及去拿轻武器，便抓起储存在甲板小舱里的食用土豆，接二连三地向潜艇打去。潜艇上的日本水兵，以为美国人向他们投的是手雷，连滚带爬地钻入舱内，加大速度逃跑，结果因为慌不择路，一头撞到了海底的暗礁上，造成了艇毁人亡，美舰取得了意外的大胜利。

314. 美军为何要与信天翁作战？

信天翁是一种矫健善飞、勇击风浪的大型海鸟。有人计算过，它1天可以飞行486千米。你知道吗，在海战史上，它们曾与美军展开了一场别开生面的战斗。

在第二次世界大战中为了在太平洋中途岛的一个小岛上建立情报基地，美军派出了一支侦察小队，于夜间偷偷登上了小岛。无数信天翁为了保护自己的领地，愤怒地冲向美军，从空中向美军发动攻击，美军只好败退而去。次日，美军欲再次登陆，大批的信天翁从空中俯冲攻击美军，美军虽然开枪杀死许多信天翁，但是越来越多的信天翁不断飞来向美军攻击，美军不得不再次落荒而逃。直到美军出动了飞机、坦克，动用了化学武器，杀死了大量信天翁以后,才终于占领了小岛,在岛上修建了飞机场。但是这场人鸟之战并未结束,因为信天翁还时常来占领飞机跑道,甚至把飞机撞毁。美军不得不一次次地用化学武器去消灭飞临小岛的信天翁。

315. 美、英海军为何进行了海空"大内战"?

第二次世界大战期间,德军巧施计谋指挥美军海空自相残杀,同太极拳的用对方的力量"借力打击",简直有异曲同工之妙。

1940年5月,盟军司令部在执行进攻西西里岛作战计划时,用电报给美军某空军基地拍发了一份命令,命他们于5月8日23时前,完成向该岛运送空降部队的任务。然而这份情报被德国情报部门截获并破译了。德军立即着手制订了一个针锋相对的电子干扰计划,诱使美军自相残杀。5月8日,德军派出轰炸机在美军基地附近海面1500多米的高度上进行水平轰炸,使美军产生错觉,认为凡是在1500多米高空的飞机都是德军飞机。德军又对美军的运输机群实行高强度的电子干扰,使其与地面失去联系,并冒充美军基地发出假命令,将美军运输机群诱骗到英、美军舰上空。英、美军舰误以为是德军再次空袭,于是对准美军运输机痛打起来,结果许多美军飞机还没弄清怎么回事,就被自家人击落,糊里糊涂地葬身大海了。

316. "布娃娃"里有什么秘密?

布娃娃是孩子们喜爱的玩具,可谁能想到利用谈论布娃娃的信件,竟然也能传递军事情报呢!

229

珍珠港事件两个月后,即 1942 年 1 月的一天,美国华盛的联邦调查局总部,突然收到了英国驻西印度群岛的反间谍部门转来的一封可疑的信件。该信件是一位住在美国波特兰市署名为吉尔伯特夫人写给住西印度群岛的莫利亚夫人的,信中谈论的都是关于布娃娃的事。例如"布娃娃医院修理手足脱落了的布娃娃",以及"背渔网和柴草的布娃娃"等。以后,莫利亚夫人又接到了类似的信件多封。联邦调查局经过周密侦察,终于发现,写信人原来是玩具店的女老板,她所谈论的"布娃娃"是各种舰船的暗语代号,其中"背着渔网的布娃娃",指的是航空母舰;"背着柴草的布娃娃"指的是大型战列舰……这个女老板则是美国籍的日本间谍,她根据日本海军司令部的要求,以布娃娃店为据点,秘密搜集美国舰队的动向情报,用密写暗语的方式定期向住在西印度群岛化名为莫利亚夫人的间谍报告。从此,布娃娃的秘密终于揭开了,美国舰队靠英国反间谍部门的帮助,又消除了一个安全的隐患。

317. "肉馅"计怎样骗了德国人?

1942 年 11 月末,盟军在北非战役结束后,下一个目标是西西里岛。为了调虎离山,英国谍报机关想出了一个代号为"肉馅"的行动计划。

1943 年 4 月 30 日,即盟军进攻西西里岛前两个月,在西班牙南部沿海一渔民发现了一具漂浮的军人尸体,他出于怜悯之心,用小船将尸体拖到岸上,交给了西班牙军方。检验时,发现这是一名英国少校,名叫威廉·马丁,随身带着的公文包里有一份绝密的私人信件,谈到盟国进攻的真正目标是希腊,西西里岛是佯攻。此人似乎是乘飞机去阿尔及利亚时中途失事的。西班牙海军报告纳粹德国,柏林当局经研究后,发现此人与英国公布的阵亡将士名单中的"皇家陆战队少校威廉·马丁"一致,并从尸体溺水时间、腐烂程度以及身上证件鉴定情况看,德军所掌握的情报是完全可靠的。于是德国火速调动部队到希腊,而盟军则乘虚攻占了西西里岛。

318. 你知道潜艇与驱逐舰互相撞击的战斗吗?

1943年11月1日,美国以"卡德"号航母为中心组成的反潜搜索突击群,在亚速尔岛以北展开对德军的搜索。黄昏后,美军发现1艘正处于水面状态的德军潜艇,便命令"博里"号驱逐舰前往攻击。当"博里"号到达了发现潜艇的海域后,结果在雷达上发现有2艘潜艇,立即对最近的1艘开炮射击,潜艇也立即潜水规避。这时"博里"号又在潜艇下潜点投放了一串深水炸弹,舰长根据爆炸声,认为潜艇一定会被击中。实际上,潜艇是负伤逃脱了。"博里"号也向编队报告了这一"战绩"。当另一艘德军U-405潜艇还在水上趁夜逃走时,又被"博里"号雷达发现。"博里"号舰长命令打开探照灯用火炮攻击。而德军的潜艇也认为自己装有重型甲板炮决定在水面与对手炮战。在互射过程中,"博里"号突然加速到25节向潜艇撞去,尽管撞上了潜艇,但舰首却插进艇体拔不出来了。此时的双方艇员就用轻武器,甚至是匕首展开对打。就在激烈对打中,一个大浪袭来,又将两舰分开了。但这时的

"博里"号的首部进水不敢加速,潜艇也不敢下潜了。随后,德军潜艇又加速向"博里"号撞来,被"博里"号用火炮和深水炸弹阻止。由于当时大西洋上风浪很大,两舰均已受伤严惩,U-405潜艇发出信号表示投降,"博里"号也开始向编队求救。至天亮时分,U-405号潜艇沉没,"博里"号的舰员也被赶过来的"戈夫"号和"巴里"号救起,不久这艘老式4烟囱的驱逐舰"博里"号也自行沉没了。

319. 你知道长达24个小时的潜舰对抗吗?

1943年12月12日,以美国"博格"号护航航母和4艘驱逐舰组成的反潜搜索突击群,在卡萨布兰卡西南海域执行反潜搜索任务。"博格"号航母的侦察机率先发现了处于水面的德国潜艇U-172号。反潜突击群立即前往搜索已经潜入水下的U-172,不久就被驱逐舰"克莱姆森"号发现,并投了一组深水炸弹。在空中的侦察机并没有发现潜艇被命中的迹象,随后,另外3艘驱逐舰也加入了搜索行列。原来U-172号已下潜到温跃层以下,并关闭了发动机,正随流漂移。所以美驱逐舰在没有确切位置的地点投了几次深水炸弹根本没有触及潜艇。但长期在水下的潜艇,消耗的电能需要补充,空气也要更换。所以它在夜间冒险浮出了水面,抓紧时间充电,通风换气。但不久,它就被美驱逐舰发现,U-172潜艇被迫再次潜入水下,并受到美军长时间的深水炸弹攻击。直到次日上午8时,美军侦察机真正发现了U-172潜艇破损露出的油迹,便引导驱逐舰前来攻击。就在驱逐舰的深弹即将耗尽时,U-172潜艇又突然浮出水面,启动柴油机企图逃跑。

此时,美军侦察机立即招来两架"野猫"式飞机进行攻击,U-172潜艇中弹后突然打开了升降口,并有几个艇员跳海。这时美机以为 U-172 潜艇要弃艇投降,就停止了攻击。谁知 U-172 的艇长和几名艇员冲到甲板上又开始用舰炮攻击美舰,一颗炮弹还击中了美"英格拉姆"号驱逐舰,当即死亡1人,伤了8人。气急了的美驱逐舰一起还击,一顿炮火将 U-172 潜艇击沉。最后,U-172 潜艇艇长及以下 33 人均被美驱逐舰俘获。战斗整整持续了 24 个小时。

320. 在反潜战中英国是怎样巧用双重间谍的?

"二战"期间,在英国与德国的反潜战中,德国潜艇使用了一种反探测技术,每当遭到英国潜艇探测器的探索时,德国潜艇就从鱼雷发射管里往外排出气泡,迷惑英国人,而德国潜艇乘机逃之夭夭,英国对此感到很挠头。为了破坏德军的这一反探测技术,英国找到了一个被收买过来的德国间谍,请他报告给德国情报局,诡称他在宴请一位英国新式驱逐舰的指挥官时,此人酒后失言,说是:我们已经找到了对付德国潜艇反探测的新办法,这些德国笨蛋不知道他们喷出的气泡恰恰帮了我们的忙。德国情报机关与前一时期德国潜艇偶然被发现的事情联系起来,信以为真,他们以为英国的反潜技术真的有了新的进展,于是德军就放弃了这种技术。巧用双重间谍成功了,随之而来的是德国潜艇受到了更多的损失。

321. 日本潜艇是怎样用小虾"护航"的?

海战中为了达到隐蔽接敌的目的,各种办法无奇不有。第二次世界大战中,美国海军为了防备日本的潜艇偷袭,在舰队停泊处水下安置了听音器。日军潜艇为了躲避听音器,便想到利用一种名叫弹指虾的小虾来护航。日本海军大量地捕捞这种小虾,然后又投放到停泊着美国舰队的海洋附近。原来,这种弹指虾在水中活动时,会发出一种像人弹手指头的声音。无数弹指虾聚集在一起,产生的噪音可以淹没潜艇行进之声,使美国军舰无法察觉前来偷袭的潜艇。日本潜艇用这个办法,接近美舰,发射鱼雷,致使美国舰队受到了重大损失。

322."普陀佛光"怎样吓跑了日本舰队?

1944年7月,8000多日寇占据了中国被称为"海天佛国"的普陀山,使普陀山人民和古迹面临一场浩劫。一天晚上,在千步沙外莲花洋上,突然灯火闪烁,日寇以为是美军太平洋舰队前来袭击,忙用探照灯扫视海面,可是一无所有。不一会儿,海面灯光越来越多,晶亮耀眼,满海闪光。日寇盲目地向海上打枪放炮,然而对方毫无反应。渐渐地,灯光随着潮水汹涌而来,吓得崇拜佛教的日军拜伏在海滩上连连叩头祷告,他们以为是自己骚扰普陀山,得罪了南海观音菩萨,所以就在叩头谢罪之后,主动撤出了普陀山。奇异的"普陀佛光"挽救了这个岛上人民的生命财产。

原来,普陀山千步沙外莲花洋上,寄生着一种含磷的浮游生物,盛夏之时,繁殖较快,在风平浪静的夜晚,集群时发出荧光,闪烁在海面上,竟吓跑了作恶多端的日本兵。

323. 一段情话怎样毁了一个船队？

第二次世界大战期间，美国政府为了支援前线作战，征集了大批商船，向前线运送军火。一个名叫杰克的船员，出发前匆匆来到咖啡馆，他喝了一杯咖啡后，就给远方的女友玛丽打电话。电话拨通后，他把船队即将出发的事情告诉了玛丽。情意绵绵的玛丽，关心地询问出发日期、船队航行路线和要到达的港口。末了嘱咐杰克回来后他们就结婚。杰克一一回答了她的问话。这一段含情脉脉的情话，被坐在咖啡馆中扮成商人的一个德国间谍听得一清二楚，这个间谍立即将这一情况报告给德国情报机关，结果，没过一周时间，这支美国船队便在茫茫的大洋上遭到了德国潜艇的袭击，上百名船员全部遇难，杰克当然也永远回不来了。

324. 美军为何要对准金星开炮？

在进攻日本本土时，一艘美国军舰因仪器损坏而掉了队。这天，天空万里无云。突然间，军官们在舰桥上看到天空有一个银白色的东西，老是在军舰上空不走。经分析后认为是日本人的探测情报的气球。舰长命令炮手测算距离，因为测算这个目标的距离在仪器上显示不出来，测距手怕

美军陆战队登陆

挨舰长责备，就随口报了一个数字：1700米。于是舰长命

令开炮。接着,几门大口径的火炮齐射了一阵子,但奇怪的是炮弹压根儿碰不到这个"银白色的气球"。这时,一位领航员觉得不对头,便回到房间进行了计算后向舰长报告说:"长官,如果白天这个时候能看到金星的话,它正好在这个方位。"舰长听了大吃一惊,他指示领航员核实金星的方位,结果证明该舰是向金星开了炮。出了个"大洋相"的舰长恼羞成怒,严厉追查了这个不负责任的测距手。

325. 米袋怎样拯救了潜艇?

在太平洋战争中,日本"伊-168"号潜艇参加了对美国航空母舰"约克城"号的攻击,这时,负责警戒的美国驱逐舰投下了几颗深水炸弹,将"伊-168"号潜艇的潜壳炸穿了几个洞,随即,艇内照明中断,蓄电池组舱内氯气弥漫,情况十分紧急。这时,又发现了鱼雷发射管外盖受损,水从破口涌入,潜艇发生了首部倾斜。此时,如果扼制不住前倾,潜艇就会沉没。突然,艇长灵机一动,马上下令让艇员迅速跑到艇首,将食品库里的米袋搬到艇尾。经过一阵紧张的搬运,奇迹出现了,潜艇消除了首倾现象,并且艇内的照明恢复如初。后来,"伊-168"号潜艇历尽艰难,终于回到了日本吴港。

326. 鲸鱼能扫雷吗?

鲸是海洋中的庞然大物,它生性比较温顺,但发起怒来,或受到某种刺激,也会攻击人和舰船,甚至"玩命"到用自己的身躯去碰撞水雷。

在第二次世界大战期间,美国海军曾在汤加附近海

域布设了大量水雷,以炸毁过往的敌方舰船。出乎意料的是,一群鲸游到雷区,猛撞水雷,造成一连串的大爆炸。接着,台风袭击了汤加群岛,鲸又成群结队地来到雷区,把水雷一个又一个地撞炸了。鲸的"奋不顾身"的"自杀"行为,使美军布设的水雷几乎被"扫"得一干二净。鲸为什么要撞击水雷至今仍是一个谜。

327. 鳄鱼能助战吗?

鳄鱼,身体笨重,行动缓慢,可是谁又会想到,在太平洋战争接近尾声之时,它却为英军立了一大功。

1945年2月中旬的一天,在孟加拉湾的兰里岛,英军包围了一支侵略缅甸的日军部队,1000多名日军官兵被围困在沼泽地里动弹不得。入夜,沼泽地里的鳄鱼倾巢出动,恶狠狠地扑向陷在沼泽地里的日军官兵,1000多人几乎都成了鳄鱼的口中佳肴。到天亮时,日军仅存20人。

328. 剑鱼会攻击舰船吗?

众所周知,鱼雷对舰船的威胁是很大的,那么剑鱼这种"活鱼雷"对舰船的威胁有多大呢?

1945年,一艘名为"巴尔巴拉"号的英国油船奉海军作战总部的命令,为南美洲某国的英国军舰运送油料。当油船正在大西洋上行驶的时候,突然,平静的洋面上跃出一个鱼雷似的椭圆物体。只见它紧贴水面急速地向船的左舷方向冲来,一声巨响过后,船身被戳破了,海水滚滚流入了船内。这罪魁祸首就是一条重700千克,长达5.5米的凶猛剑鱼,它的一个约0.5米长的剑头戳入了船身。无独有偶,20世纪60年代初,英国军舰"列奥波尔德"号在准备靠岸停泊时,也遭到了剑鱼的多次进攻,英方不得不动用军用飞机,空降潜水员紧急堵漏,才使得这艘军舰转危为安。难怪人们会称剑鱼为"活鱼雷"。由于剑鱼头上的利剑特别坚硬,加之其游速极快,从而产生巨大动能,竟能戳穿小型舰船,这真可谓是自然界里的奇观。

古今海战

现代海战大观

329. 你知道解放战争中我木船战胜军舰的一次战役吗?

1950年,败退海南岛的国民党军队,集结了10万余军队,50余艘舰艇和30余架飞机,苦心经营数月,建成了所谓不可逾越的"海陆空立体防线",企图依仗其海空优势和海峡天堑,阻止解放军渡海作战。人民解放军提出了变陆军为海战部队,用木帆船跨越海峡的口号,掀起了海上大练兵的热潮,迅速掌握了海上航行和射击技术,并用木帆船装上陆军炮改装成"土炮艇"。

1950年4月16日夜,解放军渡海作战部队分乘1000余艘木帆船横渡琼州海峡。航行途中遭到国民党巡逻舰的拦截,登陆船队冒着敌舰炮火保持队形继续前进,只有担负掩护船队任务的"土炮艇"前去迎敌。当时,敌舰并没有把这种目标小、速度慢的木船放在眼里。当"土炮艇"靠近后,敌舰又挨了一阵猛打后才慌了神。但由于"土炮艇"目标小不好打,射角低又不能打,敌舰只得转头逃走。敌旗舰"太平"号依仗吨位大、火力猛的优势冲了过来,可"土炮艇"并未胆怯,迎头冲了上去,在距"太平"号数十米时猛烈开火,不但击毁了敌舰桥,还把敌第二舰队司令王恩华击毙了。遭此痛击后,敌舰艇再也不敢靠近我登陆船队了,只好在远处盲目开炮。结果,渡海部队1000余艘运兵木船除少数中弹外,没有一艘沉没和掉队,并在4月17日顺利登陆,4月30日,海南岛全境解放。

330. 刚组建的人民海军为何要进行万山海战?

万山群岛位于珠江口外,由8个岛屿组成,距大陆20海里~50海里不等,与香港、澳门隔海相望,是华南地区对外海上贸易和交通的咽喉,战略位置十分重要。1950年4月底,海南岛解放后,溃逃的一部分国民党军退守万山群岛,与原有的反动地方武装相结合,企图以此作为对大陆经济封锁和军事骚扰的基地。国民党还准备以第三舰队为主要兵力,守岛部队为辅,阻止人民解放军解放万山群岛,达到"封锁海口,准备反攻"的目的。4月26日,国民党海军司令桂永清中将乘登陆舰来到万山群岛,在为部下壮胆打气的会上狂妄地说:"共军那几条老艇破舰也能算得上海军?他们连海水是咸是淡都搞不清,还想跟我们打海战!"盘踞在万山群岛的国民党军队犹如一根毒刺卡在大陆通向海洋的喉咙上。中南军区决定以广东江防部队(南海舰队前身)协同陆军隐蔽渡海,突然登陆,从中穿插,逐岛攻击,最后解放万山群岛。

万山海战

331. 万山海战的作战方针是怎样确定的？

解放军首次进行跨海作战，装备落后，难度很大。担负解放万山群岛任务的是中国人民解放军中南军区第四

垃圾尾海战

十四军 131 师和人民海军江防部队。为了统一指挥，协同作战，参战部队成立了联合指挥所。指挥所经过分析，确定的作战方针为：逐岛攻击，以岛攻岛。这样，进可攻，退可守，又可保证登陆作战逐步展开。为了出奇制胜，决定首先派江防部队利用黑夜的掩护，突袭敌军的舰艇集结地和防卫司令部的所在地——垃圾尾，以牵制其海上兵力，掩护登陆部队在各岛的登陆作战。这一作战方针一经确定，参战部队立即投入紧张的战前训练。解放军的口号是："拿下万山岛，占领南大门，解放整个华南！"

332. 万山海战敌我力量对比如何？

国民党军在万山群岛设立了粤南群岛指挥部，防卫

司令兼舰队司令齐鸿章曾受训于德国和美国。驻岛部队有国民党海军南山卫陆战队一个团(驻垃圾尾岛)。海军舰艇部队有:第三舰队、第四巡防处及从海南岛撤来的秀英巡防处的军舰 5 艘、艇 30 余艘,共有兵力 3000 多人。我军江防部队于 1949 年 12 月 15 日组建,成立不到半年时间,有大小舰艇 16 艘,另有临时租用的民船 8 艘。这些舰(严格来说,没有一艘"舰",因为根据正规说法,舰与艇的分界线是 500 吨,而江防部队最大的"舰",排水量才 358 吨)船不少是刚刚抽调上来的,大多比较陈旧,而且吨位小,速度慢,与万山群岛守敌相比,不论是舰艇的数量与吨位,还是舰艇的火力配备和作战性能,都处于极大的劣势。

333. 为侦察万山群岛敌情我军付出了什么样的代价?

"知己知彼",方能"百战不殆"。读者朋友们都知道,为了百万雄师渡长江,我军曾冒着极大的风险,多次派出侦察部队过江侦察敌情。为了了解万山群岛的敌情,江防部队派出侦察员化装成商人,乘广州至香港的客轮,沿途侦察,还派人到香港找内线调查。但由于敌军封锁和我军侦察手段落后,效果不理想。于是决定由陆军派出一个加强排进行武装侦察。侦察排在垃圾尾北面的牛头岛上岸后,同敌军发生激战。因兵力悬殊,侦察排伤亡很大,运输船也被击沉。幸存的 9 名侦察员藏在一个山洞里,靠吃海草和海砺子坚持了 27 天,直到万山群岛解放。

334. "解放"号是怎样出敌不意驶入马湾的?

1950 年 5 月 25 日凌晨 2 时起,解放万山群岛的舰船编队24艘从珠海唐家湾出发。由于舰船性能相差很大，又缺乏航海经验，在途中相互失掉了联系。航行在最前面的是排水量仅28吨的炮艇"解放"号，在副艇长林文虎的指挥下，首先驶至垃圾尾岛的马湾。朦胧中，发现港内停泊着敌军舰艇20多艘，按吨位计，是"解放"号的300多倍。原来从香港报纸得来的消息说，敌第三舰队舰艇已驶至台湾，在马湾只有3艘小艇。因此，我军才决定行动。看来，这是敌人使用的诡计。为了掩护登陆部队顺利上岛，林文虎不顾敌我兵力的极大悬殊，毅然决定冲入马湾，给敌军以出其不意的打击。5时左右，"解放"号驶入马湾。国民党海军值班员发现了这艘炮艇，但误以为是执行任务返航的自家炮艇，竟打出灯光信号："早上好！进港请不要鸣汽笛。""解放"号只有一门20毫米机关炮、两挺12.7毫米机枪，临时增加了一门无后坐力炮。林文虎坚定地下令："全速前进，插入敌人心脏，打它个肚中开花。"直到距敌舰800米时，才突然向敌舰群射击。

335. "解放"号是怎样与敌舰队混战的？

"解放"号炮艇的指挥员林文虎是泰国华侨、著名的拳击运动员。抗战开始后，他回国参加了党领导下的抗日队伍，出生入死，曾5次负伤。"解放"号突然向敌第三舰队的旗舰、护航舰"太和"号开火后，因"解放"号被敌舰"中海"号喷出的烟雾笼罩，"太和"号见炮弹从"中海"号方向射来，误以为是它倒戈，便下令向它开火。"中海"号也不甘吃亏，马上还击。其他舰艇也分头助战。火光四射，好不热闹。"解放"号艇小灵活，在敌舰艇中来回穿插。不少敌舰中弹受伤,有些舰艇互相碰撞,敌水兵在甲板四处乱跑,骂声同枪炮声响成一片。混战进行了1个多小时,敌舰才发现令自己惊慌不已的是解放军的一艘小艇。愤怒之余,敌各舰集中火力向"解放"号猛击。"解放"号中弹100多处,林文虎壮烈牺牲,19名艇员有16人伤亡。但它仍奇迹般地安全返航。

336. "桂山"号是怎样英勇殉难的?

正当不少敌舰开出马湾时,我"桂山"号正好驶至马湾口。"桂山"号是一条原美军步兵登陆舰,排水量358吨,有2门76毫米舰炮、4门20毫米机关炮。为了掩护登陆舰队,火力支援队队长郭庆隆下令"桂山"舰迎上前去,拼死拖住敌舰艇。"桂山"号在与敌舰激战中多处中弹,舰长池敬樟光荣牺牲。"桂山"号燃起了大火,向各舱室蔓延。郭庆隆命令军舰向钓庭湾冲去。在烈火熊熊的机舱中,轮机兵温国兴坚守岗位,保证主机运转。最后,他的身躯同机器融在一起。"桂山"号终于抢滩成功,陆军战士涉水向岸上冲去。"桂山"舰的官兵几乎全部在海滩下殉难。郭庆隆中弹57处,倒在石缝中。只有负伤的政委曹志友等几个人被战友的遗体压在下面,得以幸免。

337. "先锋"号是怎样与敌人"海上拼刺刀"的?

"先锋"号炮艇是一艘原日军的木壳猎潜艇。排水量150多吨,仅装有双联装25毫米炮一组,临时装57毫米无后坐力炮1门。在"桂山"号同敌人激战时,它与"奋斗"号在垃圾尾东侧海面与敌25、26号两艘炮艇相遇。"先锋"号利用敌船发信号询问之际,全速向敌25号炮艇

海上近距离激战图

接近,在距敌100多米时突然集中火力对其射击。两艇越打越近。最后,"先锋"号上的陆军战士扔手榴弹,用冲锋枪向敌艇扫射。敌艇长被击毙,火力被压制。两艇靠上后,随"先锋"艇行动的陆军排长蔺善禄带头端着冲锋枪跳上敌25号炮艇,几个战士也一跃而上,在用机枪扫射的同时,大喊:"缴枪不杀!"敌25号炮艇上的官兵乖乖地举起了双手。一名敌兵不服气地嘟囔道:"海战都是舰对舰、艇对艇地打炮,哪有投手榴弹,跑到别人艇上拼刺刀的?"蔺排长晃了晃手中的枪说:"今天就让你见识见识!"那个敌兵再也不敢吭气了。后来敌25号炮艇在拖带中沉没。接着,"先锋"号炮艇又与"奋斗"号相配合,打沉了敌26号艇。"舰艇拼刺刀,跳帮抓俘虏",从此在人民海军海战史上传为佳话。

338. 万山海战结果如何？

万山海战作为万山战役的重要组成部分，在垃圾尾战斗后，又进行了一系列的战斗，从 5 月 25 日开始到 8 月 3 日结束，历时 71 天。中国人民解放军陆、海军参战部队协同一致，创造了以劣势装备战胜优势装备之敌的光辉战绩。此役共俘敌上校以下官兵 200 余名，毙伤敌少将以下官兵 500 余人，击沉敌舰艇 4 艘、击伤 12 艘，缴获各种船只 11 艘及大批火炮、枪支、弹药。初建的中南军区江防部队协同陆军进行这一次大规模的渡海登陆作战，解放了万山群岛，为人民海军海战史写下了光辉的一页。

339. 斯大林为何关注万山海战？

中国人民海军在建立后参加的第一次海战，就是一场奇特的海战。交战的一方是一支正规的训练有素的海

"八六"海战图

军部队，且武器装备精良；而另一方则是一支刚刚组建的海军部队，不仅缺乏海上作战经验（连怎样保持海上航行

队形都不懂,以致到达战场时,先后不一,有的还中途失散,未能参战),武器装备也极差。但结果却以前者的失败、后者的胜利而告终。这在世界海战史上是绝无仅有的奇迹,因而在当时曾引起世界不少国家的注目。苏联领导人斯大林闻此消息也感到惊讶,他还特地派人来中国专门了解海战情况,总结海战经验。

340. 头门山海战是怎样进行的?

1950年6月27日,美国悍然武装干涉朝鲜内政,同时派第七舰队进驻台湾海峡,国民党军头目欣喜若狂,反动气焰十分嚣张。仅1950年一年中,国民党海匪在华东沿海就登陆达309次,煽动反革命暴乱770余起,放毒206次,抢粮5万余吨,杀害革命干部1000余人。1951年6月24日,华东军区海军炮艇4艘,在分队长张家麟、指导员陈立富和副指导员季克勤率领下,对袭击华东财政委员会运粮船队的国民党军4艘机帆船进行猛烈攻击。战斗是由速度最快、最先接敌的414艇发起的。敌人4艘机帆船,其中三桅、两桅大船各1艘,小机帆船2艘,船上总共约有200人,配有九二步兵炮、60毫米炮、13毫米和12.7毫米重机枪等武器,414艇为抓住战机,孤艇与敌展开恶战。在关键时刻,其余3艘炮艇赶到,最终,将敌船1艘击沉,3艘击伤,毙敌30余人,杀伤20余人,我方仅伤6人。海战后,华东军区海军授予414炮艇以"头门山海战英雄艇"称号。

341. 人民海军建军初期最严重的损失是哪一次?

在人民海军建立初期,我海、空力量还比较薄弱,所

古今海战

光荣的"瑞金"舰

以国民党海空军常对我进行偷袭。1954年5月18日晨，我人民海军"瑞金"、"兴国"两艘炮舰在浙东草鞋屿附近海区，突然发现蒋儿岙上空有敌机，距离11海里，转眼间，敌机4架临空，从"瑞金"舰左舷进入，距离60海里，高度降至50米，鱼贯向"瑞金"进行超低空平桅轰炸。第一架投弹2枚未中，当第二架敌机以同样角度进入时，由于"瑞金"舰舰长用了错误的规避方法，舰身被炸中左舷，当即操纵失灵。第二架敌机虽被击落，第三架敌机投下的2枚炸弹又命中右舷。6时52分，这艘以第二次国内革命战争时期中国工农民主政府所在地瑞金命名的战舰不幸沉没。这是人民海军建军初期最严重的一次损失。

342. 人民海军鱼雷快艇首次作战取胜是哪一次？

1954年11月1日，人民海军鱼雷艇首次南下。为了出奇制胜,寻找有利战机,鱼雷艇一连在海上隐蔽待机13个昼夜。11月14日零时5分,浙东高岛雷达站发现目标——敌"太平"号军舰。该舰排水量1430吨,舰上有官兵200余人。人民海军鱼雷艇队由155、156两艇主攻,157、158两艇策应,成左梯队接敌。1时35分,4艇先后向敌舰发射鱼雷。"太平"号被鱼雷击中后,误以为是飞机投弹,盲目地对空射击。这艘失去动力的护卫舰3小时后沉没。击沉"太平"号是人民海军鱼雷艇部队组建以来首次作战取得的胜利,它对国民党海军是一个沉重的打击。台湾当局在24小时内召开了两次紧急会议商讨对策。美国报界也为此惊呼:"太平"号被击沉,"证明共产党现在拥有很大的海军力量"。

343. 人民海军怎样用单艇独雷击沉"洞庭"号的?

1955年初,我海军航空兵协同空军大规模袭击大陈岛及其锚地后,1月11日晚敌登陆舰1艘由大陈岛向台湾驶去,敌"洞庭"号炮舰驶至大陈岛以西海面为其警戒。我指挥部发现后,立即命令105、106、102鱼雷艇对登陆舰实施攻击。102艇因为只携带有上次战斗中因故障未发射的一条左管鱼雷,艇身倾斜,航速降低,跟不上编队。23时许,在积谷山以东4海里处突然与敌"洞庭"号遭遇。在孤艇单雷的情况下,艇长张逸民毅然发起攻击,当即命中敌舰,敌舰很快失去机动能力,最后沉没。这次战斗的胜利,说明战斗中往往有偶然性,关键是指挥员善于捕捉战机,积极主动地作战歼敌。

344. 为什么要陆海空协同作战解放一江山岛？

一江山岛位于浙江省椒江口以东海域，虽是个面积不足2平方千米，没有常住居民的荒岛，但却受到了国民党军方的高度重视。当时，舟山群岛、东矶列岛等浙东沿海岛屿已获解放，一江山岛就成为国民党驻守的最北端的岛屿，位置显得格外突出。国民党的"国防部长"俞大维亲自到一江山岛巡视，在为部属打气时说："一江山岛是大陈岛的门户，大陈岛是台湾的屏障。一江山不保，大陈难守。大陈不保，台湾垂危。"当时朝鲜战争已经结束，我国的国力和兵力紧张状况有了改变。毛泽东主席在一个会议上说："形势变了，准备打大陈，先解决浙江沿海岛屿，估计美帝不会有大的干涉。"为了解放浙东沿海岛屿，华东军区成立了浙东前线指挥部，拟定了先取一江山，再解放大陈的作战计划。在使用兵力上，国防部长彭德怀提出，要杀鸡用牛刀，以陆、海、空三军联合作战来一举攻克。这是因为我军在解放金门岛作战时，由于不熟悉海上作战的特点，并有轻敌思想，曾遭到惨重损失，"前车之鉴"必须牢记。国民党在大陈岛驻有较强兵力，打一江山岛是"虎口拔牙"，宜以绝对优势兵力速战速决。更重要的是一江山岛距大陆13海里，离上、下大陈7.5海里，距台湾208海里，因此必须陆海空协同作战，具有必胜的把握。此计划得到了毛泽东主席和中央军委的批准。

345. 人民空军在一江山岛战役中是如何夺取制空权的？

登陆战役首先必须掌握制空权和制海权，这已被无数战例所证实，成为最基本的军事常识。从1954年3月起,我军开始夺取制空权和制海权的作战行动,拉开了解放一江山战役的序幕。3月18日,海军航空兵第六团米格-15比斯双机在浙东海面上空击落敌空军2架F-47战

我空军战士高翔近战歼敌图

斗轰炸机,首开人民海军航空兵击落敌机的记录。在以后的几个月中,我空军和海军航空兵出动飞机122批、279架次,同敌军进行了10次激烈空战,击落敌机11架、击伤5架,基本上控制了浙东领空。11月1日,空军和海军航空兵联合出动歼击机28架掩护4架轰炸机、4架强击机对大陈岛和一江山敌阵地进行了轰炸,此后到1955年1月18日止,共进行空袭7次,投弹80余吨,炸毁、炸伤敌舰船5艘,击落、击伤敌机16架,使敌军飞机不敢出来对抗,夺取了制空权。

346. 人民海军在一江山岛战役中是如何夺取制海权的?

有了制空权,制海权就有了基本保证。在争夺制空权的同时,争夺制海权的斗争也逐渐展开。1954年11月

5日,人民海军头门山海岸炮一举击沉了国民党"永春"号扫雷舰。11月14日深夜,在浙东渔山岛附近海面上,人民海军鱼雷艇击沉国民党"太平"号护卫舰。为了继续从海上围困大陈岛之敌,打击活动于大陈岛海面的敌舰艇,进一步控制制海权,海军鱼雷艇第一大队6艘艇于1954年12月进驻大陈岛以西的白岩山待机,给敌人以很大威胁。1955年1月10日,我海军航空兵协同空军大规模袭击大陈岛及其锚地,迫使敌登陆舰和炮舰离开大陈逃向台湾,于是就出现了我鱼雷艇用单艇独雷击沉敌"洞庭"号炮舰的奇迹。至此,战区的制空权和制海权已牢牢地掌握在人民解放军手中。

347. 一江山岛是如何被解放的?

1955年1月18日,晴空万里,海平如镜,真是难得的好天气。8时整,航空兵的数十架飞机飞临一江山和大陈岛的上空,将127吨炸弹倾泻在敌占岛屿上。9时,支援炮火群试射。12时15分开始,火力支援队、战斗掩护队、船载炮兵群和火箭炮群在先头开路,100多艘舰艇船只,以严整的防空队形向一江山岛进发。12时20分,支援炮兵群数百门各式火炮齐鸣,1.2万多发炮弹暴风雨般地席卷敌岛阵地。14时10分,第一梯队登陆运输队开始分路展开,多方向、多波次地向预定地段冲进。14时29分开始,第一梯队登陆兵3个营,冒着敌人的炮火,在8个登陆点分别抢滩突击上陆。15时30分,一江山各高地都飘起了胜利的红旗。17时30分,岛上残敌被肃清,敌守备司令以下1086人无一漏网,一江山回到人民的怀抱。

348. 大陈岛是怎样解放的？

一江山岛的解放,使大陈岛一线的国民党守军失去了屏障,丧失了固守的信心。1955年1月19日,人民解放军航空兵再次轰炸大陈岛,鱼雷快艇部队在大陈附近海域击伤敌"宝应"号炮舰,使盘踞在大陈诸岛的敌人更加恐慌。虽然当日美国第七舰队部分舰只驶抵大陈外海,企图阻止人民解放军解放上下大陈岛,为已丧失固守信心的国民党军鼓气给予支援掩护,但国民党还是不得不作出撤退的决定,并要求美国第七舰队给予支援掩护。美国国务卿杜勒斯通过前苏联外长莫洛托夫向中华人民共和国暗示,希望在国民党军队撤离大陈岛时不要攻击。2月8日,大陈、渔山、披山等的国民党军队在美国空军的掩护下,纷纷撤退逃向台湾。至此,浙东沿海岛屿全部解放。

349. 炮击金门是一场什么样的特殊战役？

1958年夏,台湾国民党军连续在台湾海峡举行军事演习,金门守军多次炮击福建沿海,制造紧张局势。7月18日,毛主席召集解放军高级将领会议,决定以实际行动严惩蠢蠢欲动的国民党军,警告支持台湾当局的美国政府,这就是人民解放军万炮齐轰金门的作战行动。这是一场特殊的政治战和外交战,既不是要歼灭驻金门的国民党军队,也不是要攻占金门。根据总部的指示,海军在封锁金门作战中的主要任务是:协同陆、空军,以海岸炮兵打击敌人的运输船和作战舰艇,控制敌舰船的停泊点和飞机场,压制敌远程炮兵阵地;水面舰艇则在海岸炮兵的协同下,相机袭击敌航行和停泊之舰艇,切断敌人海上运输线；海军航空兵配合空军作战，夺取福建沿海的制空权。这个战役发起后发布的《告台湾同胞书》和给福建前线人民解放军的命令，是由毛泽东主席亲自起草、以国防部长彭德怀的名义发布的，这则奇文曾引起了世界各国广泛关注。

350. 人民海军的鱼雷艇是怎么秘密南运的？

为了加强金门周围海域的作战力量，东海舰队奉中央军委之命，派出一支鱼雷艇部队火速南下。在这之前，福建前线海上作战兵力主要是使用高速炮艇和海岸炮兵。把鱼雷艇从浙江北部的一个海湾里转移到福建前线，有两条路。一条是海路，自己开过去；一条是陆路，火车运过去。为了达到隐蔽的效果，决定用火车运。在一个漆黑的深夜，东海舰队司令陶勇亲临现场，指挥快艇装运和伪装。鱼雷艇"穿"上了帆布服，水兵也换了陆军服。列车到福建前线，就开进山洞；到了夜里，才卸车下水。在实施封锁金门的前一天，即1958年8月22日，天空乌黑，我鱼雷艇队神不知鬼不觉地进入了待机海湾。在海湾外面，停泊了升起风帆的许多高大的帆船，筑起一座海上"青纱帐"。

351. 封锁金门岛战役时鱼雷艇是怎样出击的？

1958年8月23日，封锁金门的战斗打响了。大炮不停地轰击着，海岸炮把敌人停泊在料罗湾的一艘运输船"台生"号打中了。其他舰艇慌忙外逃。24日16时30分，敌"中海"号载着人员和物资由台湾来到料罗湾锚地，立即成了我海岸炮兵的活靶子。"中海"号见状赶紧逃跑,"台生"号带着伤也跟着出了料罗湾。于是我鱼雷艇立即出击,迅速接近敌船。借着月光,艇队指挥员张逸民看清敌人编队右翼防御比较薄弱,于是决定从这个方向突击。敌我距离迅速接近,双方相距3海里时,敌人仍未发现。一直到我艇接近到0.4海里处,敌舰"台生"号才向我艇队开火。直到这时,指挥员才下达"放!"的口令,20秒后,只见"台生"号升起两团巨大的火光,在火光中迅速下沉。"中海"号也受到了重创。

352. 在炮击金门中为台湾撑腰的美舰的表现如何?

金门告急,台湾当局向美国求援。美国决定派海军、空军予以支援。1958年9月间,有430余架飞机、60余艘美舰汇集在台湾海峡。9月4日,中国政府庄严宣告:中国的领海宽度为12海里,一切外国飞机和军用船只,未经中国政府许可,不得进入中国的领海及其上空。美国国务院发言人称,美国只承认3海里的领海。9月6日,周恩来总理发表声明,强烈谴责美国政府的挑衅。9月7日,台湾海军副总司令黎玉玺中将和美国顾问率2艘运输舰、5艘军舰和美国海军第七十二特混编队的2艘巡洋舰、5艘驱逐舰,驶至金门海区,为金门运送物资。9月8日,为了打击敌人的嚣张气焰,我岸炮猛烈袭击料罗湾,击中敌舰船多艘。见此情景,以重巡洋舰"海伦那"号为首的美国海军编队一炮未发,抛下台湾海军的舰船,加足马力,逃到离海岸12海里以外的公海。在驱逐舰"信阳"号上的黎玉玺气得大骂美国人不讲信用,见死不救。9月11日,美舰4艘在我炮击中又先逃走,充分表现了外强中干的"纸老虎"本质。

353. 为什么炮击金门采取时打时停的策略？

炮击金门,是世界战史上绝无仅有的战法,即打打停停,停停打打,想打就打,想停就停,一切军事行动都是为配合政治斗争,主动权完全掌握在我们手里。1958年10月6日,国防部长彭德怀宣布:停止炮击7天,后又宣布暂停2星期,条件都是不得有美国人护航。10月19日夜至晨,美国3艘军舰又为国民党登陆舰护航,解放军又恢复猛烈炮击。10月25日,彭德怀宣布:解放军"逢双日不打金门的飞机场、料罗湾码头、船只,但以不引进美国人护航为条件"。这种战术和打法,是世界军事史上绝无仅有的。这是毛泽东同志高超的政治斗争和军事指挥艺术。"打打停停"就是要向全世界宣告,向美国示警:这是我们中国人内部的事情,是"内战",别人不准插手,尤其是不许美国人干涉中国内政。此后,又进行过几次惩罚性的炮击。1961年12月,根据中央军委指示,解放军停止对金门的实弹射击,改在单日发射宣传弹。1979年元旦,全国人大常委会发表《告台湾同胞书》,宣布了争取和平统一祖国的大政方针。同日,国防部长徐向前宣布停止对金门等地的炮击。

354. 国民党海军是怎样"偷鸡不成蚀把米"的？

"偷鸡不成蚀把米"这句俗话是用来比喻那些自作聪明,企图以投机取巧手段成事反而自招损失的可笑蠢人的。1965年国民党海军派猎潜舰潜入我海区骚扰就落得这种结果。20世纪60年代,国民党海军时常出动舰艇,越过海峡,到大陆东南沿海骚扰,进行什么"武装渗透"、"两栖突击"。1965年8月5日傍晚,2艘美制的猎潜舰"剑门"号和"章江"号潜入我渔船集结的海区,准备运送一股武装特务,在闽南苏尖角、左雷头地区偷偷登陆骚扰。他们以为,利用海军舰艇输送匪特,可以出奇制胜,即使不成功,也易于撤逃,并且可以抵挡一阵子。然而,狡猾的狐狸逃不过猎人的"千里眼",他们刚刚潜入,就被我金刚山观通站的雷达兵抓住了,最后"剑门"号和"章江"号被我海军一举击沉,使国民党海军"偷鸡不成蚀把米"。

人民海军快艇

355. 我编队指挥员为何规定"三不打"?

"偷鸡的贼"既然来了,就要狠狠地打。我海军南海舰队获悉敌"剑门"号和"章江"号已窜至东山岛东南40海里处后,就命令4艘护卫艇和6艘鱼雷艇出击。根据敌我兵力,要打胜这一仗并不是件易事。因为,护卫艇的吨位和火力大大弱于这两艘猎潜舰("剑门"号装有2门

76毫米炮、4门40毫米炮和1门20毫米高射机关炮及一座三联装反潜鱼雷发射管,全舰标准排水量为890吨,满载排水量为1259吨。"章江"号装有1门76毫米炮、1门40毫米炮、4门20毫米机关炮,满载排水量450吨)。至于鱼雷艇攻击敌猎潜舰,因为此种舰的长度较短,吃水较浅,是相当困难的,是典型的"小艇打大舰"。人民海军舰艇冒着密集的炮火,高速接近目标。为了有效地歼灭敌舰,指挥员向各艇下达了命令:没有命令不准打,看不清目标不准打,瞄不准目标不准打。当敌舰进入护卫艇的有效射程后,指挥员立即下令"射击!"各战艇几乎在同一瞬间开火,向敌舰猛烈攻击。

356. "章江"号是怎样被打沉的?

由于人民海军指挥员下定了近战歼敌的决心,所以我军战艇直到接近敌人,能狠狠打击敌人时才一起开火,敌舰遭打击后,被迫分开。"剑门"号一面疯狂地轰击护卫艇队,一面掉头向东逃窜。"章江"号则被护卫艇队紧紧咬住不放,当相距500米时,我护卫艇队开始与敌舰同向运动,并实施猛烈射击。"海上先锋艇"从距敌舰几百米打到几十米,"章江"号的舱面上燃起了熊熊大火。由于距离越来越近,护卫艇队的火力充分地发挥了威力,终于把"章江"号打成了哑巴。火光中,只见敌人满甲板乱蹦乱窜,有的滚进了大海。大火越烧越猛,"章江"号那根孤零零的桅杆,像一支被烧得流油的大蜡烛,冒着火苗子,发出"劈里啪啦"的声响。在我护卫艇队的沉重打击下,"章江"号最终沉入海底。

357. 我护卫艇编队是如何追歼"剑门"号的？

一个"偷鸡贼"未偷到鸡而送了命,另一个自然丧魂落魄了。"剑门"号见"章江"号被击沉,便拼命向东海南面逃窜。我护卫艇队高速前进,5艘鱼雷艇也投入追歼敌舰的战斗。黎明时分,"剑门"号被护卫艇队追赶上,在我军的猛烈射击下,"剑门"号的火力立即被压住,4分钟后,敌舰尾部的弹药舱起火,浓烟裹着爆炸的火花,向海空四射。这时,高速赶来的鱼雷艇,占领有利阵位,分两组向"剑门"号发射鱼雷10枚,将它击中。5时22分,距离"章江"号沉没前后还不到两小时,"剑门"号也同样葬身海底。

358. 战斗英雄麦贤得创造了什么样的奇迹？

在与"章江"号的激战中,编入艇队才两天的新艇611

战斗英雄——麦贤得(中)

艇,在战斗中与敌逼近再逼近,越战越勇。海战激烈的时刻,主机舱的后右机意外地停机了。机电兵麦贤得立即奔过去启动机器。突然,一块弹片打中了他的右前额,直插到左侧靠近太阳穴的额叶里,脑汁外流,顿时失去了知觉,跌倒下去。当副指导员给他包扎时,他苏醒过来。他想要说什么,嘴已发不出声音;他要站起来,腿也不听使唤。麦贤得急了,用右手推着指导员,左手指着机器。战友们领会了他的意见,马上把机器启动起来。这时,麦贤得以惊人的毅力站了起来,从后舱走到前舱,一刻不停地检查着机器,保证战艇不停地打击敌人,直到战斗结束。由于麦贤得在受重伤的情况下,奇迹般地坚持英勇战斗,被国防部授予"战斗英雄"称号。

359. 周恩来总理对崇武以东海战作了什么重要指示?

1965年11月13日13时20分,美制蒋舰"永昌"号和"永泰"号由澎湖列岛的马公岛起航。敌舰尽管采取了许多隐蔽、伪装措施,但是,在它们起航后50分钟,即14时10分,东海舰队就发现了这一情况,并马上通报到驻

人民海军鱼雷艇勇猛出击图

福建沿海部队。要打击这2舰,又要对那里的情况充分考虑:金门岛停泊着敌大型猎潜舰、猎潜艇各1艘,东引岛停泊着敌护卫舰和猎潜艇,还有2艘美舰正在由西向东运动……但战机不可失,应抢先下手,令敌人猝不及防。22时16分,我海上突击编队离开东月岛,成单纵队,护卫艇在前,鱼雷艇紧跟,向敌接近。

海上编队航渡10分钟,及时接到了周恩来总理指示:"要抓住战机,集中兵力先打1条,要近战,发扬英勇顽强的战斗作风;组织准备工作要周密一些;不要打到自己,天亮撤出战斗。"

周总理的指示,迅速传达到所有参战艇,极大地鼓舞了每一个指战员,他们精心准备,摩拳擦掌快速接敌。

360. 崇武以东海战我护卫艇是怎样冲击受挫的?

23时14分,574艇雷达室突然报告:"右舷10度、距离105链,发现2艘敌舰!"

这2艘敌舰就是"永昌"号和"永泰"号。这2艘舰都是排水量600多吨的炮舰,装有2门76炮、3门40毫米炮、6门20高射机关炮。海上编队指挥员魏垣武望着向乌丘屿方向驶去的敌舰,下达了攻击的命令:缩短距离,准备战斗!23时20分,第一突击群冲到敌舰前方60度,距离5链处,集中轰击敌前导舰"永泰"号。炮弹像暴风雨般地向敌舰泼去,敌舰几乎同时开始还击。海面上,火光闪闪。交战2分钟后,冲在前边指挥的573艇连续中弹。指挥员李金华和中队政委苏同锦当场牺牲。魏垣武等7人身负重伤。此时,573艇发出的信号微弱,加之576

艇也中弹受伤,造成海上指挥一度中断。573艇在一度失去操纵时向左转向,其余各艇不知实情也跟着转向,从而失去了攻击敌舰的机会。

361. 我鱼雷艇是怎样临危受命的?

23时42分,鱼雷艇队指挥员张逸民接到出击的信号后,立即指挥第三突击群出击。当时,敌舰火炮大部分未被摧毁,火力仍很猛烈,鱼雷艇火力很弱,单艇攻击非常危险。然而,眼看敌舰就要逃走,张逸民顾不得自身危险,率鱼雷艇群迎头冲了上去。鱼雷艇队先后进行了3次攻击,都因敌舰变换航向和火力太强而使发射的鱼雷没有命中。在战机即将错过的时刻,张逸民下令进行"单艇攻击!"

145号艇长谈遵树率艇冒着激烈的炮火,冲至距敌舰1.9链处,果断地发射了2枚鱼雷,其中一枚击中"永昌"号尾部,敌舰失去了机动能力,并开始下沉。此时,已离开战场的护卫艇第二突击群指挥员听到战舰后方有激烈的炮声,灵活机动地又驾驶战艇参战,打了一阵炮弹,使"永昌"号加速下沉。"永泰"号侥幸逃到乌屿。

362. "二战"之后的第一次潜艇战发生在哪里?

1971年12月初印巴战争爆发。12月8日下午,在孟加拉湾进行游猎活动的巴基斯坦"汉果尔"号常规潜艇,发现了在西南方向上的印度舰艇编队。该艇立即改用通气管状态航行,以12节的速度追赶印舰。在接近过程中,每半小时用雷达进行一次扫描,并探测出了印舰的运动规律。发现印舰在不断改变航向,8日晚在孟加拉湾西北部，9日上午到达东北部，当日下午又出现在该湾的东南部海区。巴艇艇长泰兹南判断出印舰是在做矩形环绕巡逻，便决定在该湾的西北部海区待机出击。当日19时，巴艇雷达发现印舰编队成横队驶来。在相距160链时，巴潜艇潜入水下向印舰接近，在接近中并没有发现印舰使用声呐搜索。当距印舰"基尔庞"号16链时，巴艇发射鱼雷实施攻击，但未命中，印舰也未发现鱼雷。20时17分，"汉果尔"号又对左翼的印舰"库尔卡"号实施鱼雷攻击，将"库尔卡"号击沉。"汉果尔"号又转向对"基尔庞"号进行鱼雷攻击，尽管"基尔庞"号发现并做了规避机动，但还是被一枚鱼雷击中，失去了自航能力，后来被印军拖回基地。这是第二次世界大战后进行的第一次潜艇作战。

363. 印巴卡拉奇海战是怎么回事？

1971年12月4日，印度派出2艘巡洋舰、数艘护卫舰和6艘"黄蜂"级导弹艇，欲寻歼巴基斯坦舰艇，以报前一天被巴基斯坦潜艇击沉、击伤护卫舰各1艘之仇。凌晨时分，印度舰艇编队在卡拉奇附近海面与巴基斯坦舰艇编队相遇。印编队依仗拥有导弹的优势，率先用导弹发动了攻击，几分钟后巴基斯坦的"开伯尔"号驱逐舰就中弹被击沉，而另一艘巴基斯坦的"巴德尔"号驱逐舰也被击伤。此时，印舰编队又向岸上的油罐发射了13枚导弹，有12枚命中目标，击毁了三座油罐。此次海战中，巴基斯坦的扫雷舰"穆罕菲兹"号和3艘115吨的巡逻艇也被击沉。印度损失了1艘从英国进口的护卫舰"库克利"

号,其他导弹艇均未受损伤。

364. 南越海军为何要在西沙挑起战端?

长期以来,南越当局(前越南南部伪政权)对我南海诸岛怀有野心,先后派兵强占了南沙群岛和西沙群岛中的6个岛屿。1975年3月,南越军队侵占了西沙珊瑚岛。1973年9月,南越政权为了掠夺南海石油,悍然宣布将南威、太平等10多个岛屿划入其版图。此后,不顾我国政府多次严重警告,仍派出飞机、舰船侵入南沙群岛和西沙群岛。1974年1月15日,南越海军"李常杰"号驱逐舰侵入我甘泉岛海区,向我渔轮发射炮弹2发,并向悬挂有中华人民共和国国旗的甘泉岛上开炮。次日,南越武装人员侵占甘泉岛。为了维护我国的领土主权,中央军委指示必须进行坚决的斗争。在斗争中坚持说理的原则,如入侵者向我攻击,我应坚决自卫。随后,南海舰队派出舰艇,抵达西沙永乐群岛海域巡逻。南越当局妄图凭借其军舰性能的优势,吃掉中国巡逻舰艇,强占西沙永乐群岛,在军舰的掩护下,以4艘橡皮舟运送40多名官兵在金银岛登陆,并向守岛的中国民兵开枪。岛上民兵奋起还击,将敌击退。由此,拉开了中越西沙之战的序幕。

365. 西沙自卫反击战结果如何?

在西沙反击战中,当时,南越的4艘军舰,大的有1770吨,小的也有650吨,总吨位6000多吨,装备有127毫米口径火炮50门,而且处于有利的外线阵位,但火炮射速慢,死角大,军舰着弹面也大。然而,中国海军也有自己的优势:舰艇虽小,却机动灵活;火炮口径不大,却射

西沙自卫反击战

速较快;更重要的是指战员们有英勇顽强、敢打必胜的精神。南越4艘军舰首先向中国舰艇编队发起进攻,中国舰艇立即自卫还击。经过1个多小时的激战,南越海军10号驱逐舰被击沉,另外3艘驱逐舰被击伤后西逃。1974年1月20日,人民解放军步兵4个连,由海军舰艇和渔船输送,对侵占甘泉、珊瑚和金银3岛的南越军队实施反击,先后收复3岛,全歼入侵南越军队,俘虏49人。人民解放军参战部队受到中共中央军委和国务院的嘉奖。

366. 我人民海军是怎样捍卫南沙群岛主权的?

南沙群岛由于战略地位重要、资源丰富,因此使周边国家产生贪婪之心。许多国家趁我们在搞"文化大革命"之机,争先恐后地抢占了我国的几十个岛屿,凡能住人的较大的岛屿几乎被他们瓜分光了,只剩下几个落潮时裸露的礁石。1988年初,南海舰队派遣导弹护卫舰"522"号日夜兼程,劈波斩浪,驶向南沙群岛永暑礁,指战员们勇敢地登礁,将五星红旗高高地插在1987年5月国家海洋局"向阳红5"号考察船来南沙时立下的碑边。第二天上午,海面上鬼鬼祟祟地开来了两艘某国的武装船只,船上载着施工的器材和人员。我登礁人员立即与巡逻舰艇联系,还未等该国船只靠近永暑礁,我舰即将其拦住,他们只好乖乖离去。同年3月,我护卫舰编队又一次来到南沙执行正常的巡逻考察任务。3月14日6时25分,某国"604"号、"605"号2艘运输船和1艘登陆舰"505"号突然窜到赤瓜礁海区进行挑衅活动,他们用木船运上了43名手持冲锋枪、匕首的武装人员,公然侵占中国赤瓜礁,几艘舰船也完成了对赤瓜礁的包围。几名某国士兵公然将一面他们的国旗插在中方登礁人员旁边。"531"舰反潜班长杜厚祥严令该国士兵拔掉,该国士兵竟冲着他打了一拳。身高1.85米的杜厚祥大喝一声,一手提起这个胆大妄为的士兵,将其按在水里,此时,该国士兵乱叫一阵,有的端起了冲锋枪,有的举起了匕首。中国水兵拔掉该国国旗,折断其旗杆。就在这时,某国士兵开了枪,子弹从"502"号舰副枪炮长杨志亮的左臂穿过,一场激烈的冲突开始了。中方人员遭敌袭击两分钟后,被迫还击的炮响了。训练有素的我水兵与敌激战28分钟,就取得了击沉该国海军舰船3艘,使其74名官兵"失踪",并俘敌9名的战绩。事发当天,中国外交部即向该国提交了一份照会,严正指出:"必须立即停止在南沙群岛的挑衅活动,从侵占的各岛礁及其附近海面撤走,否则,它必须对由此引起的一切后果承担全部责任。"

367. "蚊子"是怎样吃掉"大象"的?

世界上的事情常常无奇不有,小小的"蚊子"能吃掉"大象",你相信吗?

1976年6月6日,以色列对埃及、叙利亚发动了闪电式的进攻。以色列的海军更是耀武扬威,甚至把自己的"埃拉特"号驱逐舰一直开到埃及塞得港外。埃及海军曾派出鱼雷艇攻击,由于力量单薄,终于被"埃拉特"号轻而易举地击沉了。10月21日下午,"埃拉特"号再次来到塞得港外,埃及海军命令"柯尔马"(别号"蚊子")和"奥萨"(别号"黄蜂")导弹艇出击。"蚊子"率先出港,干净利落地发射了两枚"冥河"导弹。在不到一分钟的时间内,两枚导弹相继击中"埃拉特"号,在剧烈的爆炸声中,"埃拉特"号顿时失去了机动能力,舰上一片火海。在"蚊子"攻击之后,埃及海军又从港内发射两枚导弹,一枚击中"埃拉特"号后甲板,当第二枚导弹又飞来时,"埃拉特"号已经沉没在滚滚的波涛之中了。

368. "埃拉特"号驱逐舰被击沉说明了什么?

"埃拉特"号驱逐舰被击沉,使西方尤其是以色列深刻认识到舰对舰导弹在现代海战中的巨大作用,并迅速采取措施,从而导致了现代海战的一场新的革命。以往海战中,"巨舰大炮"似乎是决胜的关键,大舰对小艇具有不可逾越的优势。然而,导弹艇的出现打破了小艇不能战胜大舰的神话。就双方交战的舰只来看,"蚊子"级导

弹艇排水量只有75吨,而"埃拉特"号驱逐舰达1710吨,约为"蚊子"级的22.8倍,并且"埃拉特"号还有十分坚固的舰体。它向人们启示,巨舰大炮不是致胜的主要因素,只有依靠先进的武器装备和灵活的战术,小型舰只在与大型舰只对抗中,也完全可以发挥优势,取得胜利。此后,世界各国无不把海军建设的重点从追求吨位的优势转移到追求技术的优势上来,从而有力地推动了海军结构革命性的转变。

369. 舰艇吨位大是否就威力大?

"埃拉特"号驱逐舰事件还给军事家们提出了许多亟待解决的新课题。"埃拉特"号驱逐舰事件证明:在新的舰对舰导弹攻击下,几乎所有的大舰都是脆弱的。以往,舰只的吨位和火炮口径越大,其战斗力和生存力就越强;现在,大型舰只巨大的体积、迟缓的动作反而成了它们易受攻击的重要原因。"埃拉特"号驱逐舰在被两枚"冥河"导弹击伤之后,只有7节航速,在航速达38节的导弹快艇追击下,它当然难逃覆灭的厄运。然而,看问题应该是辩证的,也不能因这次战例,就像有些军事家所言,大型军舰退出了历史舞台。问题在于如何去提高大型舰艇的攻击和防卫能力,使两者平衡。"埃拉特"号驱逐舰事件极大地推动了相关技术的研究和高技术成果的应用,加快了海军现代化建设的进程。

370. 50∶0给人们以什么启示?

1973年10月在第四次中东战争中,阿拉伯国家一方共向以色列舰只发射了50枚导弹,却一枚也没有命中,以色列舰只无一损伤。而阿方却损失了16艘导弹艇,几乎占全部导弹艇的一半。在"埃拉特"号事件中战绩卓著的"冥河"导弹,5年后却如此逊色,是其导弹自身性能不行,还是阿拉伯国家海军战斗力不强?都不是。仅就双方舰对舰导弹来说,阿方的"冥河"导弹的射程要比以色列的"迦伯列"导弹射程大20千米~30千米,而且战斗力更强。致使阿方导弹不能发挥其应有战斗威力的关键所在,是以色列导弹艇上装备的先进电子战系统。在以色列舰艇强烈的电子干扰下,依靠雷达制导的阿方导弹失去了雷达的引导,当然就无法命中目标了。而以色列舰艇在成功地避开阿方反舰导弹的打击之后,迅速迫近阿方舰只,在"迦伯列"导弹的有效射程之内,轻易地将没有电子干扰装置保护的阿方舰艇击毁。"冥河"导弹50:0的败绩告诉人们:电子干扰和反干扰的电子战在现代海战中起着至关重要的作用。

371. 第四次中东战争的海战呈现出什么特点?

1973年10月6日爆发的第四次中东战争的海战,呈现了以往海战从来没有过的新特点。第一,开创海上导弹对抗的先例,无论是叙利亚海军与以色列海军之间,还是埃及海军与以色列海军之间,都发生了多次导弹对攻战。第二,确立了导弹艇战术在海战中的地位。人们认识到舰对舰导弹和导弹艇在现代海战中具有重要作用,特别是对于中小国家,不失为增强海上防御能力的一种有效方法。第三,突出了电子对抗的关键作用。如前面所述,"冥河"导弹的性能优于"迦伯列",可是由于以色列装备了先进的电子战系统,就出现你打不着我,我可以打你的战争结果,"50:0"并不奇怪,有其必然。这个问题不解决,将出现更高更多这样的比数。第四,加速了海上的综合技术竞争。在现代海战中只有取得综合技术的优势,才能掌握战争的主动权,从而稳操胜券。

372. 英阿马尔维纳斯群岛争夺战起因是什么?

马尔维纳斯群岛位于大西洋中部,全岛面积1.28万平方千米,由大小346个岛屿组成,马岛在军事上是南大西洋的战略要点,是南大西洋通往太平洋的"钥匙"。马岛资源丰富,周围都是宝藏。马岛的战略地位和丰富的资源是引起马岛争夺战的重要原因。马岛原为西班牙殖民地,1816年,阿根廷摆脱西班牙的殖民统治,宣告独立,自然而然继承了西班牙对马岛的主权。1833年,英国以该岛最早为英国人发现为借口,武装出兵,强占了该岛。自此,阿根廷和英国就马岛的归属问题整整争了一个半世纪。1982年4月2日,阿根廷军队以亡4人,伤3人,损失直升机2架的代价,轻而易举地收复了被英军占领达149年的整个马尔维纳斯群岛,英国守军投降。但战争并不是到此为止,一场更大的海空战、登陆反登陆战随之爆发。

373. 英国马岛之战的军事准备有什么特点?

英国本土离马岛约1.28万千米。中间只有一个阿森松岛可以作为基地,但这个基地距马岛还有5600千米。英国必须组织强大的舰队才能从海上把军队、武器运送过去。英政府决定调集100艘军舰和船只组成一个

英国战斗机飞离航空母舰

特遣舰队开赴南大西洋。这支特遣舰队的组成和派出的特点:一是集中的速度很快。准备工作只有四五天时间,是夜以继日24小时不停地进行的,它充分反映了平时的严格训练和专门的组织;二是现代化的主力舰全部和大部出动。如英国仅有的2艘航空母舰和4艘导弹核潜艇全部出动,14艘驱逐舰也出动了7艘,占50%,更重要的是这些军舰的性能和武器十分现代化;三是舰队构成一个完整而复杂的整体,整个舰队除航空母舰、潜艇、驱逐舰外,还有为数众多的护卫舰,辅助舰主要靠商船;四是对海面、水下的防御十分严密,但对空中的防御严重不足;五是登陆集中3倍于马岛守军的兵力,保证登陆一举成功。

374. 阿根廷战略决策失误的原因是什么?

阿根廷政府没有预计到英国将要派出那么强大的特

遣舰队,也没有正确安排和部署自己的兵力。只在马岛的4个主要港口安排了守军设防,而把其他几个军事上很重要的港口弃之不顾。对纵深和内地则几乎没有设防,明显地留下了缺口,给英军在不设防的港口登陆,登陆后又可在内地长驱直入以可乘之机,为阿军后来的失败埋下了祸根。英军远离本土,战争力求速决,而阿根廷打持久战的困难比英国小得多。但阿根廷没有这样做,这是由下列4个原因造成的:第一是估计不足,没有想到英军决心那样大,来得那样快和猛,待后来认清这个局面为时已晚;第二是阿根廷国内政治不稳定,失业人口多,物价飞涨,经济困难;第三,为提防万一英军攻打或轰炸阿本土,必须在本土留有足够的军事力量;第四是阿根廷主要军事装备如飞机、导弹、炮弹都是从国外买的,数量有限,经不起消耗。

375. "贝尔格拉诺将军"号遭到了怎样的厄运?

1982年5月2日晚,阿海军唯一的一艘1.36万吨巡洋舰"贝尔格拉诺将军"号正在英特遣舰队宣布的200千米"海上禁区"外缘30海里处巡航,被英国的核潜艇"征服者"号发现。"征服者"号在距"贝尔格拉诺将军"号7链的距离上发起攻击,2枚线导鱼雷先后命中。"贝尔格拉诺将军"号立即沉没,舰上官兵大都葬身海底。这艘原属美国的万吨巨舰,虽然在珍珠港事件中劫后余生,但在41年后却抵挡不住英军现代化潜艇的攻击。这艘军舰的沉没,对阿海军是一个沉重的打击,从此,海上控制权完全被英国人夺走了。英国的水面舰艇、水下潜艇、水

英军"利剑"出鞘

上飞机,已牢牢地控制了阿根廷的海域。

376. 阿军受挫折后采取了哪些对策?

阿根廷受挫折后,认真研究了自己和英军的弱点与长处,采取扬长避短的基本对策。阿军了解到英舰空中掩护极为薄弱,其弱点是:空军没有陆上基地,只有两艘航空母舰,舰载机数量不多,英舰的防空火力对高空厉害,对低空不行,对机群不行,对导弹缺乏干扰设备,也缺乏反导弹武器。于是便采取了如下对策:一是以空军对付英舰队,二用贴海面低飞的飞鱼导弹攻击英舰,三是用四机编队超低空进入,多个编队超低空轮番轰炸英舰。这是英阿战争中阿军采取的非常突出也非常有效的战术,打得英舰狼狈不堪。

377. "飞鱼"怎样"吃掉"英国最新式驱逐舰的?

1982年5月4日10点整,阿根廷"超级军旗"飞机从"五月二十五日"号航空母舰上腾空而起,向正以30节速度朝马岛北部水域行驶的英国最新式驱逐舰"谢菲尔德"

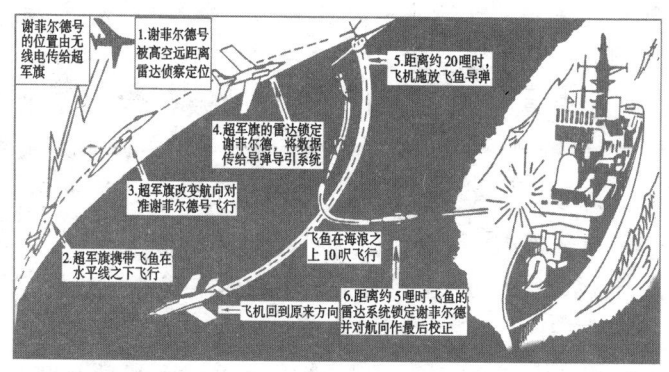

阿"超级军旗"携带"飞鱼"导弹攻击英舰

号扑来。在距"谢菲尔德"号46千米处,"超级军旗"机腹下红光一闪,一枚"飞鱼"导弹呼啸而出,攻击机迅速转向并急剧降低高度,退出了英舰防空导弹系统杀伤区。"飞鱼"在距海平面2米~3米的高度飞行,其主动雷达自导弹头在距"谢菲尔德"12千米~15千米处,捕捉到了目标。刹那间,火光冲天,爆炸声如雷,导弹击穿水线以下1.8米处的舰舷,并在舰体内爆炸。5个小时后,索尔特舰长只得沉痛地下达了弃舰的命令。这艘造价达1.6亿美元、1971年才下水的现代化战舰,顷刻间,被一枚价值仅20万美元的"飞鱼"导弹击沉,从而从根本上动摇了传统的海战的观念。

378. 阿军为何未击中"无敌"号航空母舰?

航空母舰是英特遣舰队的旗舰,是战斗指挥部,如果打掉了英航空母舰,无疑对阿是一个伟大的胜利。英国有影响的《每日电讯报》驻阿根廷记者密尔斯说:"如果

'无敌'号真的被击沉,则马尔维纳斯群岛必然会至今仍在阿根廷手中。"可见其重要性。为袭击英"无敌"号航空母舰,阿机连续跟踪了15天,一直到该舰已在"超级军旗"施放"飞鱼"导弹的射程之内,才施放导弹,并予以轰炸。只是由于下列原因而未能击中:一是导弹发射距离远了一点;二是英舰已采用了假目标,迷惑飞来的导弹;三是阿机击沉"谢菲尔德"号和"大西洋运输"号都是发射两枚导弹,此次攻击"无敌"号因导弹不够用,只发射一枚;四是原计划发射"飞鱼"导弹后的飞机飞回本土,其余4架飞机再进行投弹轰炸,但这4架飞机受到英机拦击,故"无敌"号未被击中。

379. 阿军航空兵是怎样与英军展开海空战的?

1982年5月1日,英国海军的"海鹞"式战斗机从航空母舰上起飞,掩护战略轰炸机轰炸马岛。阿根廷飞机也不示弱,分别出动了"幻影"式战斗机、"天鹰"式攻击机、"堪培拉"轰炸机多架予以回击。双方战机在马岛上

阿根廷空军"超级军旗"式战斗机

空展开了马岛战争中的第一次较大规模的空中交锋。"海鹞"式飞机灵活,装有"响尾蛇"空对空导弹,电子设备优良,在空中占据了主动,击落了阿军1架轰炸机和2架战斗机。在以后的马岛空战中,"海鹞"格斗能力出色,共出动了2536架次,击落阿机20多架,是战绩最大的英军飞机。"海鹞"式飞机无一架被阿空军飞机击落,损失的9架飞机中,4架由于事故,5架是被阿地对空导弹或高射炮击落的。在5月1日当天作战中,阿飞行员十分勇猛,冒着猛烈的炮火袭击了英舰,并将其击伤。

380. 英军是怎样偷袭贝卜岛的?

马尔维纳斯群岛东西共有2个大岛。东岛的斯坦利港是群岛的首府和经济、政治中心,只要攻占离斯坦利港96千米的贝卜岛,也就顺利解决了整个马尔维纳斯群岛

英国直升机发射导弹

的战事。为了隐蔽战略意图,英军采取夜间偷袭贝卜岛的做法,以便为登陆圣·卡罗斯港创造条件。1982年5

月11日,英军空中和海上特种部队8人,先进行侦察。5月15日晚发动了偷袭。先是一艘驱逐舰开进象湾水面,以便向岸上发炮,并为突击队提供雷达防卫屏障。接着,3架直升机把50名由空中特种部队队员和海军陆战队员运送到预定的机降着陆点。50名突击队员攻击的主要目标是阿军的一个机场以及军火仓库等。英军这次偷袭十分隐蔽,阿军受到突如其来的攻击后,盲目开火,也无法叫来任何援军,使英军突击队员完成任务后安全返回。英军对贝卜岛的成功偷袭,为后来的圣·卡罗斯港登陆战扫清了障碍。

381. 英军是怎样进行圣·卡罗斯港登陆战的?

马岛战争中当英军偷袭贝卜岛后,阿军派出了一支40余人的小分队进驻圣·卡罗斯港。这就影响了英军指挥部的决心,是否仍在该港登陆?经过再次研究,英军指挥部根据阿军派出的人数判断,阿方未发现英军计划在圣·卡罗斯港登陆的意图。因为40余人不可能防守该港。21日凌晨,英军满载海军陆战队员的登陆艇和伞兵的直升机从2艘攻击舰出发,在黑夜中悄悄登陆圣·卡罗斯港。海军陆战队员和伞兵的脸上都涂上黑油,以干扰阿军配备的红外线夜视设备的侦察,每个人都背了55千克的武器弹药。登陆部队未遇任何抵抗就顺利登陆。紧接着是轻型坦克、地对空导弹、大炮、装甲车登陆。英军立即建立了滩头阵地。从登陆的第一人到结束,约1000人只用了4个小时。随后,地面部队在舰炮的掩护下开始进攻,阿军作了轻微的抵抗后,9人做了俘虏,其余人员在黑夜中逃走。

382. 阿军反登陆战失败的原因是什么?

英阿战争的焦点是争夺马尔维纳斯群岛。英军必争,阿军必守。英军在未登陆前只能以军舰为基地,目标很集中也很容易受攻击。只有登陆上岸,英军才能由被动变为主动。当英军登陆后,阿军多次举行反击,但是都归于失败,究其原因:一是英军在数处登陆,阿军一时不能确定主战场在哪里。但英军选在圣·卡罗斯港登陆早有预兆,那就是夜袭贝卜岛。可是阿军没有立即派重兵去防守,正说明了阿军指挥员的迟钝和判断、指挥错误。二是英军登陆圣·卡罗斯港以后,阿机立即去轰炸,战斗整整5天,十分激烈,却没有阿的地面部队去接应,只靠空军孤军作战,说明阿军内部不协调,配合不密切。三是阿军未在英军立足未稳之时发动猛攻,消灭或击退英军。等英军站稳了脚跟,阿军就无能为力了。

383. 英阿是怎样展开古斯格林争夺战的?

英军在巩固了圣·卡罗斯港的桥头堡阵地后,决定从陆上分南北两路迂回合围斯坦利港,消灭阿军主力。为了实现这一战略目标,英军指挥部又把从背面攻打南方的古斯格林作为关键性的第一步。28日晨2时,英军开始发动进攻,与阿军交战了一整天,战斗非常激烈。阿军设防的阵地主要是东、南、北三个方向,西边是它的后方。英军从阿军阵地西边攻入,抄了阿军的后路,然后转向南方,再回过头来向阿军的主力进攻,切断了阿军的退路。阿军的背面是进攻的英军,前面是大海,没有可以后撤的地方,最后只得投降。这一仗打得很激烈,阿军阵亡250人,被俘1600人。英军阵亡15人,包括一名中校和一名上尉副官。阿守军与英军的人数是2∶1,却打了败仗,说明军队的质量是第一位重要的。

384. 马岛战争结果如何?

英阿决战最后集中在争夺斯坦利港上。英军从南、北两路进一步逼近斯港,阿军步步后撤,收缩外围,以集中保卫斯坦利港。经过激战,阿军防线被攻破,已无险可守,阿军到处丢下大批武器逃往斯港。而该港已完全在英军的炮火控制之下。英军开动了全部陆上和海上的火炮连续轰击12小时,发射炮弹1.2万发。阿军守不住,又后退无路,只得决定与英军谈判投降。于是在6月14日当地时间晚9时签字,在东西马岛的全部阿军1.4万人向英军缴械投降。这场战争的结果以阿军的惨败而告终。在这场战争中,阿军不是采取积极防御战略,机动灵活地在陆上去大量消灭英军有生力量,而是采取了消极防御,与精锐的英军打阵地战,所以损失惨重,死伤达3000人。而英军总共只损失了250人,就取得了这场战争的胜利。

385. 锡德拉湾上的"草原烈火"行动结果如何?

1986年3月23日,美国出动大批海、空军突袭利比亚。这次定名为"草原烈火"的行动起因于1969年9月由于卡扎菲发动政变后实行了亲苏疏美的新政策,在1973年宣布领海宽度为200海里,1986年1月又称北纬32度30分为"死亡线"。这一连串的反美政策激怒了美国,随即派出舰队进入"死亡线",目的是引诱利军开火,借机狠狠地教训卡扎菲。

3月22号23点30分,美军舰队越过设在锡德拉湾的"死亡线",先是由EA-6B电子干扰机干扰了利比亚发射的16枚"萨姆-5"导弹,然后从"美国"号航母起飞的A-6E战斗机用"鱼叉"导弹击沉了利军企图袭击美航母的"战士"级导弹艇,并用"哈姆"反雷达导弹攻击了利军导弹阵地的雷达站,使雷达站遭到严重破坏。23日凌晨,美军从"珊瑚海"号航母起飞的一架A-6E重创了利军1艘大型导弹艇。日出以后,美机又攻击了1艘于前夜已离开利军的护卫舰,使其受到重创。此时,美编队司令凯尔索认为,赋予他的任务已顺利完成,便下令撤出了锡德拉湾。

386. 仅用11分钟的"黄金峡谷"行动的目的是什么?

"黄金峡谷"行动是上世纪美军对利比亚索取的又一次报复行动。起因是在1986年3月31日美国环航一架飞机被炸;4月5日一名美国士兵在柏林一迪厅被炸身亡,经调查两起事件均与利比亚有直接关系。4月8日当时的美国总统里根就同意并批准了报复利比亚的"黄金峡谷"行动。

4月14日19时,位于地中海的美国"科罗拉多"号旗舰上的凯尔索中将接到里根总统"可以行动"的指示后,即向各部队发出开始行动命令。28架加油机从本土首先起飞,5分钟后24架F-111战斗轰炸机和5架EF-111电子干扰机起飞,开始了长达5188千米的远航。15日1时

30 分,距离利比亚海岸 500 千米的美军航母上 20 架战斗机起飞,在 E-2C 预警机的引导下,分两波向利比亚飞去。美机第一波攻击是在进入利比亚境内前 6 分钟时,先发射 50 枚反雷达导弹,迫使利军的雷达站停止工作;随即干扰机又施放强烈干扰,使利军雷达失灵,无线电通信中断。接着美军的 8 架 F-111 攻击了在的黎波里的利比亚总统卡扎菲驻地及附近兵营;另一组则攻击了国际机场军用区;第三组袭击了"突击队训练中心"。同时有 14 架 A-6 攻击机袭击了班加西贝尼军用机场和"民众国兵营"。整个攻击于 15 日 2 时开始至 2 时 11 分结束,前后共用 11 分钟,投弹多达 1000 吨。

387. 为什么说"暂不要将'萨巴兰'号击沉"的命令来得正是时候?

1988 年的 4 月 14 日,美海军的"罗伯茨"号护卫舰在霍尔木兹海峡以西被水雷击伤,经调查确认水雷是由伊朗布设的,当时的里根总统决定进行报复。4 月 18 日凌晨美军由 6 艘军舰组成的特遣舰队开到了伊朗的锡里和萨桑海上石油平台附近,9 时 5 分,美舰向伊朗方面发出最后通牒,命令萨桑和锡里海上石油平台上的人员立即撤离。伊方萨桑平台上的人员照办了,而锡里平台上的人员却没动。9 时 23 分,美舰开始向锡里平台开炮,这里锡里平台的人员纷纷跳海逃生。美舰见两个平台上已无人员,便派陆战队员去炸毁了这两个平台。

当天中午过后,伊朗派出舰艇开始对美军进行还击。伊一艘快艇首先向美军直升机开火,1 艘大型导弹艇"乔桑"号也向美"温赖特"巡洋舰发射了1枚导弹,但被美舰施放干扰,导弹坠海。美舰随即用导弹将"乔桑"号击沉了。伊朗的另一队4艘快艇,在2时26分时袭击了美国管理的穆巴拉克油田,还击沉了附近的1艘拖船。此后,伊朗又派出2艘英制"沙姆"级护卫舰对美舰发动了攻击。但是,刚一开火,伊舰"萨汉德"号就被A-6攻击机发射的导弹击沉。而另一艘伊舰"萨巴兰"号向美舰发射了数枚导弹,均被美舰干扰掉进大海,美舰、机随即对"萨巴兰"号进行反击,"萨巴兰"号当即中弹尾部进水。正当美舰准备将"萨巴兰"号击沉时,收到了来自华盛顿的命令:"暂不要将'萨巴兰'号击沉",为的是不过分刺激伊朗。这一命令来得正是时候,它挽救了"萨巴兰"号的命运,也使美国在此次活动中获得了军事、政治上的双赢。

388. 海湾战争是怎么引发的?

1990年8月2日凌晨,拥有100万大军,经过8年实战锤炼的中东军事强国伊拉克,悍然出动10万军队和大量飞机、坦克、装甲车对其邻国科威特进行军事入侵,几小时之内便占领科威特首都和王宫,当天科威特全国沦陷。科威特沦陷后几小时,联合国安理会就召开紧急会议,并以14票对零票通过谴责伊拉克入侵科威特的660号决议,敦促伊拉克立即停火,并无条件撤军。1990年8月7日凌晨2时,美国总统布什正式签署"沙漠盾牌"行动计划。美、英、法等西方军事大国和一些阿拉伯、伊斯兰国家纷纷向海湾派遣舰船,在海湾的海洋、天空、地面挤满了28个国家的数千架飞机、数千辆坦克、数百艘舰艇和数十万大军。在联合国安理会授权动武的截止日期之后48小时,一场史无前例的大规模高技术战争——海湾战争全面爆发。

389. 海湾战争海上封锁的情况和效果怎样?

在海湾危机的7个月中,总共有19个国家海军的165艘舰只对7500余艘次商船进行了盘查;对964次船只进行了登船检查,查看了货单和货舱;命令违反联合国安理会制裁决定、共装载100多万吨禁运物资的51艘船只改变航向;海上封锁行动基本上切断了通向伊拉克与科威特港口间的商业来往,阻止了船只前往伊拉克装载石油。同时,土耳其和沙特又关闭了通过伊拉克国土的输油管道,这样,伊拉克的石油收益所剩无几,国际信贷来源也大都被卡断,伊拉克丧失了入侵科威特之前国家总收入的95%,石油外汇将每日减少6000万美元~8000万美元,这给伊拉克的经济造成了严重困难。但是,多国部队的这一以压促变、"不战而屈人之兵"、迫使萨达姆妥协的企图并未达到。

390. "沙漠风暴"中多国部队是怎样发挥海空优势的?

伊拉克拒不接受联合国的最后警告,海湾战争终于爆发了。

1991年1月17日凌晨,以美国为首的多国部队对伊拉克的大规模空袭行动开始,代号为"沙漠风暴",历时38天。多国部队充分发挥海空高技术优势,采用"空地一体战"的战法,使用巡航导弹和各种航空兵器,集中轰击了伊拉克的重要军事目标,为地面部队突击创造了良好条

美国海军导弹巡洋舰"邦克山"号

件。主要的战斗行动有:1月17日凌晨,美国海军700多架飞机和2个战列舰战斗群对伊拉克进行空袭和炮轰。1月18日,攻击机从2艘航空母舰上起飞,袭击了伊拉克的导弹艇和船只,并攻击了石油平台。夜间,在武装直升机攻击后,驱逐舰又轰击了11座武装钻井平台中的9座。同时,美国海军还派出部分舰只寻找机会,歼击伊拉克海军兵力,截至2月13日,美海军共击沉伊拉克舰船57艘,重创16艘,基本上消灭了伊海军。

391. 美国双航空母舰战斗群是怎样配置和防卫的?

在海湾战争中,美国海军的"中途岛"号和"突击者"号2艘航母在波斯湾合同编成作战。双航母战斗群编成,既具有强大的威慑力和突击力,又有严密的自身防御力和强大的生命力。具有攻防纵深大、层次多和火力强的特点。采取了远中近3层攻防火力配系,其中,第一、二层攻防配系用于对敌攻击和整个航母编队的安全,第三层则主要是战斗群内各作战单元的自身防卫。其配系及能力如下:第一层,外防区,又称纵深攻防区,距航空母舰185千米~400千米。第二层,中防区,或称区域防域区,一般距航空母舰45千米~185千米。第三层,内防区,或称点防御区,防御纵深距航空母舰0.1千米~45千米,主要作战兵力是舰载点防御武器。

392. 多国部队海军采取了哪些作战形式?

海湾战争爆发后不到20天,以美国为首的多国部队海军舰艇和舰载飞机便彻底摧毁了伊拉克海军的岸舰导弹发射装置、海军基地和100余艘舰船,并收复了古兰岛等外缘岛屿,取得了海上战役的胜利。战斗中,美国和多国部队海军主要采取了3种作战形式:一是使用航空母舰载机和陆战队飞机轰炸伊海军基地、岸防设施和岸舰导弹阵地,使之丧失对海作战和攻击能力;二是使用舰载直升机挂"海上大鸥"、"鱼叉"反舰导弹和"石眼"集束炸弹对伊舰艇进行攻击,不到3周已全部将其摧毁;三是使用战列舰406毫米巨炮(每舰9门)对伊坚固的防御工事、岸防设施等进行轰击,扩大战果。

393. 伊拉克采取了哪些对抗措施?

面对多国部队的猛烈进攻,伊拉克采用以防为主、攻防并举、避其锐气、保存实力的消极防御战略。在有限的反击和进攻方面,主要侧重于:一是继续使用"飞毛腿"导弹袭击沙特和以色列,以还击驻沙美军,并企图逼以色列参战。二是空军飞机零星出击,重点偷袭多国部队的大中型水面舰艇。三是利用石油作武器,炸毁燃烧油田,迟滞和破坏多国部队的地面进攻、海上登陆和空中袭击等军事行动。在防御战方面主要采取了4项措施:一是将飞机和导弹转移至第三国以保存实力;二是利用300多个钢筋水泥造的坚固掩体和数百个洞库将飞机、导弹、坦克、装甲车和火炮等武器隐藏起来,以躲避轰炸;三是利用大量伪装网、模拟假目标、角反射体、无线电信号发生器等以假乱真;四是利用50万枚各类先进的地雷和上千枚水雷大摆地雷和水雷阵,使多国部队望而却步,以阻止其海陆进攻。

394. 伊拉克海军为何未能组织有效的反击?

面对多国部队海军的猛烈轰击,伊海军除布设近千枚水雷外,未能组织较大规模的反击,其主要原因有4个:一是没有制空权,只好处于任人宰割的境地。开战以后,用于提供海上制空权保障的伊空军飞机已有200余架转场伊朗,海军舰艇又无舰载机,因此整个伊、科海域的制空权完全丧失,开了个大天窗。二是没有制电磁权,只好被动挨打。伊海军舰艇本来完全可以依托岛岸袭击多国部队舰艇,但由于美军实施了强电磁干扰,并摧毁了伊拉克海军的综合指挥系统和导弹指挥控制系统,使伊海军的指挥瘫痪,群龙无首,所以伊军一弹未发就被摧毁。三是舰艇太小,作战能力太低,无法与多国部队舰队抗衡。部署于波斯湾的多国部队舰艇有30余艘,其中有7万吨级的航母2艘、5万吨级的战列舰2艘,其他舰大部都在万吨以上。而伊海军导弹攻击艇只有几百吨,又无预警机引导。四是近海防御能力太差,没有防御纵深,没有潜艇兵力,仅靠布设水雷,难以阻止多国部队进攻。

395. 多国部队是怎样实施电子压制的?

开战前实施强大的电子干扰和电子压制是多国部队向伊拉克发动突然袭击的重要手段。在现代战争中,电子战武器是取得战斗胜利的重要武器。在"沙漠盾牌"和"沙漠风暴"行动中,以美国为首的多国部队使用侦察卫星、电子侦察飞机和无线电监听站获取了伊拉克高频、甚高频和特高频电台的频率和地面防空雷达站的频率,然后,美军大功率无线电发射机用相同的频率发出强大的电磁波,使伊军的通信联络中断。空袭飞机出发时,专用电子干扰机实施随行突防电子干扰,空袭飞机也扔下大量的干扰箔条,使伊拉克军队的电台听不清联络信号,雷达荧光屏上一片雪花。多国部队空袭飞机实施第一次空

电子战飞机实施电子压制

袭时,直到多国部队的飞机飞临巴格达上空,投下了炸弹,巴格达市才实施灯火管制,说明地面防空雷达在荧光屏上没有看到飞机。美军的"沙漠风暴"是一次非常成功的突袭。

396. 海湾战争中伊拉克损失了多少舰艇?

海湾战争中美国和多国部队无论在海军、陆军、空军诸方面兵力占绝对压倒优势。海军方面伊拉克海军更是无还手之力,在战争过程中美国和多国部队始终牢牢控制着制海权。以美国为首的多国部队共击沉、击毁伊拉克海军艇船46艘,击伤31艘,使其97%的舰艇丧失了战斗力。伊拉克海军基本被消灭,至今仍一蹶不振。

397. 以美国为首的多国部队赢在哪里?

海湾战争的大赢家无疑是以美国为首的多国部队。那么,主要赢在哪里?仅从军事角度看,主要赢在高技术装备上。其中,电子战是多国部队的一张王牌,是决定陆、海、空作战胜负的关键因素。

让我们来看一下拥有世界上最先进最完备电子战装备的美军在电子战能力方面的优势:一是一体化的装备体制。美军的电子战系统趋向于将功能相互关联的多个子系统合为一个综合化的多功能系统,软手段和硬手段兼备。二是通用化、模块化和标准化系统结构。美军电子战装备的元件严格按军用标准制作,因此为系统的模块化创造了前提,使系统可以像积木一样进行增减和组配。三是高技术是电子战的生命力。美国依靠雄厚的技术基础,不断地而有步骤地对装备进行改进、更新和换代,始终处于世界领先地位。四是有掌握高技术武器装备的官兵,他们的综合素质都很高,与伊拉克官兵文盲成堆构成鲜明对照。

398. 未来的高技术海战是"硬"对抗还是"软"较量?

未来的高技术海上战争的必然结果是"知识"、"智能"含量大为增加。美国未来学家阿尔温·托勒夫在《第三次浪潮的战争》一书中分析了海湾战争,指出:"这场战争不仅使用数量较多的高技术,而且是一场真正的大变革,使知识灌输到暴力中去,使组织、训练、战术、战场管理、情报等发生了变化,并且从根本上使火力、机动性、后勤、时间、空间和通信等相关作用重新概念化。"因此,高技术战争不仅是高技术的"硬"对抗,而且也是知识、智能之间的"软"较量,科学技术越发展,越是如此。

编后记

世界的未来是青少年的,而世界未来的希望在海洋。21世纪的今天,世界已经进入全面开发和利用海洋的新时代。

在我国青少年中全面、系统地开展海洋知识的普及教育,以适应国际形势变化的需要和未来人类社会发展的需要,是我们当代海洋科技教育工作者的责任和义务。有感于此,我们来自国家机关、高等院校、科研院所、军事机构等40多位海洋科技工作者,花费了三年多时间,精心策划并编撰完成了我国有史以来第一部海洋知识体系最完备、内容最全面的科普图书。

《海洋小百科全书》共20分册,300余万字,110个知识大类,总7000余个知识问答,几乎涵盖了海洋自然科学、海洋人文科学、海洋军事科学的全部基本内容。本书第一版由中国少年儿童出版社于2002年5月出版,2003年9月荣获由中共中央宣传部等国家7个部门联合颁布的"第五届全国优秀科普作品奖科普图书类三等奖"。本书于2007年10月修订再版,现再次修订,由中山大学出版社出版。本次修订在保持原有知识体系和编写风格基本不变的情况下,除进行必要的知识内容更新外,又新增加了《海洋经济》分册,使《海洋小百科全书》的知识体系进一步完备,知识内容更加丰富。

本书自2002年5月出版至今,一直得到社会的普遍关注和广大读者的厚爱,在此,一并向曾经对本书编撰、出版、发行、修订等作出过贡献的人们表示衷心的谢意。

由于本书涵盖的知识内容宽泛,编写任务十分繁重,难免有知识遗漏和编写不当之处,欢迎广大读者提出宝贵的意见和建议。

《海洋小百科全书》主编:关庆利
2010年9月24日

《海洋小百科全书》分类目录
(20分册·110类)

1 海洋地理
　　海洋地理大观
　　世界海岛揽胜
　　海洋地理趣闻
　　奇妙海底世界
　　海洋地质灾害
　　神奇中国岛岸

2 海洋水文
　　多姿多彩的海洋
　　海水的自然神韵
　　海洋与人类互动
　　探测海洋的波脉

3 海洋气象
　　走近海洋风暴
　　探寻海洋天气
　　感受海洋冷暖
　　变换海洋风雨
　　领悟沧海桑田
　　俯观海气轮回

4 海洋探险
　　古代海洋探险
　　近代海洋探险
　　现代极地探险
　　环球海洋风采

5 海洋航运
　　船舶千秋史话
　　航海妙趣万千
　　惊涛铸造奇闻
　　中国航运今昔
　　船运业务趣谈

6 极地科考
　　挑战人类的环境
　　不可争夺的领土
　　南极人的生活
　　南极生物奇趣
　　揭开奥秘的考察
　　北极世界的探索

7 海洋生物
　　无限生机的海洋
　　迷人的海洋奇葩
　　璀璨的贝类明星
　　威武的虾兵蟹将

微小的海洋居民
多彩的海洋植物
8 海洋动物
奇妙的动物家族
高超的生存技巧
神秘的自然之谜
复杂的生存关系
多彩的情爱生活
狰狞的危险动物
友善的人类朋友
9 海洋渔业
千姿百态捕鱼技术
海洋渔业发展史话
名贵海产品趣味谈
海产品美食与营养
海产品保健与药用
10 海洋化学
海水的趣味故事
海水的化学秘密
海水的化学资源
无尽的海底宝藏
流泪的海洋环境
11 海洋物理
妙趣横生海洋物理
威力无比海洋声学

奇光异彩海洋光学
探索海洋高新技术
四通八达海底电缆
准确无误导航技术
12 海洋工程
人类水下生活
探索海底世界
雄伟近岸工程
海上铸造希望
港口飞架彩虹
旅游方兴未艾
无尽海洋能源
13 海洋科教
著名的海洋科学家
世界海洋科技之最
重大海洋科学考察
世界海洋科研教育
14 海洋权益
蓝色的海洋国土
繁杂的海域划分
激烈的海洋争斗
独特的海运规则
严格的船舶管理
复杂的海事纠纷
神圣的海洋权益

15 海洋经济
海商奠基帝国兴起
追寻民族海商踪迹
当代海洋经济概览
日新月异朝阳产业
夯实蓝色经济基石

16 海洋文学
中国古代海洋文学
中国现代海洋文学
外国古代海洋文学
外国现代海洋文学
中外海洋影视文学

17 海洋文化
海洋神化故事
海洋语言文字
海洋绘画名作
海洋雕塑艺术
海洋音乐经典
海洋民俗风情

海洋著作学说

18 海军兵器
凶悍的汪洋猛鲨
奇妙的掠波剑鱼
神秘的龙宫巨鲸
无敌的长空雄鹰
未来的海战新秀
难忘的千年风流

19 古今海战
古代海战追踪
近代海战掠影
"一战"群雄争霸
"二战"邪灭正兴
现代海战大观

20 海洋军事
海军兵力纵横
海军礼仪风采
海军名人传奇
海军趣闻轶事